백제 무령왕의 세계

- 왕의 세상은 해양대국 · 대백제 -

소진철 지음

백제 무령왕의 세계 - 왕의 세상은 해양대국 · 대백제 -

지 음 / 소진철
발행인 / 최병식
발행처 / 주류성 출판사
발행일 / 2008년 12월 30일
등록일 / 1992년 3월 19일 제 21-325호
주 소 / 서울특별시 서초구 서초동 1308-25 강남오피스텔 1309호
전 화 / 02-3481-1024(대표전화)
전 송 / 02-3482-0656
homepage / www.juluesung.co.kr
e-mail / juluesung@yahoo.co.kr

Copyright©소진철, 2008.

값 20,000원

ISBN 978-89-6246-010-0

잘못된 책은 교환해 드립니다.

백제 무령왕의 세계
- 왕의 세상은 해양대국·대백제 -

서 언

오늘날 일본에는 이른바「왜계유물(倭系遺物)」이라고 부르는 이소노가미(石上)신궁의 七支刀를 비롯 스다하지만(隅田八幡)신사 소장 인물화상경과 더불어, 에다 후나야마(江田船山)大刀 그리고 이나리야마(稻荷山)大刀 등 수 많은 귀중한 유물들이 있다. 이들은 모두 옛 구다라(百濟)와 깊은 인연을 가진 것이라고 한다.

그런데 이 유물에는 아직도 판독(判讀)이 가능한 명문(銘文)이 새겨져 있기 때문에 일본 정부는 이를 국보로 지정하고, 나아가 일본 고대사(古代史) 정립의 기본사료로 삼고 있는 것이다.

역사상 중요한 의의를 지니고 있는 것으로 보이는 이 명문에는 한 시대를 가늠하는 연대(大王年・癸未年, 大王世, 泰△四年 등)와 함께 유물을 직접 만들었다는 제작 주체로서의「百慈王(백자왕)」과「斯麻(사마)」와 같은 이름도 들어 있다. 그리고 이 劍과 鏡을 수령할 상대방인 객체로서의「侯王・倭王 旨(지)」,「男弟王(남제왕)」과「開中費直(개중비직)」등 당대의 정치질서를 알려주는 이름까지 보이니, 이는 참으로 그 유례를 찾아 볼 수 없는 훌륭한 유물이라고 하지 않을 수가 없다.

그러므로 여기에 보이는 명문을 정당하게 해석할 수 있다면, 우리는 한 시대에 존재했던 확실한 정치질서의 한 단면을 엿볼 수 있는 것이다. 필자는 그동안 발표한 십수 편의 논문을 빌려 명문을 자주적이며 또한 역사적인 관점에서 해석해 일본 통설의 부당함을 반박하고, 나아가 인위(人爲)적인 '장벽'으로 말미암아 그 빛을 볼 수 없었던, 한 시대 역사의「실체」를 규명하고자 노력하였다.

역사의 해석은 본래 금석문(金石文)에 근거를 두어야 하는데, 한·일 고대사(古代史) 분야에서는 참고 유물과 기록은 극히 소수에 지나지 않았다. 이에 따라 우리의 연구는 극히 제한적이었고, 사회적인 이해마저 결여 되어, 이 십수 편의 논문을 쓰는 데도 애로가 많았다. 저자가 첫 번째 논문을 발표한 지 십 수 년이 넘은 지난 2004년 백제의 고토(故土)로는 가장 멀어 보이는 흑치국(黑齒國)의 땅을 밟은 적이 있다. 중국 廣西壯族自治區(구 廣西省)의 서남부였는데, 옛「大百濟」의 治所(치소)는 그대로「百濟墟(백제허)」라는 지명(地名)이 남아있었던 것이다.

학문이 많이 부족한 저자를 '격려' 해주시고 또한 '성원' 하여 오늘에 이르게 해주신 고 이한기(李漢基) 선생님(전 국무총리·한일문화교류기금 이사장)과 本人이 재직했던 원광대학의 전영래(全榮來) 교수님 그리고 학계의 손보기(孫寶基) 선생(연세대학 명예교수)과 신형식(申瀅植) 선생(이화여자대학 명예교수)께 감사의 말씀을 드린다.

끝으로 이 책이 나오기까지 원고를 정리하느라 많은 수고를 해준 원광대 최원용(崔沅鏞) 대학원생(당시)의 노고를 잊을 수 없다. 그리고 이 책을 후학의 참고가 되도록 출판을 맡아주신 주류성출판사의 최병식(崔秉植) 사장님과 출판에 도움을 주신 여러분들에게도 깊이 감사하는 바이다.

2008년 11월
저자 蘇鎭轍 씀

차 례

I. 백제 무령왕의 출자出自에 관한 소고小考 · 11
1. 무령왕릉의 묘지석 발굴 · 15 / 2. 왕의 출자에 관해 사서는 불일치 · 15 /
3. 무령왕의 생애 · 18

II. 스다하지만경鏡의 명문을 보고 · 23
1. 머리말 · 27 / 2. 스다하지만鏡 명문의 판독 · 28 / 3. 스다하지만鏡 명문의 해석 · 30 / 4. 청동鏡에 대한 고대인의 생각과 관행 · 36 / 5. 스다하지만鏡은 사마斯麻가 계체継体천황에게 하사 한 鏡 · 39 / 6. 대왕년大王年의 참주인은 사마왕斯麻王 한 분 · 49 / 7. 맺는말 · 56

III. 『일본서기』의 「천황·붕崩」·「백제왕·훙薨」은 날조 · 59
1. 머리말 · 63 / 2. 『일본서기』의 성립배경 · 64 / 3. 『일본서기』는 변개, 조작된 것 · 68 / 4. 「붕崩」과 「훙薨」의 차이는 '대왕'과 '후왕'의 차이 · 72 / 5. 맺는말 · 78

IV. 칠지도 명문의 새로운 해석 · 81
1. 머리말 · 85 / 2. 칠지도 명문 · 86 / 3. 일본학계의 칠지도 명문의 해석 · 90 / 4. 일본 학계의 「통설」을 반박한다 · 93 / 5. 칠지도 명문의 새로운 해석 · 97 / 6. 「왜왕 旨」그는 누구인가? · 101 / 7. 맺는말 · 104

V. 왜왕 武의 상표문(478년)을 보고 · 107
1. 머리말 · 113 / 2. 『송서』에 보이는 「왜 5왕倭五王」들 · 114 / 3. 왜왕 武의 상표문 · 116 / 4. 상표문을 통해서 본 왜왕 武 · 121 / 5. 왜왕 武 그는 누구인가? · 124 / 6. 맺는말 · 128

VI. 무령왕릉 유물로 비정한 후나야마船山 고분의 피장자 · 131
1. 머리말 · 135 / 2. 후나야마 고분의 발굴 · 136 / 3. 일본서 출토된 「관冠」과 「이履」· 142 / 4. 백제 지역 출토의 「관冠」과 「이履」· 148 / 5. 후나야마의 피장자는 백제왕의 「후왕」· 154 / 6. 맺음말 · 157

VII. 일본 남향촌南鄕村의 「大王」명 말방울 · 159
1. 감은사 터에서 「大王방울」 출토 · 163 / 2. 일본 남향촌의 「大王방울」· 164 / 3. 감은사 터 출토 「大王방울」은 백제왕의 하사물 · 167

VIII. 『양직공도』로 본 백제 무령왕의 강토 · 169
1. 머리말 · 173 / 2. 『양직공도』의 성립 배경 · 173 / 3. 「백제국」의 출자에 관하여 · 175 / 4. 백제의 해외영토 · 177 / 5. 백제의 9개 「방소국旁小國」· 183 / 6. 해양강국 · 188 / 7. 맺는말 · 194

IX. 『수서隋書』의 백제 부용국·담모라국은 어디? · 197
1. 머리말 · 201 / 2. 『수서』 권81, 열전 백제전 · 201 / 3. 「담모라국」은 어디인가? · 203 / 4. 이 전선戰船은 백제의 것? · 208 / 5. 맺는말 · 212

X. 일본 「기도라龜虎」고분 피장자, 그는 누구인가? · 215
1. 머리말 · 221 / 2. 고분의 발굴 · 221 / 3. 「기도라」의 4신수四神獸와 성수도星宿圖 · 224 / 4. 고분의 피장자는 누구? · 226 / 5. 피장자는 백제왕족侯王이다 · 229 / 6. 맺는말 · 235

XI. 중국 광서廣西 백제향 탐방기 · 237
1. 머리말 · 241 / 2. 「옹령현邕寧縣 백제향百濟鄕」으로 가는 길 · 242 / 3. 「百濟」 기명의 간판을 온통 뒤집어쓴 마을 · 243 / 4. '장족壯族'들은 백제를 「대백제大百濟」로 호칭 · 245 / 5. 백제장군 흑치상지黑齒常之의 고향은 어디? · 246 / 6. 방문 소감 · 249

XII. 『위서魏書』의 흑치국은 어디인가? · 251
1. 머리말 · 255 / 2. 흑치상지의 묘지명의 발굴 · 256 / 3. 『위지魏志』로 본 '흑치국'의 방위 · 259 / 4. 백제향百濟鄕의 '장족'은 흑치족의 후예 · 263 / 5. 「백제향」은 「진평현晉平縣」의 치소? · 265 / 6. 맺는말 · 270

XIII. 『위지왜인전』으로 본 「왜국·대왜大倭」· 273
1. 머리말 · 277 / 2. 「왜국」의 위치와 구성국 · 278 / 3. 「왜국」의 정치 · 283 / 4. 「왜국」의 사회 · 293 / 5. 맺는말 · 299

결어 · 305

참고문헌 · 309

찾아보기 · 326

I
백제 무령왕의 출자(出自)에 관한 소고(小考)
- 그는 일본 북규슈 「각라도(各羅島)」에서 탄생 -

斯麻君이 탄생한 「各羅島」의 한 해안 풍경

무령왕(斯麻王)이 이곳에서 태어났다는 당국의 홍보물

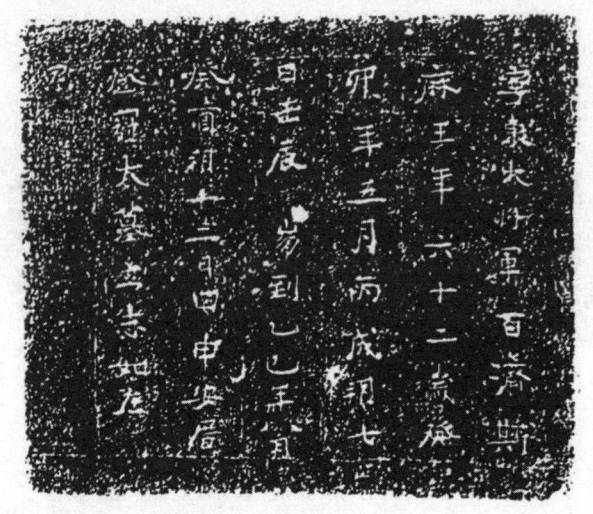

1971년 송산리고분 출토의 誌石탁본
(斯麻王은 계유년(523년) 62세로 崩. 따라서 그의 탄생은 461년이 확실)

處, 速令送國, 逐與辭訣, 奉遣於朝. ○六月丙戌朔, 孕婦果如如須利君言, 於筑紫各羅嶋
産兒. 仍名此兒曰嶋君. 於是, 軍君卽以一船, 送嶋君於國. 是爲武寧王. 百濟人呼此嶋曰
主嶋也. ○秋七月, 軍君入京. 旣而有五子. 百濟新撰云, 辛丑年, 向大倭, 始侍天王.
蓋鹵王遣弟昆支君, 以條兄王之好也.

『일본서기』 웅약기 5년 6월 조(461년)
(斯麻君은 461년 규슈 各羅島에서 개로왕의 태자로 출생)

1. 무령왕릉(陵)의 묘지석(墓誌石) 발굴*

1971년 7월 충남 공주(公州)의 한 왕릉에서는 우연히 한 장의 지석(誌石)이 나왔다. 여기에는 한·일 고대사뿐 아니라, 東아시아 고대사의 '미스터리'를 풀어 줄 대단히 중요한 글귀가 적혀 세인의 이목을 끌게 하였다.

62세의 천수(天壽)를 다한 것으로 보이는 백제 제25대 사마왕(斯麻王·무령왕은 그의 시호·諡號)의 지석이 그것이다. 지석에는 「寧東大將軍 百濟 斯麻王(영동대장군 백제 사마왕)」은 계유년(癸卯年·서기 523년) 5월에 「崩(붕)」 하시다' 라고 적은 사관(史官)의 기록이 드러났다. 이로써 사마왕은 제2의 생(生)에 버금하는 새로운 역사를 맞이했던 것이다.

왜냐하면 이 지석은 난마처럼 얽힌 역사의 비밀을 풀 수 있는 '열쇠'를 간직했기 때문이었다. 중국에서는 '천자'나 '황제'의 죽음에만 쓸 수 있는 「崩(붕)」자를 그의 죽음에서 쓴 것부터가 심상치 않았다. 이 사실은 그가 생전에 광활한 영역을 통치한 대왕(大王)이라는 사실을 말해 주는 것이었다. 그래서 이 지석이 세상에 나온 이상 그의 출자(出自·출생배경)는 확실히 규명되어야 할 것이다.

2. 왕의 출자에 관해 사서는 불일치

그런데 그의 출자는 사서(史書)마다 다르게 기록하여 그 진실을 가리기는 그리 쉬운 일이 아닌 것 같다. 『백제본기(百濟本紀)』를 인용했다는 『삼국사기

---

* 본고는 『白山學報』 제60호(2001. 9)에 所載.

(三國史記)』와 『일본서기(日本書紀)』는 그의 출자 내용이 서로 다르다. 이 때문에 그가 과연 어떤 왕계에 속한 인물인지를 찾는데 큰 혼선을 자아내고 있다. 무령왕(武寧王)의 출자를 『삼국사기』의 편자(編者)는 백제 제24대 동성왕(東城王 · 479~501)의 둘째아들이라고 했다. 그러므로 그는 동성왕의 부왕인 곤지(昆支)에게는 손자뻘이 된다는 이야기이다.[1]

그러나 『일본서기』 웅약기(雄略紀 · 유랴쿠기) 5년 4월 조의 기사는 크게 윤색(潤色)된 면이 있지만, 그를 개로왕(蓋鹵王 · 455년~475)의 태자라고 하였다.[2] 사마군(斯麻君)의 생모가 되는 개로왕의 왕비는 서기461년 4월 산달이 임박하였음에도 불구하고 배를 타고 향왜(向倭)할 때 6월 1일 그를 각라도(各羅島 · 북규슈 筑紫)에서 출산하였다고 한다.[3] 『서기(書紀)』의 기록은 이때 개로왕의

---

1) 『삼국사기』(東城王 조) 「東城王 牟大는 蓋鹵王의 손자이고, 蓋鹵王의 제2자인 昆支의 아들이다.」
『삼국사기』(文周王 조) 「文周王은 蓋鹵王의 장자이다.」· 「昆支는 文周王의 동생이다.」
2) 『일본서기』 웅약기 5년 4월 조 「加須利君則以孕婦, 嫁與軍君日, 我之孕婦, 旣當產業, 若於路產, 冀載一船, 隨至何處, 速令送國」[加順利君(개로왕)은 임신한 부인을 軍君에게 장가들여 "내 임신한 부인은 이미 산월이 되었다. 만일 도중에 출산하면, 같은 배를 태워서 어디에 있든지 속히 나라로 돌려보내도록 하여라"].
『서기』 편자는 기사를 크게 '윤색' 하고 '왜곡' 했다. 특단의 주의를 요한다. 그러나 문경현(文暻鉉. 경부대 명예교수)은 扶余족에는 이러한 습속이 있다고 기사를 긍정적으로 본다(문경현, 「百濟武寧王의 출자에 대하여」, 『史學研究』제60호, 2000년 5월 참조).
3) 『일본서기』 웅약기 5년 4월 조, 「百濟人呼此嶋曰主嶋也」 主島는 '니리무세마' 라 읽는데 '니리무' 는 고대 조선어로 國土라는 뜻이다. 그러나 연민수 박사는 이 기사는 내용이 황당하고 믿기 어렵기 때문에 전체기사를 부정한다(백제「武寧王」생탄 해협지 역사 '포럼' 2004의사록, 武寧王교류鎭西町실행위원회 참조).
그러나 일본의 平野邦雄은 「최근 공주 송산리(宋山里)에서 발굴된 무령왕(武寧王)의 묘지(墓誌)와 완전히 일치한다. 거기에는 왕의 시호(諡號)가 사마(斯麻, 시마군)이며, 523년에 나이 62세로 사망했다고 적혀 있는데, 이것은 그가 461년에 태어났다는 것을 의미하는 것이며 『일본서기』의 시마키시(嶋君)가 태어난 것으로 되어 있는 바로 그 해인 것이다」라고 『일본서기』의 기사를 믿는다.

둘째동생인 곤지가 그녀와 같이 갔다고 적었다.

한편, 『백제신찬(百濟新撰)』을 인용했다는 『일본서기』 무열기(武烈紀·부래쓰기) 4년 4월 조 기사에서는 「사마왕은 곤지왕의 태자이고 말다왕(末多王·동성왕의 일본서기의 호칭)과는 이모형(異母兄)」의 관계라고 했다.[4] 여기서는 그를 곤지의 아들로 본 것이다. 도대체 무엇이 맞는 이야기인지 갈피를 잡을 수가 없다.[5]

武寧王의 系譜		
『日本書紀』	『百濟新撰』	『三國史記』
毗有王―蓋鹵王―斯麻君(王)―聖王 昆支王―東城王(末多君) 文周王―三斤王 (母弟)	毗有王―蓋鹵王―武寧王―聖王 昆支王―東城王	毗有王―蓋鹵王―文周王―三斤王 昆支王―東城王―武寧王

---

4) 그러나 延敏洙 박사(동국대)는 「百濟 新撰 쪽이 사료적 가치면에서 단연 위이고 武寧王은 '昆支의 子' 설을 취하여야 할 것」이라고 한다(延敏洙, 「5세기 후반, 百濟와 倭國」, 『日本學』 제13집, 동국대학교, 1994, p. 244참조).
『일본서기』 웅략기 5년 夏4월 조에 따르면 461년 琨支가 蓋鹵王의 王妃(斯麻君의 生母)와 같이 向倭 할 때 그는 이미 자식이 5人이나 있다고 했다. 그러므로 琨支의 둘째 아들이라는 東城王은 斯麻君보다 연상자로 보이며 그와는 四寸從兄의 관계가 될 것이다. 그러나 많은 해석자들은 末多王(東城王)은 琨支의 제2자라고 하니까 斯麻君은 琨支의 장자에 해당할 것으로 추정하는 것 같다(盧重國, 『百濟政治史硏究』, 一潮閣, 1988, 참조). 李基東 교수는 「武寧王은 蓋鹵王의 동생인 昆支의 5남 중 장남으로 태어난 것이 거의 확실하며, 蓋鹵王의 아들이라는 설은 후대에 만들어진 한낱 계보적 의제(系譜的 擬制)에 불과하다」고 한다. 李道學도 武寧王을 昆支의 아들로 보고 있으며, 東城王의 배다른 兄으로 보는 것 같다(李道學, 「百濟 武寧王에 관한 몇가지 斷想」, 『우리문화』, 1990. 9월호 참조).
5) 일본의 저명한 史學자인 津田左右吉 교수는 후대의 사가(史家)들이 『日本書紀』는 물론 『百濟新撰』이나 『百濟本紀』와 같은 百濟三書까지도 가필(加筆)한 것으로 보고 있다. 따라서 이들의 해석에 있어서는 특단의 주의를 요한다고 한다(후술 pp. 67~71참조).

사마왕의 출자에 대해서 사서마다 다르게 기록되어 혼선이 이는 것이 사실이나, 왕의 지석에는 그의 생애를 62세로 기록하고 있다. 이는 461년 축자(筑紫・쓰구시)의 「각라도(各羅島・가가라지마)」에서 탄생하였다고 기록한 『일본서기』 웅약기 5년 6월 1일 조의 기록과 일치한다. 그래서 사마군을 개로왕의 태자로 본 '웅약기'의 기사는 사실과 부합하는 것으로 보아야 할 것이다.

3. 무령왕의 생애(生涯)

이를 근거로 사마군은 개로왕의 태자로 보아야 할 것이다.[6] 또 그의 생모는 무슨 이유에서인지 '만삭'의 몸으로 도해(渡海)하는 도중 축자(筑紫・쓰구시・고대일본의 북규슈주) 지역에서 그를 출산하였다. 그러나 『일본서기』의 기사대로 그가 부왕(父王・개로왕)의 뜻에 따라 본국으로 송환된 것은 아니었고, 계속 왜경(倭京)에서 머무르면서 성장한 것으로 보인다. 그러다가 502년 동성왕의 대를 이어 제25대 백제왕으로 금의환국 하였으니, 이때 그의 춘추는 42세로서 많은 경륜을 쌓은 장년(壯年)기에 접어든 때였다.[7]

그는 백제왕(百濟王)으로 등극한 이래 '백제중흥(中興)'을 위한 눈부신 활약

---

6) 古川正司氏는 일찍이 武寧王을 蓋鹵王의 직계라고 주장한다(「百濟王統譜 の一考察」, 『日本史 論叢』 7, 1977 참조).
7) 『三國史記』는 斯麻王의 등국에 대해 다음과 같이 기록하고 있다. 「武寧王의 이름은 斯摩(혹은 隆 이라고 함)로 牟大王(東城王)의 제2자인데, 키가 8尺이고 용모가 그림과 같고 성품이 인자하고 관후하여 민심이 잘 귀부하였는데 牟大王 재위 23년(501년)에 王이 돌아가자 뒤를 이어 즉위 하였다」. 그러나 李康來 교수는 東城王은 즉위 23년(501년) 12월에 서거하였으므로, 武寧王의 즉위년은 502년이 합당한 듯하다고 한다(李康來, 『삼국사기』典據論, 民族社, 1996, 참조).

을 하였고, 또한 많은 업적을 쌓은 성군(聖君)으로 역사는 기록하고 있다.[8] 그는 부왕(父王)과 형의 비참한 죽음에 '원한'이(궤적구려·軌敵句麗) 솟구쳐 고구려를 향해 항상 초 '강경책'을 써왔다. 그리하여 여러 차례에 걸친 전쟁에서 승리하였고, 그간의 실지(失地)를 회복하는 등 국기를 반석 위에 올려놓기도 하였다. 그러나 어떤 사서(史書)에도 그의 청소년시절의 행방을 언급하지 않았다. 이는 바로 그의 생애를 이해하기 어렵게 하는 가장 큰 애로점이기도 하다.

그런데 일본학계의 저명한 학자인 야마오 유기히사(山尾幸久·立命館대학 명예교수)는 무엇을 근거로 삼았는지 잘 알 수는 없으나, 무령왕은 청소년시절 천황(天皇·雄略?)의 「질(質)」로 일본에 온 것이라고 주장하였다.[9] 이 견해

---

8) 1.『梁職貢圖』(530년대에 편찬)에 의하면 동이(東夷)제국에서 백제는 제일 큰 나라로 인식되고 있다[百濟는 梁나라를 찾는 33나라 중 滑國(지금의 아프칸), 波斯國(페르샤) 다음에 소개되었다].
   2.『旧唐書』·『新唐書』는 중국에 있는「百濟郡」의 존재를 인정하고, 그곳 출신을「百濟西部人」이라고 호칭하였다. 『宋書』와『梁書』는 백제가 晉末에「遼西郡」과「晉平郡」에 진출해 그곳에「百濟郡」를 설치했다고 한다.
   3. 일본인은 백제를「구다라」라고 발음하며, 廣西「百濟鄕」사람들(壯族)은 백제를「大百濟」로 부르고 있다.
9) 山尾幸久,『古代の日朝關係』, 東京: 塙書房, 1989. 그는『日本書紀』雄略紀 5년 秋7월 조의 윤색기사(蓋鹵王이 琨支에게 大倭에서 천황에게 잘 봉사하라)를 사실로 믿고 있는 것 같으며, 또한 武寧王을 昆支의 아들로 보는 것 같다. 또한 鬼頭淸明 교수도「百濟王은 고구려에 대항할 필요상...王子를「質」로 해서 倭王의 구원을 청했다. 그리하여 일시적으로 왜국은 백제에 대해서 우위에 서게 된다」고 한다(「七世紀後半の東アジアと日本」,『日本古代國家の形成と東アジア』, 東京:校倉書房, 1976).
   그 외에도『三國史記』편자(김부식)도 백제는 王子(太子)들을 倭에「質」로 보낸 것으로 이해하고 있다. 岡田英弘(「倭國」(中公新書) 482, p.138)도「이 왜왕 興의 조정에 백제 蓋鹵王은 동생되는 昆支를 보내 인질로 삼았다」고 한다. 澤田洋太郞(『日韓關係 2000년』, p.123)는 武寧王을 昆支의 아들로 보고 父子가 다같이 천황의 인질로 온 것으로 이해하는 것 같다. 柳田敏司(『鐵劍을 出した 國』, 學生社, 1980년)도「少年시절 인질로서 일본에 온 武寧王이 그 사람이다」고 한다.

는 일본학계의 다수설로 받아들여지고 있는 것 같다. 그러나 곤지나 사마군은 모두 천황(雄略?)의 「질(質)」은 아니고, 백제왕(개로왕)의 '후(侯)'로서 왜경(倭京)에 머물렀던 것으로 보아야 한다.[10]

그러니까 무령왕은 서기 502년 백제왕으로 즉위하기 이전에는 왜국(大倭)에서 백제왕의 「후왕(侯王) · 왜왕(倭王)」으로서 재위했던 것으로 보인다.[11] 이렇게 볼 때 그동안 한 · 일 양국의 학계에서 제기되었던 수많은 '수수께끼'의 실마리를 하나씩 풀 수 있을 것이다.

1971년 7월 충남 공주에서 출토된 王의 지석에는 王의 죽음을 「붕(崩)」자로 명기하고 있다. 이는 그가 생전에 「대왕(大王)」으로 재위했기 때문에 가능했던 것이다. 그가 소년기와 장년기를 왜경(倭京)에서 보낸 데는 백제왕의 「후왕」인 「왜왕」과 같은 위(位)에 재위했을 가능성이 크다고 엿보인다.

특히 그가 백제왕으로 재위하는 20여 년 동안 「후국(侯國) · 왜(倭)」에서는 백제로부터 '최선진 문물'이 유입되었다는 기록이 『일본서기』를 비롯한 많은 사서에 보이는데, 이에 따라 「기(畿)」(기내 · 畿內)의 모습은 새로워졌다고 한다.[12] 이러한 추세는 그의 태자인 성왕(聖王)대에 가서는 더욱 활발해졌다.

---

10) 478년 倭王 武가 宋 順帝에게 낸 한 통의 상표문(上表文)을 통해서 볼 때, 왜왕 武는 일본학계가 주장하는 것과 같은 「雄略천황」은 아니다. 그는 蓋鹵王의 太子인 斯麻君의 소년시절의 인물로 보아야 한다. 왜냐하면 「왜왕 武」는 475년 고구려 장수에게 살해된 蓋鹵王과 그의 王子를 자신의 아버지와 형이라고 부르고 있으며 또한 父兄의 유지(遺志)는 고구려를 쳐 부시는 것이라고 하니, 그것은 461년 「各羅島」에서 태어난 蓋鹵王의 태자인 斯麻君이 아니고서는 그 누구도 그렇게 말할 수 없을 것이다.
11) 또한 503년(癸未年 · 大王年) 武寧王이 개입해서 제작된 스다하지만(隅田八幡)鏡의 명문을 볼 것 같으면 그가 환국 전에 倭王과 같은 위치에 있었음을 알 수 있다. 斯麻王(武寧王)은 이 거울을 開中費直에게 명하여 제작한 것인데, 당시 開中費直을 명할 수 있는 사람은 오직 倭王이나 百濟王 이외에는 아무도 없는 것이다(후술 pp. 44~47 참조).
12) 이러한 문물의 유입을 보고 山尾 교수는 「야마토(大和)왕권과 백제왕권의 밀착관계(大和에 諸박사의 정기적인 제공과 백제의 伽倻지방 진출은 상호관계)는 실은 斯麻

그리하여 고대일본(倭國)의 '율령제도(律令制度)'는 굳건한 반석 위에 놓이게 되었다고 한다.[13]

『일본서기』 흠명기(欽明紀·긴매이기) 6년 9월 조(545년)에는 「백제가 장육(丈六)의 불상을 만들어」 왜(倭)에 보냈다는 기록이 나오는데, 사실 백제는 이보다도 훨씬 전부터 왜지(倭地)에 불상과 불경 등을 보낸 것으로 보인다. 1998년 10월 일본을 공식 방문한 한국의 김대중(金大中) 前 대통령에게 아키히토(明仁) 천황은 다음과 같은 뜻깊은 발언을 하여 해(該)시대의 중요성을 환기한 바가 있다.

「일의대수(一衣帶水)를 낀 귀국과 우리나라 사람들 간에는 예로부터 교류가 이루어졌고, 귀국의 문화는 우리나라에 크나큰 영향을 미쳐왔다……『일본서기』에는 경전(經典)에 밝은 백제의 왕인(王仁) 박사가 일본에 건너와 응신(應神·오진)천황의 태자인 兎道稚郎子를 가르쳐 전적(典籍)에 통달하게 되었다는 기록이 있다…… 백제의 오경박사(五經博士), 의박사(醫博士), 력박사(曆博士) 등도 일본에 왔고, 또 불교도 전례되었다.」

이같이 무령왕의 존재는 한·일 고대사에서는 빼놓을 수 없는 귀중한 인물인 것이다. 그러므로 오늘날 많은 일본 사람들은 그의 휘(諱·이름) 무령(武寧)을 기억하면서, 그 이름을 아주 친근한 '벗' 으로 여기는 것 같다. 지난 2001년 12월 23일 아키히토(明仁) 천황은 68세의 생일을 맞이하는 뜻깊

王의 즉위 후에 시작되었다는 사실을 알아야 한다」고 한다(山尾, 『전게서』).
13) 山尾 교수는 「513년부터 554년까지 諸박사가 교대로 왔다는 사실은…천황의 입장에서 볼 것 같으면 백제왕의 '봉사'가 가장 현저한 시기라고 말할 수 있을 것」이라고 한다(山尾, 전게서 참조).

은 자리에서 「자신으로서는 환무(桓武·간무) 천황(제50대, 781~806년 재위)의 생모는 백제 무령왕의 자손이라고 『속일본기(續日本紀)』에 기재되어, 한국과의 친근감을 갖게 된다」는 발언을 하였다. 이는 아주 중요한 발언이다. 한·일 고대사에 숨은 비밀을 천황 자신이 공개한 것으로서 크게 주목되는 것이다. 『속일본기』에는 「황태후(皇太后) 다가노노니가기(高野新笠)의 선(先)은 백제 무령왕의 태자 순타[淳太·513년 훙(薨)·그는 법사군(法師君)의 아버지]의 자손」이라고 하여 무령왕이 502년 환국 전에 왜경(倭京)에서의 생존한 사실을 간접적으로 시사한다.

II
스다하지만경(鏡)의 명문을 보고
- 무령왕은「大王年」대를 썼다 -

스다하지만경(鏡)의 명문을 보고 25

「스다하지만신사 소장 인물화상경」
(실물크기 - 직경 22cm)

「인물화상경」 명문(탁본)
(명문에는 제작자 「斯麻」의 이름이 보인다)
일본 스다하지만신사 제작

「인물화상경」 명문 (福山판독)

癸未年八月日十 大王年 男弟王
在意紫沙加宮時 斯麻念長壽
遣開中費直穢人今州利二人等
取白上同二百旱作此竟

1. 머리말*

일본 와카야마(和歌山)현 하시모토(橋本)시에 자리한 스다하지만 신사(隅田八幡神社)는 조그마한 시골 신사이다. 그러나 일본의 고고학계를 비롯 역사학계 등에서 더 큰 이름으로 알려진 곳이기도 하다. 그 이유는 현재까지 일본에서 발굴한 금석명문(金石銘文) 가운데 가장 오래된 역사를 지닌 것으로 보이는 한 장의 동경(銅鏡·일본에서 주조된 거울)을 소장하고 있기 때문이다.

그러나 이 동경이 이 신사에 언제 들어와 어떻게 소장하게 되었는지는 자세히 알 수 없으나,[1] 1951년 6월 9일 일본정부는 이를 국보(고고 제2호)로 지정하여 현재는 도쿄(東京)국립박물관이 안치하고 있다.

고고학계가 「스다하지만 신사(隅田八幡神社) 소장 인물화상경(人物畵像鏡)」 또는 단순히 「스다하지만경(隅田八幡鏡)」으로 부르는 이 동경은 경배 주록부(鏡背周綠部)에 보기 드문 9人의인물상과 48자의 명문이 양주(陽鑄)되었다. 그런데 이들 명문 중에 나오는 간지기년(干支紀年)의 癸未年(계미년)과 「大王年(대왕년)」, 斯麻(사마)와 男弟王(남제왕), 開中費直(개중비직·가와지노 아다이) 등은 한·일 고대사에서 한 번도 찾아 볼 수 없었던 중대한 사실(史實)들을 새긴 것이다. 그래서 이를 보는 이로 하여금 놀라움을 자아내게 한다. 더구나 이들 명문은 한 글자도 손상되지 않아 학계에서는 희귀한 고대 금석문 사료(史

---

* 본고는 1992년 5월 「韓日文化講座」 #21(韓日文化交流基金)과 圓光大 『論文集(人文·社會系列篇)』 第28-1輯(1994년)에 所載. 또한 『コリアナ』, 1991년 冬季号(韓國國際交流財團)에 所載.
1) 이 동경은 古墳에서 출토된 것이나, 어디서 그리고 언제 출토되었는지는 잘 모르고 있다. 生地龜三郞에 의하면, 이 동경은 「天保五年(1834년) 橋本市妻에서 赤土를 채집 중에 이를 발견하여 隅田八幡宮에 봉납했다」고 한다(生地龜三郞, 紀伊古墳, 紀伊考古學硏究會, 1954).

料)로 존중하고 있다.

2. 스다하지만鏡 명문의 판독

1) 다가하시 겐지(高橋健自)의 판독

스다하지만경(鏡)에는 이른바「신공황후(神功皇后 · 진구고고)의 삼한(三韓)정벌」과 관련한 설화가 있으나, 널리 알려지지는 않았다.[2] 그러나 근세에 와서 일본의 원로학자 다가하시 겐지(高橋健自) 박사가 鏡의 명문을 최초로 읽고, 이를 학계에 소개하여 비로소 널리 알려지게 되었다. 다가하시(高橋)는 1914년(大正 · 대정 3년) 소문만 듣고 스다하지만 신사를 방문하게 되었다고 한다. 그는 스다하지만鏡을 보는 순간 이는「참으로 '해내무비(海內無比 · 세상에 둘도 없는 것)'의 진귀한 자료이고, 고사기재(古史記載 · 고서에 이미 기록된 것)의 결함을 보충할 수 있는 극히 유익한 유물이다」라고 감탄하기에 이르렀다. 어찌하여 이렇게도 훌륭한 물건이「아직도 국보로 등록되어 있지 않았는지 실로 놀라운 일」로 여겼다고 한다.[3]

스다하지만鏡의 명문에서「'고사기재'의 결함을 보충」해 보겠다는 그의 열망에도 불구하고, 명문의 표현이 어려운 데다 더러 글자의 모양이 불분하여 명문 판독(判讀 · 읽을 수 있는 글자)에는 실패하였다. 그러나 명문의 주요 대목과 연대는 판명되었는데, 그가 판독한 명문은 다음과 같다.

---

2) 스다하지만神社는 社神으로「神功皇后」를 받들고 있는데, 1838년(天保九年) 紀伊國名所圖會는 스다하지만鏡에 대해 아래와 같이 소개하고 있다.
「古鏡 一面, 寺僧이 전하는 말에는, 神功皇后가 三韓을 정복할 때, 그곳 사람들이 그에게 헌상한 鏡이다.」[森 浩一, 交錯の日本史(大阪: 朝日新聞社, 1990), p.90]
3) 高橋健自,「在銘最古日本鏡」, 考古學雜誌, 제5권 3호, 大正 3년 10월(1914), p.103.

「癸未年 八月 日十六, 王年△弟王, 在意紫沙加宮時 斯麻念長, 奉遣開中費直, 穢人今州 利二人等, 取白上同 二百旱, 作此竟」[4]

다가하시(高橋)는 鏡(경・거울)의 제작자와 이를 수령할 상대를 제대로 판독하지 못하여 명문의 체계적인 해석이 어렵게 되었다. 따라서 그는 간지기년(干支紀年)인 「癸未年(계미년)」이 고대 '癸未年'의 어느 해에 해당하는 것인지도 명쾌한 해답을 내놓지 못했다.[5]

2) 후쿠야마 도시오(福山敏男)의 판독

'다가하시'가 처음 시도한 명문 판독 이후 약 20년 동안 일본 학계에서는 이렇다 할 연구가 없었다. 그러다 1934년(昭和・소화 9년) 당시 명문 해석의 권위자인 후쿠야마 도시오(福山敏男) 박사는 '다가하시'의 판독을 토대로 명문 판독에 도전하여 마침내 체계적인 판독을 이룩하였다. 그가 판명한 명문에는 大王年(대왕년)과 男弟王(남제왕) 그리고 斯麻(시마)와 開中費直(개중비직),「念長壽(염장수)」등 '다가하시'가 풀지 못한 주요 내용들을 모두 판독하여 명문 해석의 길을 열어 주었다. 오늘날 일본학계의 '통설'이라고도 할 수 있는 후쿠야마(福山)의 명문판독은「癸未年 八月 日十, 大王年, 男弟王 在意紫沙加宮時, 斯麻 念長壽 遣開中費直 穢人今州利 二人等, 取白上同二百旱,

---

4) 高橋健治, 전게논문, pp.103~104.
5) 다만 그의 경험을 토대로 해서 본 鏡의 모양이, 서기 5세기의 것으로 볼 수 있다고 해, 癸未年・443년을 생각해 보았다. 그러나 다른 한편으로는 鏡의 제작자를 斯麻念長으로 이해하였기 때문에, 그가 神功紀에 나오는 '斯摩宿禰'와 같은 인물이 아닌가 하고 서기 4세기의 癸未年・323년과도 연계를 지어 보기도 했다. 그러나 양식과 수법으로 보아, 應神 천황대의 癸未年에 만들어진 것으로 본다고 하고 癸未年 383년에 맞추어 보았다.

作此竟」[6]인데, 이는 「大王年, 癸未年 八月十日에 斯麻는 의자사카궁(意紫沙加宮·이시사카궁)에 있는 男弟王의 장수를 위하여 開中費直 穢人(예인) 今州利(금주리·이마스리)와 다른 한 사람을 시켜 양질의 백동(白銅) 2백한(관)(二百桿)으로 이 鏡을 만들었다」라고 풀이했던 것이다.

그러나 후쿠야마의 판독법에 자구나 독법과 관련한 이론이 전혀 없는 것은 아니다. 특히 와다 아쓰모(和田 萃·경도교육대학) 교수 등 일부 학계 중진급 인사들은 명문 중 念長壽(염장수)는 길상구가 아니라, 「念長奉(염장봉)」으로 읽을 수 있다는 견해를 내놓았다. 이 鏡은 사마(斯麻)가 남제왕(男弟王)을 길이 섬기기 위해 만든 것이라는 저의 있는 주장을 폈던 것이다.[7] 그러나 실제의 글자체나 이론상으로 보아 이를 長奉(장봉·길이 받든다)으로 읽을 하등의 근거가 없다는 것이 오늘날 일본학계의 중론이다.[8]

3. 스다하지만鏡 명문의 해석

1) 해석에 임하는 일본학계의 시각

스다하지만鏡의 명문을 정당하게 해석하려면, 먼저 간지기년(干支紀年)인

---

6) 福山敏男,「江田 發掘大刀 及び 隅田八幡神社鏡の制作年代について」,『考古學雜誌』, 第24卷 1號, 1934, p.31.
7) 和田 萃, 大系 日本の歷史(東京 : 小學館, 1988년), 참조. 명문의 판독법으로「念長奉」을 주장하는 인사로는 乙益重隆, 保坂三郎, 山尾幸久, 樋本社人 등이 있다.
8)「長奉」으로 볼 수 없는 근거로는 첫째, 명문의 글 자체가「奉」이 아니고「壽」字의 약자이고, 둘째, 만약「長奉」이라고 한다면, 그 字 다음에「遣」자를 쓸 수 없는 것이다.「遣」자를 쓴다는 것은 극히 오만한 것으로 상대를 下位人으로 볼 경우에만 가능한 것이다. 셋째, 古代사회에서 鏡은 반드시 좋은 일이 있을 때 주는 것으로, 불로장수와 같은 길상구는 쓸수 있어도,「長奉」과 같은 괴상한 어구는 쓸 수 없는 것이다.

癸未年(계미년)의 연대를 확인하는 문제가 선행되어야 한다. 그런데 연대를 확인하기 위해서는 斯麻(사마)와 男弟王(남제왕)의 정체와 함께 鏡을 실제로 만들었다는 開中費直(개중비직)의 정체 또한 밝혀져야 할 것이다. 그리고 鏡의 제작연대와 관계가 깊은 것으로 보이는 백동경(白銅鏡)의 사용연대도 밝혀야 할 것이다.

그러나 명문을 해석하는 일본학계 인사들의 태도는 한결같이 이른바 황국사관(皇國史觀) 같은 고정관념에 사로잡혀 퍽 경직되어 있다. 그래서 이 경(鏡)은 '사마'가 '남제왕'에게 바친 공물일 것이라는 전제 아래, 사상 처음 나오는 명문의 大王年(대왕년)은 당연히 '남제왕' 또는 그의 상왕이라는 천황에게 귀속된다는 것이었다.

이 때문에 이 경(鏡)을 직접 만든 '개중비직'은 말할 것도 없고 그로 하여금 鏡을 만들게 한 '사마'도 어떤 인물인지를 알 필요가 없고, '사마'는 당연히 '남제왕'의 신하이므로 곧바로 '남제왕'만 규명함에 따라 이를 大王年 · 癸未年에 꿰맞추었던 것이다.

그 결과 일본학계 인사들이 시도한 명문의 해석은 대체로 「대왕의 어대인 계미년(癸未年) 8월 10일 남제왕이 의자사카궁宮에 있을 때 (그 신하인) '사마'가 (대왕의) 장수를 위해서 개중비직과 예인(穢人) 금주리(今州利) 二人을 시켜 백상동(白上銅) 이백간(二百桿)을 써서 이 鏡을 만들었다」라고 풀이하였다. 「계미년 팔월 日十大王과 남제왕이 의자사카宮에 있을 때 사마가 대왕의 장수를 염원하여 개중비직과 예인(穢人) 금주리(今州利) 등을 보내어 백상동 二百桿으로 이 거울을 만들었다」라는 풀이도 내놓았다. 이들 두 경우는 모두 '사마'의 大王年(대왕년)과의 연계가 원천적으로 차단되는 것이다.

2) 후쿠야마(福山), 미즈노(水野) 등의 해석

그렇다면 과연 男弟王(オオトノキミ)은 누구이겠느냐는 물음이 나오는데, 후쿠야마 박사는 이를 『일본서기』의 제26대 천황 계체(継体)로 추정했다. 그가 이같이 추정한 이유는 고사(古史)에 이록한 '계체천황'의 휘(諱)는 놀랍게도 모두 「남제(男弟)」의 훈(訓·オオト)으로 표시되었기 때문이라는 것이다.[9] 일본역사의 정사인 『일본서기』는 오오도왕(男大迹王·オオト)으로, 그리고 『고사기(古事記)』에는 오호도노미고도(袁本杼命·オホト), 『상궁기(上宮記)』에는 오호도노기미(乎富等王·オホト), 『월후풍토기(越後風土記)』에서는 오오도천황(雄大迹天皇·オホト)으로 표기되었다. 이렇듯 한문자의 표기만 다른 것으로 보아, 계체천황은 그의 긴 치세동안 시종 「男弟王(남제왕)」의 칭호만 썼던 것으로 보인다고 하였다.[10]

그러므로 후쿠야마(福山) 박사는 명문의 계미년(癸未年)을 서기 503년으로 단정하였다. 그러나 대왕년의 주인이 될 대왕에는 제왕(弟王)격인 '남제왕'은 그 성질상 대왕이 될 수 없고, 따라서 당시의 정황으로 보아 『일본서기』 제25대 무열(武烈)천황이나 그의 부왕인 제24대 인현(仁賢·닌겐)천황을 '남제왕'의 상왕(上王)으로 생각할 수 있다고 하였다. 이에 따라 자신은 후자를 택하여 인현(仁賢)천황을 大王으로 받들었다.[11]

---

9) 福山의 이러한 주장을, 和田 교수는 男弟王은 「オオト」인데, 어떻게 「オホト」인 袁本杼, 乎富等와 같을 수 있느냐고 男弟王·継体를 반대하나, 훈으로 표기되는 한자는, 자연히 발음이 조금씩은 다를 수밖에 없다. 例를 들면, 古代의 성씨인 「蘇我」씨의 경우 당초에는 훈에서 유래한 것으로 보이는데, 한자로는 曾我, 宗岳, 蘇賀 또는 噉加 등 다양한 표기를 하고 있는데, 서로 발음이 약간 다른 것은 당연하다고 할 수 있겠다.
10) 継体의 諱가 史書마다 다르게 표기되어 있는 이유를 잘 알 수 없으나, 후대의 史家들이 그의 「男弟王」이라는 호칭을 고의로 史書에서 삭제한 것으로도 보인다.
11) 福山敏男, 전게논문, p. 36.
乙益重隆는 癸未年·503년과 男弟王·継体 등 福山의 해석법을 따랐고, 또한 명문의 「斯麻」도 百濟 武寧王으로 보는 등 특이한 점이 있다. 그러나 銘文에 「鏡을 만든 대상이 보이지 않는다」는 것을 이유로, 大王年의 주인인 大王이 누구인지는 알 수 없고, 다만 鏡은 斯麻가 「누구인가에 獻하기 위해」 만든 것은 분명하다고 주장한다(「隅田八幡神社畵像鏡銘文의 一解釋」, 『考古學研究』, 제11권 4호, 1965, pp. 18~23).

이를 '남제왕'이 의자사카宮에 살고 있다는 명문에 착안한 미즈노 유우(水野 祐·와세다대학) 교수는 차음가명(借音假名)을 들추어 실제의 지명은 오시사카(忍坂·オシサカ)일 것으로 추정했다. 이를 뒷받침할 근거로『일본서기』에 나오는 제20대 천황 윤공(允恭·인교)의 비(妃)는 휘(諱)가 '오시사카노 다이주히매미고도(忍坂之大中姬命)'로 알려졌다는 점을 들어 비(妃)의 출신지를 일단「오시사카·忍坂」로 추정하고, 당시의 혼인관례로 보아 의자사카宮은 그녀의 거처일 것으로 보았다. 그리고 男弟王(남제왕)은 그녀의 부왕(夫王)인 윤공(允恭)천황의 이모제(異母弟)인 오오구사노가(大草香)황자로 일단 추정하였다.[12]

그러므로 미즈노(水野)는 계미년(癸未年)·443년을 택하였고, 대왕년의 주인인 대왕도 자연 윤공(允恭)천황으로 귀착시켰다. 그런데 그가 '윤공천황'을 대왕으로 생각하는 다른 이유 중의 하나는 명문 중 日十大王(일십대왕)이라는 그의 독특한 독법을 따랐다. 이를 지주노오오기미(ジジユウノオオキミ)로 읽은 그는 신라 제2대왕 남해차차웅(南解次次雄)과 연계하여, 이를 무속(巫俗)에서 말하는 '윤공'의 이름이라는 것이다.[13]

이 두 사람의 대표적인 명문해석 이외에도 다른 학자들이 많은 해석을 시도하였다. 그러나 이들의 해석에는 이렇다 할 자료의 제시나, 이론의 전개가 없이 무리한 '가설'과 억측으로 일관했다. 모두 고대 계미년에 맞추는 해석인데(계미년·323년 설, 383년 설, 563년 설, 623년 설 등), 이는 모두 스다하지만鏡의 실제 제작 연대와 너무나 차이가 큰 것으로 보인다는 이유로 학계가 완전히 도외시한 실정이다.[14]

---

12) 水野 祐,「隅田八幡神社 所藏鏡 銘文の一解釋」,『古代』, 13, 1954, p. 10.
13) 水野 祐, 전게논문, 참조.

3) 일본학계의 해석에 대한 소고(小考)

오늘날 일본학계의 '다수설'이자, 또한 '유력설'로 인정받는 후쿠야마(福山)의 해석법은 男弟王(남제왕)을 계체천황으로 규명하고, 이를 「癸未年(계미년)」을 503년에 맞춘 것이다. 이는 진일보한 명문해석으로 보인다. 그러나 명문해석에서 가장 중요한 인물인 斯麻(사마)를 단순처리하여 '남제왕'의「신하(臣下)」로 격하시켰다는 문제점이 있다. 그래서 이미 타계한 인현(仁賢)천황을 등장시켜 그를「대왕년」의 주인으로 추대하는 초(超)명문적인 해석을 초래하는 오류를 범하게 되었다.

이 같은 '후쿠야마'의 무리한 인현(仁賢)천황의 대왕 추정을 와다(和田 萃)는 부정한다. 첫째는 인현천황이 오시사카궁(忍坂宮)에 있었다는 전승이 기·기(記·紀)에 보이지 않는다는 점이고, 둘째는 '계체천황'이 인현천황의 후계자라면 왜, 『일본서기』는 이를 쓰지 않았냐는 점이다. 그리고 셋째는 '계체천황'은 즉위 전에 벌써 야마도(大和)의 대왕곁에 자리했다는 모순이 발견되어 '계체'의 新왕조설은 성립하지 못한다[15]고 지적하였다. 이는 적절한 지적으로 보인다.

한편, 계미년(癸未年)·443년을 주장하는 미즈노(水野)설은 연대가 좋다는 이유 하나만으로 학계 일부의 지지를 받은 것으로 보인다. 그러나 '서입혼(壻入婚·데릴사위)'을 이유로 오시사카궁(忍坂宮)은 오시사카노다이주히매미고도(忍坂之大中姬命)의 궁정이고, 거기에 부왕(夫王)인 윤공천황 자신이 처가살이를 했다는 주장은 납득하기 어려운 일이다.[16]

---

14) 현재 隅田八幡鏡이 진열되어 있는, 東京국립박물관에서는 癸未年을「443년 또는 503년」중 하나일 것으로 추정하고 있다. 이러한 추정은 『日本大百科事典』 등 주요자료에서도 같은 현상이다. 그러나 鏡이 원래 있었던 隅田八幡神社에서는 癸未年·443년을 제작년대로 쓰고 있다.
15) 和田 萃, 『大系 日本の歷史』(東京 : 小學館, 1989), 참조.

고대의 관행 중 특히 왕이나 수장(首長)과 같은 '호족' 사회에서는 혼인시 왕 비(妃)는 그의 출생지의 지명을 자신의 이름으로 하는 것은 사실이다[예를 들면, '신공황후'의 본명이라고 하는 기장족히존(氣長足姬尊)과 같은 것]. 그러나 왕비는 의례 남편의 거처인 '궁(宮)'으로 가는 것이지, 남편인 왕 또는 수장이 왕비의 출생지로 가는 것은 아니라고 본다. 따라서 이 경우 오시사카궁(忍坂宮)은 오시사카노다이주히매미고도(忍坂之大中姬命)의 것이라기보다는 오히려 그의 오빠이자 '계체천황'의 증조부라고 하는 「오오호도(意富富杼王・オホホト)」의 것일 가능성이 크다고 보아야 할 것이다.[17]

그리고 '미즈노'는 윤공천황의 이모제(異母弟)인 오오구사가(大草香)황자를 남제왕으로 추정하고 있는데, 이 또한 무리한 연계이다. 왜냐하면 이모제인 그가 왜 「오시사카궁(忍坂宮)」에 와 있는지를 합리적으로 설명하지 못하고 있기 때문이다. 그러므로 와다(和田)는 그의 「一안(案)으로서, '계체천황'의 증조부인 「오오호도(意富富杼王・オホホト)」를 남제왕의 후보로 추정하기도 했다. 그 이유로는 오시사카노다이주히매(忍坂之大中姬)의 혈통자이기 때문에 일시 오시사카궁(忍坂宮)에 체재하고 있을 가능성이 크다는 것이다(그러나 여기의 「오오호도왕(意富富杼王)」은 '사마'가 말하는 大王年(대왕년)・癸未年(계미년)의 「男弟王(남제왕)」이 아닌 것은 분명하다).[18]

---

16) 그러나, 古代의 婚姻 관행에 대해, 森幸一와 水野는 의견을 같이 하고 있다.
17) 福山에 따르면, 「意富富杼王」의 표기는, 男弟王(オオト)의 훈의 표기로 볼 수 있기 때문에, 継体의 가계는, 그의 증조부 때부터 男弟王으로 「意紫沙加宮」의 주인이었던 것으로 보인다. 최근, 上田正昭 교수는 継体의 조부를 가리켜 「意富杼王」(オホト)이라고 하며, 森幸一 교수는 「乎弟王(オオト)이라고 하는데, 그것이 사실이라면 継体의 가계는 대대로 男弟王의 가계임이 더욱 확실하다고 할 수 있을 것이다.
18) 和田 萃, 전게서.

4. 청동鏡에 대한 고대인의 생각과 관행
- 鏡은「헌상물」이 아니다 -

스다하지만경(隅田八幡鏡)을 사마(斯麻)가 남제왕(男弟王)에게 헌상한 공물(貢物·바치는 물건)이라고 보는 일본학계의 공통된 시각은 명문에도 없다. 그 뿐이 아니라, 고대 東아시아의 정치관행으로 보나 이 같은 관행을 아직도 지키는 일본의 역사관행에서도 도저히 묵과할 수 없는 反역사적인 해석인 것이다.

1) 鏡은 제마구(除魔具)이며 권위의 상징

고대인들이 부여하는 '청동경'의 신비는 오늘을 사는 우리들로서는 도저히 이해하지 못할 것이라고, 일본의 한 저명한 사가는 말하고 있다. 특히 상고의 왜인(倭人)들은 그 정도가 어느 누구보다도 심했다고 하니, 가히 짐작하고도 남음이 있을 것이다.[19]

그들에게 동경(銅鏡)은 결코 화려한 청동색의 장신구(裝身具)도 아니거니와, 또한 영상(映像)의 실용도구가 될 수도 없었다. 그들의 소박한 삶에 비친 '청동경'은 이상하게도 신위(神威)를 내려받는 주술적(呪術的) 성격이 강한 것으로 믿은 것 같다.[20] 그러므로 鏡은 모든 재앙을 물리칠 수 있는 제마구와 같은 것으로 믿어왔다. 또한 정치사회의 확대와 더불어 정치권력을 창출하는 권위의 상징으로 믿었던 것이다.[21]

---

19) 森 浩一교수에 의하면, 倭人들은 東아시아에서 鏡을 제일 좋아했다고 한다.
　　森 浩一,「倭人と銅鏡」,『邪馬臺國の謎』(東京 : NHK 편집, 1989), pp. 166~175.
20)『日本の考古學』(東京 : 國立博物館, 1988), p. 17 참조.『日本大百科全書(4)』(東京 : 小學館, 1989), p. 851 참조.
21) 金元龍 교수는 細文鏡과 방제한식鏡을「儀器」라고 하고, 그것들은「종교에 관계되

2) 鏡은 신기(神器)이며 신임을 부여

고대인의 이 같은 믿음은 鏡을 마치 '신기'와 같은 보물로 여기게 되었고, 특히 통치자에게 동경의 보유는 필수 불가결한 조건이었던 것이다.[22] 그리하여 鏡은 정치사회에서 가장 중요한 '통치도구'와도 같은 것으로 변모하게 되었다. 그러므로 고대 東아시아의 정치사회에서 동경의 수수행위를 상기할 때, 이는 분명 예사로운 일이 아니었다. 필경 엄숙하고도, 장엄한 의례 행사의 하나였을 것이다. 왜냐하면 鏡의 수수는 상왕(上王)으로부터 부여되는 하나의 '신임'을 뜻하는 것이었고, 그 '신임'을 빌려 새로운 정치권력을 창출했기 때문이다.

일찍이 경초(景初) 3년(238년) 위(魏)나라의 명제(明帝)는 왜왕 비미호(卑彌呼·일본에서는 히미코로 호칭)의 조공을 받고, 그 답으로 동경 백 매와 대도(大刀) 두 자루를 내렸다고 한다. 이때 명제는 이런 말을 하였다. 「그곳 사람들이 좋아하는 물품을 사여(賜與)」하니, 이 사실을 널리 알려 달라고 당부했는데, 이는 위제(魏帝)가 鏡을 주는 것으로 왜왕에게 '신임'을 표시한 행위로 보아야 할 것이다.[23]

사실, 「계미년 8월(癸未年 八月)」 사마가 남제왕에게 준 「二百桿(이백간)」의 백동경도 이와 같은 맥락에서 이해되어야 할 것이다. 그러나 일본의 명문 해석자들은 이른바 「황국사관」에 사로잡혀 동경의 그러한 관행과 특수성을 완전히 무시하고 이를 정략적으로 해석하였다. 스다하지만鏡은 '사마'가 남제왕에게 「長奉(장봉·길이 봉사)」하기 위해 바친 공물이라고 주장하는데,

---

나, 권력을 표시하는 莊嚴具」로 보고 있다. 金元龍, 『韓國美術史』(서울 : 汎文社, 1969), p. 33 참조.
22) 奧野正男, 『邪馬臺國はここだ』(東京 : 德間文庫, 1990), p. 40 참조.
23) 上田正昭, 「邪馬臺國の謎に迫る」, 『プレジデント』, 1989. 7, p. 74.

이는 언어도단도 이만 저만이 아니다.

 논리상으로 보더라도 '사마'가 제왕(弟王)으로 부르는 그에게 동경을 헌상한다는 것은 상상도 할 수 없는 일이다. 더구나 고대 정치사회의 관행으로 볼 때 鏡의 수수는 어떠한 경우에나 「신임」의 부여라는 특수한 의의를 부여하는 것이기 때문에 이는 어디까지나 「하사」일 수밖에 없는 것이다.[24] 사실 이런 경우에만 鏡의 신비성이 유지될 수 있는 것이다.

3) 일본의 역사관행 - 「3종의 신기」와 황통(皇統)승계

 고대의 관행이 그대로 이어지는 일본의 황통은 바로 鏡의 신비성을 현실적으로 보여 주는 산 증거라고 할 수 있을 것이다. 천 년 이상이나 된다는 이 역사관행은 왕권계승의 상징이기도 하다. 이른바 「3종의 신기」라고 하는 팔지경(八咫鏡), 초치검(草稚劒), 그리고 팔지경곡옥(八咫瓊曲玉) 등의 보기(寶器)를 선왕으로부터 전수받음으로써 비로소 신왕의 체통이 확립된다는 것이다. 이는 말할 것도 없이 '신기'인 鏡의 수수를 통한 선왕의 '신임'을 뜻하고 있다.

 우리는 근자에 거행된 평성(平成·헤이새이)천황의 즉위를 지켜보고, 「3종의 신기」중 특히 팔지경(八咫鏡)의 지체는 다른 두 「신기」보다 훨씬 더 가치가 크다는 사실을 알게 되었다. 그 이유는 천황가(家)의 조상신이자, 개국신인 아마데라스 오미가미(天照大神)의 혼과 마음이 이 팔지경(八咫鏡)에 담겨 있기 때문이라는 것이다.[25] 그래서 신왕은 즉위 당일 맨 먼저 어현소(御賢所)

---

24) 金井塚氏(埼玉 資料館長)는,「權威의 상징으로, 鏡이나 기타의 것을 하사하는 관례는 있다」고 한다. 金井塚 良一,「前方後圓墳の出現と傳播」,『歷史讀本』, 1986. 3, p. 126. 또한, 小林行雄 교수도「各地에 있는 同范鏡의 존재는, 畿內의 유력한 신분의 자, 특히 塚山古墳의 피장자로부터 下賜라는 형태로 분류되었을 것으로 생각한다」고 한다. 齋藤 忠,『日本考古學辭典』(東京:東京堂出版, 1984), p. 395.

에 봉안한 鏡에게 자신을 고함으로써 그의 수호와 신임을 청하였다.

이처럼 일본의 역사 관행에서 청동경의 중요성은 그 무엇과도 비교할 수 없다. 그런데 대부분의 명문 해석자들은 大王年·癸未年에 '남제왕'의 장수(長壽)를 위해 만든 수많은 백동경을 사마(斯麻)가 그에게 바친 '공물'이라는 등 갖은 이유를 붙여 反역사적으로 해석하고 있는 것이다. 그러나 왜곡된 해석으로 이른바 황국사관의 일시적인 유지는 가능할지 모른다. 그러나 자신들이 자랑하는 역사의 기본을 송두리째 부정하는 오류로 인식할 필요가 있다.

5. 스다하지만鏡은 사마(斯麻)가 계체(継体)천황에게 하사한 鏡

1) 사마(斯麻), 그는 누구인가?

명문의 정당한 해석을 위해서는 남제왕(男弟王)의 실체를 규명하는 문제도 중요하다. 그러나 더 중요한 것은 사마(斯麻)의 실체를 규명하는 문제이다. 왜냐하면, 鏡의 제작 주체가 바로 사마이기 때문이다. 스다하지만鏡은 그의 뜻에 따라 제작된 것이며, 경명(鏡銘·거울에 새겨진 글자) 또한 그가 직접 쓴 것이기 때문이다. 그런데 초기 해석자인 다가하시(高橋)는 명문을 잘못 판독하였다. '사마'를 「斯麻念長(시마염장)」으로 이해하였기 때문에, 처음부터

---

25) 일본신화에는, 「八咫鏡」은 天照大神가 瓊瓊杵尊(神武천황의 종조부)를 高天原에서 瑞穗國에 降臨시킬 때 하사하였다고 한다. 『고사기』에 의하면, 이때 天照大神는 「이 鏡은 나의 혼이 들어 있는 것으로서, 내가 앞에서 기도하는 것과 같이 모셔라」라고 하였다고 한다. 또한 『日本書紀』에 의하면, 天照大神는 「아이들아, 이 寶鏡을 볼 때는, 언제나 나를 보는 것 같이 하라」고 하였다고 한다.

해석의 실마리를 풀지 못했다. 그러나 이후 후쿠야마(福山)는 이를 제대로 「斯麻(사마)」라는 실체로 분리해 판독하였기 때문에 그가 누구인지를 알 수 있었을 터인데도[26] 명문 해석에서는 그를 남제왕의 「신하」와 같은 인물로 격하시켰다. 그래서 사마(斯麻)는 「大王年(대왕년)」의 소유주로서의 정당한 권리를 주장도 하지 못하고, 역사의 뒷전으로 밀리고 말았던 것이다.

그러나 사마(斯麻)를 배제한 명문 해석은 「大王年(대왕년)」의 남제왕 또는 그의 상왕(上王)으로 천황에게 강제 귀속되는 것은 가능할지 모르나, 「癸未年(계미년)」의 실체는 물론이요 「남제왕」의 실체도 제대로 밝힐 수 없는 혼란을 자초하게 되었다. 이에 따라 시대가 다른 여러 개의 계미년이 생겼고, 전혀 다른 수 명의 「대왕」이 등장하는 등 스다하지만鏡의 명문을 둘러싼 해석은 그야말로 가관이라 하지 않을 수가 없다.

명문의 정당한 해석을 위해 '사마'의 정체는 꼭 규명되어야 한다. 왜냐하면 그만이 大王年(대왕년)·癸未年(계미년)의 실체를 정확하게 말해줄 수 있기 때문이다. 1971년 우연히도 공주 송산리(宋山里) 한 고분에서 동경을 비롯하여 대검(大劍)과 곡옥(曲玉) 그리고 왕관(王冠) 등 고대 통치자만이 소유할 수 있는 많은 유물들이 발굴되어 세상을 놀라게 한 일이 있었다.

이때 더 놀란 사실의 하나는 유물과 더불어 발굴된 한 장의 지석이다. 이 지석에서는 「寧東大將軍 百濟 斯麻王 年六二歲 癸卯年 丙戌朔七日 壬辰崩」이라는 글귀가 드러났다. 이 고분의 피장자가 백제왕국 제25대 왕 무령(武寧·

---

[26] 筆者가 그렇게 생각하는 것은 福山가 癸未年·503년을 일찍부터 주장하였기 때문이다. 특히 이 시기는 백제 武寧王의 치세와 연계되는데, 『일본서기』에 나오는 그의 諱는 「嶋」, 「島」와 「斯麻王」이다. 그리고 『삼국사기』에는 「斯摩」로 기록되어, 福山는 충분히 「斯麻」가 누구인지를 알 수 있었을 것으로 생각한다. 더욱이, 斯麻는 명문에서 河內費直이 穢人이라고 하는데, 이것만 보더라도 斯麻는 한반도의 큰 인물이라는 사실을 알 수 있었을 것이다.

시호)이고, 그의 휘(諱·이름)는 사마(斯麻)였음을 밝힌 것이다. 그리고 양제(梁帝)가 내려준 작호가 영동대장군(寧東大將軍)이라는 사실도 확인하게 되었다. 사마왕은 임오년(壬午年·502년) 춘추 42세의 나이로 왕위에 오르셨다고 하니, 그의 재위는 그로부터 21년간 계속된 것이다. 또한 왕은 그의 치세 중에 자신의 사(私)연호를 쓰지 않고, 시종 간지기년(干支紀年)만을 사용했다는 사실도 지석을 통해 알 수 있었다. 왕세(王世)의「癸未年」은 그가 왕위에 오른지 바로 다음 해의 일이니, 이는 서기 503년이었던 것이다.[27]

그러므로 사마가 명문에서 언급한 의자사카궁(意紫沙加宮)에 있다는 남제왕(オオト)은『일본서기』를 근거로 하더라도 그 실체가 불분명한 어린 무열(武烈)천황이 아니다. 서기 507년 오토모(大伴) 가네무라(金村大連)의 개입으로 하내국(河內國)의 장엽궁(樟葉宮)에서 즉위를 하였다는 오오토노기미(男大迹王·オオト)인 것이다.「계미년(癸未年)」은 그가 하내국에 오기 4년 전이다. 당시 그의 춘추는 53세의 초로에 접어든 때였다.[28]

---

27) 고분의 발굴로 斯麻·武寧王의 실체가 확인되었는데도 불구하고, 일본학계는 이를 인정하려 하지 않는다. 그들은 武寧王과 継体천황의 동시등장을 기피하는 입장이다. 이 문제에 대한 和田의 반응은 신경질적인 것이다.「人物畫像鏡에 보이는 斯麻와 일치한다는 것이다.…… 매력적인 생각이지만, 성립하기는 어렵다. 우선 鏡이 백제에서 만들었다고 한다면, 백제의 斯麻王과「斯麻」라고만 표기한 것이 이해가 되지 않는다. 그리고 백제로부터 왜국의 男弟王에게 헌상했다면, 당시의 국제적 입장에서 '百濟 斯麻王'이라고 했어야 옳았을 것이다」(和田, 전게서).
그러나 筆者의 見解로는「斯麻」의 표기는 조금도 이상하지 않다고 본다. 왜냐하면 斯麻는 자신의 大王年 연대를 표기하고 있기 때문에, 자신을 굳이 斯麻大王(또는 斯麻王)이라고 할 필요가 없다. 또 명문에「男弟王」과「開中費直」의 관직을 표기했기 때문에 자신은 斯麻라는 諱만 써도 이는 上位者(大王)로서 자연스러운 표기가 될 수 있다.
28)『百濟本紀』는 継体를 가리켜「意斯移麻岐彌」(イシヤマノキミ)로 호칭했고,『上宮記』는「伊自牟良君」(イシムラノキミ)을 썼다. 이러한 사실만 보더라도 継体천황의「意紫沙加宮」조정은 확실한 것으로 보인다. 따라서 継体와 男弟王은 같은 인물로 보아도 무방할 것이다.

2) 사마(斯麻)는 계체천황을 남제왕(男弟王)으로 불렀다

스다하지만경(鏡)은 사마가 의자사카궁에 사는 남제왕(男大迹王)에게 주기 위해 개중비직(開中費直·穢人·예인)을 시켜 만든 수많은 '백동경' 중의 하나이다. 여기서 사마는 이 鏡을 수령할 대상을 계체(繼体)천황을 가리키면서,「男弟王(남제왕)」이라는 직함으로 불렀다. 이는 제왕(弟王)의 개념으로 사마가 그의 상왕(大王)이 아니고서는 부를 수 없는 이름이다. 만일 일본 학계에서 주장하는 것처럼 '사마'가 남제왕의 신하와 같은 존재라면, 그는 결코「남제왕」이라는 직함으로 그를 부르지는 못했을 것이다.[29]

남제왕의 남제(男弟)를 단순한 인명으로 보는 해석자도 있다. 그러나 이는 남제(男弟)의 의의를 희석시키려는 의도이고, 남제(男弟)는 문자 그대로 동생의 개념으로 아랫것을 뜻하는 고대의 한 정치관행에서 유래한 것으로 보인다. 일찍이 경초(景初) 2년(238년)의 『삼국지(三國志)』위지왜인전(魏志倭人傳)은 위제(魏帝)의 사신이 본 사마일국(邪馬壹國)의 여왕(女王)과 남제(男弟)의 관계를「한 여자를 왕으로 받드는데, 그녀의 이름은「비미호(卑弥呼)」이다. 그녀는 귀(鬼)에 도통하고, 사람들을 현혹시킨다고 한다. 나이가 찼는데도 시집을 가지 않고, 나라일은「남제(男弟·オオト)」가 나서 도와주고 있다」[30]라고 썼다.

그러므로 여왕을 보필하는 남제(男弟)는 정무나 군무와 같은 전역을 전담하고, 여왕은 모름지기 종무에 종사했다는 이야기다.「사마일국」의 국가관

---

29) 男弟王인 繼体의 諱가『日本書紀』에는「男大迹王」,『고사기』에는「袁本杼命」, 그리고『상궁기(上宮記)』에는「乎富等大公王」으로 다르게 표기되어 있는데, 이는 모두 男弟의 훈의 표기로서, 男弟王은 평소 두 가지 이름을 썼을 가능성도 있다. 즉, 男弟王은 上王에게만 쓰고, 그의 신하에게는 상기와 같은 다른 이름으로 표기했을 가능성도 배제할 수 없다.
30) 森 浩一,「邪馬臺國の謎に迫る」,『プレジデント』, 1989. 7, p. 74.

리는 여왕과 그를 돕는 「남제」가 공동으로 관리하는 복수통치의 형태를 유지했던 것으로 보인다.

이러한 개념의 「남제」도 여왕권의 쇠퇴와 더불어 '남제왕'이라고 하는 하나의 실체로 부상한 것으로 추정된다. 따라서 '남제왕'은 통상의 왕세자나 태자, 황자(皇子)와 같은 왕통(王統)의 승계를 기다리는 '후보'가 아니고, 또한 대다수의 명문해석자들이 보는 것과 같이 왕통을 가진 상왕의 단순한 동생(皇弟)이나 또는 그의 인척을 말하는 것도 아닌 것 같다.

'남제왕' 자신은 어디까지나 독립된 '통치실체'로서, 여왕(上王)을 받드는 남제(男弟)와 같이 형왕(兄王)이나 상왕(大王)을 받드는 제왕(弟王)이어서 그들의 관계는 형의 나라(兄國·大王國)와 제국(弟國)이라는 질서 속에서 유지되는 특수한 권력관계라고 보아야 할 것이다[31][『일본서기』에 따르면, 오오토노기미(男大迹王·男弟王)가 서기 518년 세 번째로 천도한 도읍지를 「제국(弟國·オタラ)」라고 했는데, 이는 제왕(弟王)의 나라가 형왕(兄王)의 나라에 대응하는 개념으로 수용된다].[32]

이 같은 사설을 고려하면, 상대를 제왕(弟王)인 남제왕으로 부른 사마(斯麻)는 남제왕의 형왕(兄王·大王)의 위치였기 때문에 가능했던 것이고, 따라서 그만이 명문에 보이는 「大王年」의 주인이 될 자격이 있었던 것이다.

3) 사마(斯麻)는 하내(河內)의 왕(개중비직)을 시켜 鏡을 만들다

명문에 따르면, 도래인(穢人) 「개중비직(開中費直) 금주리(今州利)」[33]는 '사마'

---

31) 일찍이 『日本書紀』 雄略紀에는 「吉備臣弟君」의 활약상에 대해, 그가 백제와 교류하고 있다고 하는데, 이 「弟君」도 兄君(百濟大王의 侯王인 倭王)에 대한 개념으로 받아들여 진다.
32) 「弟國」의 지명은 『日本書紀』 継体紀에 단 한 번 나오고 다시 볼 수가 없는데, 학계에서는 이 「弟國」의 위치를 京都市 長岡京市 乙訓寺 부근이라고 하나 잘 알 수가 없다.

의 분부를 받고, 백동경을 만들어 이를 남제왕에게 주었다고 한다. 그런데 그의 '지체'는 비직(費直·아다이)이다. 이는 고대 왜(倭)의 율령국가 형성기 (5, 6세기)에 중추적 역할을 한 씨성(氏姓)이다. 따라서 이를 규명한다는 것은 바로 스다하지만鏡의 성격을 판가름하는 중대한 '쿠루'가 될 수 있을 것이다.[34]

일본의 원로 사史학자인 오오다(太田 亮) 박사는 그의 저서(『全訂 日本上代社會組職의 硏究』)에서, 직(直)은 최강자인 국조호족(國造豪族)이고 王 다음 가는 실세로서 지방의 수장을 뜻하는 것이라고 하였다. 그리고 국조(國造)의 성씨인 직(直·아다이), 신(臣·오미), 연(連·무라지), 군(君·기미), 공(公·기미) 중에서도 직(直)은 제일 높은 성씨(가바네·カバネ)에 속한다는 것이다[이 점은 아베다게히고(阿部武彦) 교수도 전적으로 같은 의견이다].[35]

그러니까 고대 분국(分國)시대에 직(直) 또는 비직(費直)은 한 지역을 통치하는 王과 같은 실세였다. 사마(斯麻)가 말하는 도래인 금주리(今州利)도 개중(開中)의 왕과 같은 인물인 것이다. 그런데「개중」은 고대 하내(河內·가와지)의 차음가명(借音假名)이고, '개중비직'은 하내비직(河內費直)으로 읽어야 하기 때문에 도래인 금주리는 바로 하내국왕(河內國王)과 같은 인물이다.[36]

---

33) 대부분의 명문 해석자들은,「開中費直」과「穢人 今州利」라는 두 실체로 해석하고 있는데, 이는 잘못된 것이다. 왜냐하면 명문을 그렇게 볼 수 있다고 한다면,「二人等」이라는 글자를 구태여 쓸 필요가 없는 것이다.『日本書紀』雄略紀 9년 2월 조에서 보는 바와 같이,「開中費直與穢人今州利」라고 했어야 마땅할 것이다.
34)『日本大百科全書』는 直費에 대해,「直이라고 하는 것이 보통이나, 上古에는 費 또는 費直이라고 記하다」라고 直과 費直은 같은 개념이라고 한다. 한편,「日本の歷史」(『日本のなりたち』, 讀賣新聞社, 1990)는「이 開中費直은 河內直을 지칭하고, 直이라는 姓이 쓰여진 것이 주목된다」고 한다.
35) 新野直吉,『硏究史 國造』(東京: 吉川弘文館, 1981), pp. 94~106.
上田 교수도「直은 古代의 유력한 氏姓으로 國造層에 많다. 君·臣의 國造層보다도, 王權과의 관계가 직접적으로 이루어지는 首長의 姓으로 되어 있다」고 한다.

오늘날 대판(大阪·오사카)지역으로 알려진 하내(河內)는 지리적 여건에 따라 일찍부터 한반도에서 선진기술과 문물이 들어와, 이미 5세기경에는 많은 도래인(渡來人·백제인)이 정착한 가운데 부강한 나라를 이룩하였다고 한다. 특히 기내(畿內) 5개국인 대화(大和·야마도), 산성(山城·야마시로), 기이(紀伊·와이즈미), 화천(和泉), 하내(河內)를 중심으로 지역 국가들을 통합하는 5, 6세기의 하내(河內)는 그 중추적 역할을 담당하였다니, 당대의 「하내비직(河內費直) 예인 금주리(穢人 今州利)」는 분명히 큰 인물이었을 것이다.

그런데 '사마'는 하내(河內)의 최강자인 금주리(今州利)를 파견하여 절묘한 백동경 이백간(二百桿) 분량을 만들게 하는 등 마치 자신의 신하처럼 부렸는데, 이 두 사람은 도대체 어떠한 관계였는지를 한번 살펴볼 필요가 있다. 이 점을 『백제본기(百濟本紀)』는 일찍부터 「가불지비직(加不至費直)」이 백제 조정에 내왕한 사실을 기록하고 있다. 이를 빌려 하내비직과의 통교한 사실은 인정되나, 다른 기록은 빠져 자세한 내용은 알 수가 없다.

그러나 고대 정치사회에서 가장 중요한 위상을 보여주는 동경을 만들게 하고, 더구나 백동 二百桿(한)이나 마련해서 鏡을 만들었다는 사실은 매우 중요하다. 그리고 이를 남제왕에게 전해주는 일을 시킨 이가 바로 사마였으니, 보통의 관계로서는 상상도 할 수 없는 일이다. 이런 일을 시켰다는 것은 사마 지체가 '하내비직'의 상왕(上王)의 위치가 아니고서는 불가능한 것이다.[37]

그런데 이러한 사마(斯麻)를 명문해석자들은 남제왕의 신하와 같은 인물

---

36) 崔在錫 교수는 河內의 國造에 대해 「사실은 國造가 아니라 小王國의 君主와 같다」고 한다(『日本古代史硏究批判』, 서울 : 一志社, 1990, p. 236).
37) 『일본서기』 雄略紀 9년 2월 조(465년)에는, 雄略천황(倭王 武?)이 「遣凡河內直香賜與采女」라고 河內費直을 「遣」하는 내용의 기록이 보여 주목된다. 이는 斯麻의 「遣河內費直 穢人今州利」와 같은 것이다.

로 보았고, 또한 하내(河內)의 왕과 같은 '하내비직'은 아예 해석에서 언급조차 하지 않았다. 이 같은 해석이 정당한 것인지를 묻고 싶다. 사실 '하내비직'과 남제왕의 '지체'를 비교해 보아도, 남제왕의 '지체'가 '하내비직'보다 더 높다고 말하기는 어려울 것이다. 왜냐하면 『상궁기(上宮記)』에 나오는 남제왕(게이다이·繼体)의 휘(諱)를 볼 것 같으면, 「오호도노기미(乎富等大公王)」로 표기하고 있다. 이는 남제왕의 출신이 국조성(姓) 공(公·君)성이라는 것을 뜻한다[사가들은 그를 삼국공(三國公) 또는 식장공(息長公)이라고 부른다].[38] 그래서 국조성 직(直)성인 「하내비직 예인 금주리(今州利)」는 어느 모로 보나 국조성(姓) 공(公)성인 「오호도노기미(乎富等公·男弟王)」보다 더 큰 실세였으리라고 추정해도 무리는 아닌 것 같다.

이런 점으로 미루어 보아, 하내비직과 남제왕 두 사람은 다같이 국조의 세를 다투는 실세여서, 사마(斯麻)를 상왕(대왕)으로 모시는 입장이었다. 그리고 사마에게 남제왕은 그가 신임하는 제왕(弟王)이고, 예인(穢人) '하내비직'은 그가 아끼는 그의 대역과도 같은 인물이었을 것이다.

4) 사마(斯麻)는 수많은 백동경을 만들어 남제왕에게 주다

스다하지만鏡의 명문에 따르면, '사마'의 분부를 받은 예인(穢人) 하내비직은 양질의 백동「二百旱」을 구하여 좋은 백동경을 만들었다고 한다. 이 鏡은 이미 말한 것처럼 의자사카宮에 있는 남제왕의 장수를 염원하는 뜻에서 만든 것이다. 그런데 여기서 문제는 이 鏡은 중량이 「二百旱(간)」이나 되는 백동으로 만든 여러 鏡들 중의 하나라는 사실이다.

---

38) 大公王에 대해 前川氏는, 「이는 별로 보지 못하는 칭호이다. 繼体가 公(キミ)姓 호족으로부터 배출되어서, 이것을 지배하는 大王과 같은 뜻인지 모르겠다」고 한다(「繼体天皇の出自はどこか」, 『別冊·歷史讀本』 23號, 1986. 6, p.166).

백동 二百旱(한)의 「한(旱)」은 간(桿)의 생문(省文)으로 보인다. 그러나 二百桿의 무게가 정확히 어느 정도인지 알기 어렵지만, 와다(和田) 교수는 이를 오늘날의 「관(貫)」의 개념으로 볼 수 있다고 하였다.[39] 그러므로 그의 개념을 그대로 수용한다면, 백동 二百桿은 백동 二百貫(750kg)이다. 이 정도의 중량으로 동경을 만들었다고 가정한다면, 스다하지만鏡(실량 1.43kg)과 같은 모양의 동경을 약 4백개 이상 주조했던 것이다.

이에 따라 명문이 시사하는 중량을 토대로 추정한다면, 계미년 8월(癸未年 八月)에 사마가 남제왕에게 '하사' 하기 위해 만든 절묘한 인물화상경(人物畵像鏡)은 한두 장이 아니라 수백 매에 이른다.[40] 이러한 경우 인물화상경을 사마가 남제왕에게 바친 '공물' 이라고 말할 수 있는 지를 명문해석자들에게 묻고 싶다.

그들의 주장처럼 스다하지만鏡이 사마의 '헌상물' 이라고 한다면, 사마(斯麻)는 자신이 소유한 명품의 한경(漢鏡) 따위 한두 장 건네 주면 될 일이었다. 그런데 머나먼 하내국(河內國)에서 그 지역의 왕이나 다름없는 「비직(費直)」을 견(遣)하여 수많은 백동경을 만들어 이를 남제왕(男弟王)에게 건네줄 필요성이 있었겠느냐는 것이다.

현재 스다하지만鏡을 안치한 도쿄(東京)국립박물관의 기무라(木村豪章) 연구위원은 최근에 발표한 연구 논문에서 동일주형(鑄型)으로 다량의 鏡을 주조

---

39) 和田萃, 전게서, 참조. 그러나 藪田 교수는 桿(旱)은 杆과 같은 것으로서, 銅塊의 개수를 말하는 것으로 二百桿은 二百挺이 된다는 것이다(藪田嘉-郎, 「隅田八幡神社藏畵像鏡銘考」, 「史跡と美術」, 25卷 2號, p. 58).
40) 隅田八幡鏡과 같은 모양의 화상경의 출토는 아직 많은 편이 아니나, 계속 증가하고 있다. 그동안 출토품 가운데 특히 河內國中 野內郡 高安材大安郡 출토 鏡, 武藏國 比多摩郡 伯河町龜고분 출토 鏡, 大阪府 藤井寺 市澤田 長持山고분 출토 鏡 등을 들 수 있다.

하는 이른바 동범경(同范鏡)(스다하지만鏡도 이 범주에 속하는 것으로 본다)[41]의 정치적 의의를 상당히 유익한 논증으로 제시한 적이 있다. 그는 고대 '동범경'은 「정치권력의 중추인 기내(畿內)에서 제작되어 각지에 보내진 것으로」 보았다. 그리고 '동범경' 시대의 개막과 더불어 기내(畿內)의 일부인 하내(河內)에서도 중앙집권적인 정치권력체가 서서히 형성되었다고 추정하였다. 그리고 경은 중앙집권적인 정치세력의 통제수단으로 이용되어 「鏡의 배포는 수장권(首長權) 승계의 외적 승인을 뜻하는 것」[42]이라고 하였다. 이를테면 鏡은 '신임 부여기능'을 강조되었다는 것이다. 다시 말해 당대의 鏡은 오늘날의 '임명장'이나 '신임장'과 같다는 이야기이다.[43]

그러니까 大王年・癸未年 八月에 사마(斯麻)가 그 많은 백동경을 주조해야 할 필요성도 이 같은 시대적인 요청에 부응하기 위한 것은 아니었나 생각된다. 사마는 임오년(壬午年・502년) 백제땅 웅진(熊津・지금의 공주)에서 백제왕국 제25대 왕으로 즉위하였으니, 계미년(癸未年・503년)은 그가 등극한지 바로 다음 해였다. 그는 자신의 즉위를 제왕(弟王)인 남제왕과 그의 신하들에게 알리고, 그들에 대한 변함없는 신임을 다지는 뜻에서 절묘한 백동경 다

---

41) 隅田八幡鏡은 주형을 통해 주조된 것이 분명하다. 이 鏡을 자세히 보면, 당초 주조할 때 실수하여 원형의 앞뒤를 흔동하여 정면이 아닌 후면으로 주조하였기 때문에 鏡에 들어간 인물상 위치가 반대로 되었다는 것이다. 특히, 川西 교수는 長持山古墳 出土鏡을 隅田八幡鏡의「手本」(原鏡)이 된 鏡이라고 주장한다(川西宏幸,「中期畿內政權論」,『考古學雜誌』, 第 69卷 2號, 1979. p. 138).
42) 木村豪章,「古墳時代」,『日本の考古學』(東京: 東京國立博物館 發行, 1985), p. 18.
43) 小林行雄 교수는 同范鏡의 신임기능을 「같이 부장된 三角錄神獸鏡을 빌려 각지의 首長이 그 首長權의 승인의 표시로서 大和왕권으로부터 하사된 魏의 鏡이다」라고 주장한다[岩崎卓也,『古墳時代の知識』(東京: 東京美術, 1984), p.6]. 한편 讀賣新聞은 同范鏡은「王權과의 絆을 상징」하며, 倣製鏡은「왕권에 보장된 신분을 상징」한다고 보도하였다(Yomiuri special #31, 吉野ケ里, 藤の木, 邪馬臺國, 讀賣新聞社, 1989. 7 참조).

수를 만들어 남제왕에게 「사(賜)」한 것으로 보인다.[44] 이 때문에 그는 鏡의 명문에 제왕(弟王)의 '장수'를 바라면서, 제국(弟國)의 번영과 안정을 다짐하였을 것이다.[45]

6. 대왕년(大王年)의 참주인은 사마왕(斯麻王) 한 분

1) 스다하지만경명(鏡銘)의 가장 핵심적인 해석은 말할 것도 없이 「癸未年」대에 「大王年」이라는 연대를 쓸 수 있는 정당한 주인공인 대왕(大王)을 추적하는 문제이다. 이 문제는 비단 명문 중 가장 중요한 핵심적인 해석이 될 뿐 아니라, 한·일 고대사 전반에 걸친 기본적인 사안이기도 하다.

그래서 명문을 보는 일본의 학계 인사들의 태도는 한결같이 이 「大王年」의 주인공은 남제왕 또는 그의 상왕인 「대화(大和·야마도)」의 천황 이외에는 그 누구도 대입될 수 없다는 강경한 입장이다. 그러므로 명문해석에서 이 동경의 제작 주체이자, '하내국왕'(費直)의 상왕(대왕)이기도 한 사마(斯麻)를 무리하게 명문해석에서 배제하여 그 목적을 성취하고 있는 것이다. 그러나 '사마'를 배제한 명문의 해석은 제대로 이루어질 수 없고, 그 결과 고대 계미년(癸未年)의 수만큼이나 많은 대왕의 후보를 배출하는 모순을 초래

---

44) 川西 교수는 鏡의 하사를 「전기에는 鏡이나 玉제품의 分與방식으로 이루어졌고, 이는 畿內의 정치권력이 그 세력 하에 들어온 지방의 首長을 위한 보상으로 이들 寶器 하사를 상상할 수 있다」고 하였다. 川西宏幸, 전게논문, p.135.
45) 그런데 일찍이 斯麻·武寧王을 주장한 乙益重隆은, 斯麻가 이 鏡을 만든 동기를 근거도 없이 왜곡하고 있다. 그는 「斯麻王이 末多王(東城王)을 타도하는 쿠데타에는 일본측의 음모와 원조가 있지 않았나 생각되는데, 그 보답의 뜻으로 왕위에 오른 후 얼마 안 있어 「斯麻길이 봉사할 것을 염원」하고 이 鏡을 일본의 조정에 보낸 것이라면 앞뒤가 잘 맞는 것 같은데, 사료의 근거는 없다」라고 그의 희망을 토로한다.

했던 것이다.

그동안 일본학계에서 거명된 대왕(大王)으로는 「대왕 응신(應神·오진)설」(駒井和愛), 「대왕 윤공(允恭)설」(水野 祐), 「대왕 인현(仁賢)설」(福山敏男), 그러고 「대왕 계체(継体)설」(井本 進)에 「대왕 추고(推古·스이코)설」(宮田俊彦) 따위의 무려 5, 6명에 이르고 있다. 이를 보노라면, '대왕년'의 규명은 세월이 갈수록 요원해지는 것만 같다. 이론상이나, 실제로 보아도 '대왕년'의 주인공인 대왕은 오직 한 분이지만, 이처럼 여러 사람의 대왕 후보를 옹립하는 일본학계의 태도는 일견 이해하기 어렵다. 이는 사실상 그들의 숨은 계략의 하나라고 할 수 있을 것이다. 그들의 숨은 계략은 말할 것도 없이 스다하지만鏡 명문의 정당한 해석을 영원히 '포기' 한 것과 다름이 없다.

2) 스다하지만鏡은 그동안 일본에서 출토한 유물 중 가장 완벽한 것이었다. 그 명문의 보전 상태나 내용은 타의 추종을 불허하는 아주 훌륭했기 때문에 명문의 정당한 해석은 언제나 가능했던 것이다. 그러나 어찌된 일인지 일본학계는 이토록 훌륭한 명문을 명쾌한 해석이 아닌, 헤어나지 못할 오류 투성이의 미궁으로 몰아가는 가운데 쓰잘 것 없는 '설'이나 만들어냈다. 「스다하지만鏡의 명문은 문자의 해설이나, 문중(文中)의 인물의 비정을 둘러싸고 이론이 많다」[46]는 이유로 '계미년·503년'의 정설화를 가로막았고, 나아가 이 명문을 '棚(タナ)上げ'(송반 위에 감추어 두는 것)하는 결과를 빚었던 것이다.

그러나 「고사기재(古史記載)의 결함을 보충할 수 있는」 스다하지만경명(鏡銘)의 해석은 반드시 이루어져야 했고, 또한 이루어질 수 있는 것이었다. 그

---

46) 國史大辭典(ヌタ)(東京:吉川弘文館); 1990 版 참조.

런데 명문의 정당한 해석을 위해서는 무엇보다도 이 동경을 만든 주체인 '사마'를 역사의 정면에 등장시킬 수밖에 없다. 그가 역사의 정면에 나올 때 비로서 그 명문은 바르게 해석될 것이다. 그러니까 명문의 계미년(癸未年)은 바로 그의 치세(治世) 속에 든 '계미년'이요, 이는 다름 아닌 503년의 일이다.

사마가 스다하지만鏡의 명문에서 말하는 '계미년'은 서기 503년의 일이어서, 계미년·503년은 이제 움직일 수 없는 진실로 승화되어야 한다. 그런데 일본학계는 그동안 순고고학적인 고증에 따라 스다하지만鏡의 제작연대가 「6, 7세기 전이 아니라」[47]는 사실이 입증되었다고 하였다. 또한 東아시아에서의 백동경 사용년대도 6세기 전이 아닌 것으로 판명되었음에도 불구하고, 계미년·503년을 확고하게 지지를 하지 않았던 것이다.

그러나 1984년 9월 일본 천황 히로히도(裕人)는 당시 일본을 공식 방문 중인 한국의 국가 원수에게 「기원 6·7세기 우리나라(일본) 국가형성기」에 다수의 도래인(백제인)이 와서 도와주었다는 내용의 중대한 발언을 한 바 있었다.[48] 이는 말할 것도 없이 천황 자신이 4세기와 5세기에 야마도(大和)에는 왜왕(일본학계는 그를 천황으로 추정)인 대왕이 있었다는 일본학계의 기본적인 시각을 부정하고,[49] 계미년·503년을 간접적으로 인정한 것이다.

그러므로 4세기와 5세기에 근거를 둔 「대왕 응신(應神)설」이나 「대왕 윤

---

47) 전게서(國史大辭典) 참조.
48) 山尾幸久는, 일찍부터 일본의 국가통합시기는 6세기 이후라고 역설하고 있으며, 오늘날 학계의 많은 지지를 받고 있는것 같다(山尾幸久, 「古代日本の國家像」, 『歷史讀本』, 第 25 卷 6號, 1980, p.71).
49) 천황의 발언에 대해, 講上 暎氏(朝日新聞編輯委員)는, 만약 천황의 발언이 사실이라고 한다면, 「지금까지 5세기대의 '大王'이라고 한 仁德천황이나 雄略천황은, 국가형성기 이전에 존재한 것으로 되어, '우리나라'의 역사에 포함되지 않게 된다」라고 비통해 한다(「歸化人から渡來人へ.」, 『歷史と人物』, 中央公論社, 1984. 12, pp.85~86).

공(允恭)설」은 더 이상 성립의 여지가 없다. 또한 계미년·623년에 근거를 둔「대왕 추고(推古)설」은 이론의 여지가 없거니와, '사마'의 등장 역시 더 이상 논의의 대상이 될 수 없는 것이다.[50]

3) 그렇다면 계미년·503년에 근거를 둔「대왕 인현(仁賢)설」과「대왕 계체(継体)설」만이 남게 되는데,[51] 후쿠야마(福山)는 「의자사카(意紫沙加)宮」의 남제왕은 상왕을 모시는 제왕(弟王)이기 때문에 그 스스로를 상왕인「대왕」이 될 수 없다고 하였다. 이 때문에 남제왕의 상왕으로 추정한 '인현천황'과의 무리한 연계로 생각할 수도 있다.

왜냐하면 인현천황은 이미 498년에 타계하였다고『일본서기』는 기록하였으니, 그를 대왕으로 보는 것은 사실상 불가능한 일이다.[52] 더욱이『일본서기』에는 507년 '하내국'의 장엽궁(樟葉宮)에서 즉위를 했다는 오오도왕(男大迹王·男弟王)은 전왕과의 관계가 전혀 나오지 않아 결국 '인현천황'과 '무열천황'의 대왕연계는 이론상으로도 성립될 수 없는 것이다.

그런데 어떤 영문인지 이모도 스스무(井本 進 씨)는 대부분의 명문해석자들이 불가능한 것으로 보는 남제왕을 자신의 주장대로 대왕이라 하였는데,

---

50) 宮田俊彦은 大王推古說을 취하고 있는데, 그 說의 근거로는, 「古事記의 用字法과 거의 같은 本鏡銘의 문장은, 漢字전래로부터 半세기 내지 1세기간에 즉 443년이나 503년에 만들어졌다고는 도저히 생각할 수 없다」는 것이다. 다시 말해, 그의 주장은 명문이 너무나 훌륭하다는 것이 그 이유이다(「癸未年·男弟王·意紫沙加宮」,『日本上古史研究』, 第2卷 6號, 1958, p.104).
保坂三郞,「隅田八幡神社の人物畫像鏡の銘文」,『歷史敎育』10-5, 1971, p.73 참조.
51) 乙益重隆은 癸未年·503년과 男弟王·継体 등 福山의 해석법에 따르면서도, 大王의 추정을「포기」하고 이 鏡은 斯麻가「누구인지?」에게 헌상한 것이라고 막연하게 결론짓는다. 乙益重隆, 전게논문.
52) 福山의 주장과 같이 男弟王의 上王으로서의 仁賢이라면, 仁賢의 他界 후에는 男弟王이 그를 승계하든지, 아니면 新王(武烈)이 등장하여 그가 男弟王의 새로운 上王으로 됐어야 할 것이다.

이는 참으로 납득하기 어려운 일이다. 그가 대왕(大王)·계체천황을 주장하는 이유는 그의 독특한 명문 판독에 근거를 두었다고 한다.

 그는 후쿠야마 박사의 판독법을 따르면서도, 이상하게「癸未年 八月 日十」의 간지기년(干支紀年)은 명문의 맨 끝에 들어가야 옳다라는 주장을 편다. 따라서「大王年 男弟王……」으로 시작하는 명문을 大王 年男弟王으로 읽어야 하고, 년남제왕(年男弟王)이나 대왕은 논리상 동격으로 볼 수 있기 때문에「남제대왕(男弟大王)」으로 해석해도 무방하다는 것이다.

 그리고 년남제왕(年男弟王)은 근남제왕(根男弟王·ネノオオトノキミ)과 같은 의미로 본 그는 이때 根은「母の國」(지명)을 뜻하기 때문에 이는 바로 천황의 혈통을 뜻하는 것이라고도 하였다. 그러므로 그는 남제왕을 '후쿠야마'와 같이 계체(継体)천황에 맞추어 결국 '계체천황'이 대왕이라는 것이다.[53]

 그러나 이모도(井本) 씨의 주장은 그 발상이나 과정이 너무나 불합리하고, 무리한 전후의 연계로 말미암아 납득하기 어려운 점이 한 둘이 아니다. 엄연히 명문 앞에 두어야 할 간지기년(干支紀年)을 명문의 끝으로 이행한 발상과 더불어 '대왕년'만을 거기서 분리한 점이 합리적일 수 없는 것이다. 또한 대왕년 자체를 다시 대왕(大王)과 년(年)으로 재분리하였는데, 이 역시 어찌 가능한가를 전혀 해명하지 못한다. 이 때문에 이모도의 설은 학계의 관심을 별로 끌지 못하는 것이 오늘의 현실이다.[54]

 4) 남제왕은 언제나 상왕(대왕)을 모시는 후왕(侯王)이었던 터라, 그 스스

---

53) 井本 進,「隅田八幡宮鏡銘の解讀」,『日本歷史』, 26卷, 1950, pp.55~56.
54) 大王·継体와 관련 藪田嘉一郎도, 癸未年·503년과 男弟王·継体 등 福山의 해석법에 따르나, 銘文을「癸未年 八月十六日, 三年 男弟王」으로 특이하게 판독하고 있어, 癸未年은 継体가 天皇이 된지 3년이 되는 해이므로 継体의 大王이 가능하다고 하나, 확실한 견해는 피하고 있다. 藪田嘉一郎, 전게논문, pp.52~58.

로는 대왕이 될 수 없었던 것이다. 남제왕의 대왕(上王)은 말할 것도 없이 그를「남제왕」이라 맞부를 수 있는 상왕이었고, 그가 바로「대왕년」대의 주인이었던 것이다. 그래서「대왕년」의 참주인은 오로지 백제대왕인 '사마왕'이고, 그만이 남제왕의 상왕이기도 했던 것이다.[55]

일찍이 송산리(宋山里)고분에서 출토된 '사마왕'의 지석에는 그의 사(私)연호가 없다. 오직 大王年·干支紀年만이 있으니, 大王年·癸未年은 분명 붕(崩)자를 남기고 가신 그분의 것이고, 이는 서기 503년의 일이었다. 그러므로 스다하치만鏡의 명문은「백제 대왕년(또는 사마 大王年) 계미년(503년) 8월 10일 대왕 사마가 의자사카궁에 있는 제왕(계체·천황)의 장수를 위해 예인(穢人) 하내국왕(河內國王·비직) 금주리(今州利)와 다른 한 사람을 시켜, 양질의 백동 二百旱(간)을 들여 이 鏡을 만들었다」라고 읽어야 할 것이다.

이와 같이 503년 8월 10일 사마와 남제왕 두 사람은 서로 형왕(大王)과 제왕(弟王)의 사이였다. 그래서 백동경을 주고 받으면서 관계를 돈독히 하였

---

55) 일본의 명문 해석자 중 古田武彦 교수만이 그의 저서「失ワレタ九州王朝」에서 황국사관의 벽을 넘고 斯麻의「大王」을 인정하고 있어 주목된다. 그러나 그는 동시에「男弟王」의「大王」도 인정하는 소위「大王年 倂用說」을 주장하고 있다. 古田에 의하면, 명문상「斯麻」와「大王」은 기본적으로 같은 것으로 볼 수 있어 斯麻의 大王은 인정되나, 다른 한편으로는『삼국사기』를 원용하여 한국은 고래로 隣國王에게 경칭을 쓰는 관례가 있어「大王-男弟王」도 인정된다는 터무니없는 자기류의 해석을 하고, 隅田八幡鏡은「헌상」이나「하사」가 아닌 평등자 간에「보내주었다」는 것이라고 주장한다.
이러한 해석에 대해 秦野 교수는「古田氏의 九州王朝說에 全的으로 찬성할 수는 없으나, 古田說만큼 本鏡명문에 앞뒤가 통하는 설명을 읽은 일이 없다」고 감탄한다. 그리고 그는「本鏡을 위시하여 江田船山고분 출토의 大刀, 石上神宮의 七支刀, 好太王碑, 任那日本府說 등 기본적인 사료라고 생각되는 것들이 오늘날 큰 의문과 논쟁을 불러 일으키고 있어, 沙上樓閣이 무너질 날이 머지 않을 것이다」라며 皇國史觀의 붕괴를 예언하고,「앞으로 새로운 시각에서 더욱 더 열심히 학습해 갈 것이다」라고 말한다. 秦野昌明,「隅田八幡神社所藏の人物畵像鏡について」,『歷史學徒』, 1976. pp.26~28.

다. 그러나 4년 뒤인 서기 507년 남제왕의 신상에는 중대한 변화가 일어난
것으로 『일본서기』는 전하고 있다. 사마왕의 개입으로 보이는 이 일은 506
년 무열(武烈)천황이 후사 없이 어린 나이로 타계하니, 오도모(大伴) 가네무
라(金村大連)⁵⁶⁾와 '하내국'의 마사수(馬飼首) 아래류(荒龍)가 당시 「월전(越前·에
쓰젠)」에 있다는 오오도왕(男大迹王·オオト)을 옹립하였다. 그리고 「개중비직
(開中費直) 예인(穢人) 금주리(今州利)」의 나라인 하내국 장엽궁(樟葉宮)에서 새 조
정을 열었다는 것이다.⁵⁷⁾

뒷날, 사가(史家)들은 그를 『일본서기』 제26대 계체(継体)천황이라고 일컬
었으니, 그의 왕조는 그가 장엽궁(樟葉宮)에서 오도모 가네무라(大伴 金村大連)
의 천거로 맞이한 젊은 다시라가(手白香)황녀⁵⁸⁾와의 사이에서 태어난 흠명(欽
明)천황의 대에 이르러 그의 훌륭한 치덕으로 더욱 굳건해진 것이다. 그 후
에도 남제왕(계체천황)의 왕가는 계속 번창하여 만세일계(萬世一系)의 전통을
세워가면서 근세에 이르러 매이지(明治)에 이어 다이쇼(大正)와 쇼와(昭和)천황
을 거쳐 오늘의 평성(平成·해이세이)천황의 탄생을 보게 되었다. 그래서 「스
다하지만신사(隅田八幡神社) 소장 인물화상경(人物畵象鏡)」은 1500년이라는 참으
로 긴 세월 동안에 일어난 온갖 영욕을 점철한 증거물이라 할 수 있을 것
이다.

---

56) 『日本書紀』에 따르면, 그는 仁賢·武列·継体 3대에 걸쳐 세도를 누리던 호족이다.
후일 史家들이 그를 백제와 「내통」한 자로 규명하는 것으로 보아, 그도 斯麻가 명문
에서 말하는 「穢人」과 같은 도래인으로 보인다.
57) 『日本書紀』 継体紀 1년조에는 継体의 즉위 광경을, 「大伴金村大連이 꿇어앉아 천자
의 鏡과 劍의 璽符를 올리고 재배하였다」고 묘사한다. 그러나 천황은 다섯번이나 사
양한 후 「大臣·大連·장상·제신이 모두 과인을 밀고 있다면서, 과인은 배반하지
않겠다」는 璽符를 받았다고 한다.
58) 『日本書紀』는 手白香皇女를 仁賢천황의 딸이라고 하나, 文定昌은 그를 武寧王의 딸이
라고 주장한다. 그러니까 継体천황은 그의 사위이고, 欽明천황은 그의 외손자라는
것이다. 文定昌, 『百濟史』(서울 : 인간사, 1988), pp.199~200.

7. 맺는말

일본의 한 원로학자는 일찍 스다하지만鏡의 명문을 보고, 이는 참으로 「'고사기재'의 결함을 보충할 수 있는 극히 유익한 유물이다」라는 참으로 뜻 깊은 소견을 피력한 바 있었다. 이 같은 그의 믿음은 결코 무리한 생각이라 할 수 없을 것이다. 왜냐하면 鏡의 명문에는 제작연대인 大王年・癸未年이 확실하고, 또한 鏡을 만든 주체인물인 사마(斯麻)와 더불어 이를 수령할 의자사카宮에 있다는 그의 제왕인「남제왕(男弟王)」이라는 직함까지 들어갔다. 이것만 가지고도 大王年・癸未年대의 실상을 이해하는 데에 큰 어려움이 없을 것 같다.

그런데 鏡의 명문에는 '사마왕'의 명을 받아 이 鏡을 직접 만들었다는「開中費直 穢人 今州利」의 이름도 나온다. 그는 「白上銅 二百桿」으로 鏡을 만들었다고 하니, 이는 참으로 놀라운 사실(史實)이라고 하지 않을 수 없다. 이렇듯 훌륭한 명문이 1500년이라는 긴 세월을 무사히 보존되어 왔는지를 잘 알 수는 없으나, 일본의 사가(史家)들은 이 명문을 빌려 고대 일본의「謎(ナゾ・수수께끼)」를 풀 가장 중요한 사료(史料)로 평가한다. 참으로 다행한 일이 아닐 수 없다.

그런데 이같이 확실한 명문을 갖추었음에도 그동안 일본의 명문해석자들은 편견과 아집에 사로잡혔다. 그래서 명문의 대한 정당한 해석을 기피하거나, 이해할 수 없는 설(說)과 견해만을 쏟아냈다. 이제 와서는 「오늘날 스다하지만鏡을 정설로 받아들이 수 없다」는 해괴한 결론을 내리고, 이를 「다나아게[棚](タナ)上げ]」(송반 위에 감추어 두는 것) 하는 판이다. 그래서 스다하지만鏡은 기억 속에서 서서히 사라져 가는 지도 모른다.

스다하지만鏡은 사마왕(斯麻王)의 뜻에 따라 만들었고, 그 명문은 그가 직접 쓴 것이다. 이 때문에 명문의 해석에는 의당 사마가 주체적인 위치에 들어가야 한다. 그러나 일본의 명문해석자들은 하나같이 명문의 대왕년(大王年)을 선점하겠다는 일념에서, 그를 명문에서 배제한 체 해석하고 있다. 이같은 해석으로는 대왕년(大王年)의 부당한 점유는 가능할지 모르지만, 명문의 정당한 해석은 불가능할 뿐이다. 명문의 정당한 해석을 위해서는 '사마'가 역사의 정면에 등장할 수밖에 없다. 그리고 그의 大王年·癸未年인「계미년·503년」을 인정해야 옳다.

일본학계가 아집의 궤도를 수정할 때, '고사기재'의 결함을 보충해 보겠다고 한 노학자의 충정이 이루어질 것이다. 「大王年·癸未年 八月 十日」사마가 쓴 48자의 명문의 자자구구는 이른바 황국사관의 존립을 여지없이 부정하였고, 그와 '계체(継体)'의 사이는 大王·弟王의 관계라고 하는 이른바 「逆황국사관」의 실체를 말해주었다. 더구나 사마는 이른바 기내(畿內)의 실력자로 알려진 예인(穢人)「하내비직(河內費直)」을 자신의 신하처럼 대하고 있으니, 이는 어쩌면 일본 역사의 최대「미(謎·ナゾ)」라고 하는 고대어 구다라(クダラ)의 어원59)과도 같은 것으로 보인다. 그러므로 아직도 이른바 황국사관을 신봉하는 일본학계가 이 명문의 진실한 해석을 기대하기는 어렵다.

일본학계의 일부에서는 그동안 한·일 고대사의 인식에서 몇 가지 새로운 움직임을 보인 것은 사실이다. 그러나 스다하지만鏡 명문 해석을 '포기'해서는 결코 안 된다. 이 명문의 진실된 해석은 이를 손수 쓴 사마왕(斯麻王)의 고국에서 이루어져야 하는 것은 물론이다. 우리가 이 명문을 해석하는

---

59) 일본어로 "クダラ"는, 고대 倭人이 한반도 3국 중 백제를 부르는 말인데, 3국 중 유독 백제의 이름만이 이와 같이 특이한 점을, 일본의 사가들은 하나의 謎(ナゾ)라고 한다. "クダラ"의 어원에 관해, 『國史辭典』(東京 : 吉川弘文館 1990 版)은, 「일본의 고전에는 많이 백제라고 쓰고 "クダラ"라고 읽는데, 그 유래는 아직도 알려지지 않고 있으나, 바로 그 점에 일본과 백제의 역사적 관계의 謎가 숨어 있을지도 모른다」라고 서술하고 있다.

날 역사의 진실이 밝혀질 것이고, 사마왕의 깊은 뜻이 다시 한번 화할 것이다.

시대에 따라 요구되는 역사의 소명은 다를 수도 있다. 그러나 오늘을 사는 우리에게 던져 준 역사의 교훈이 있다면, 이는 스다하지만鏡의 명문을 둘러싼 이른바 황국사관의 베일을 벗겨 명문에 나온 진실을, 명문의 참모습을 후손에게 물려주는 일이다. 그리하여 선조의 빛나는 얼(魂)을 되새기는 가운데 훌륭한 역사적 전통을 이어주어 문화민족으로서의 긍지를 간직해야 할 것이다.

III
『일본서기』의「천황·붕(崩)」·「백제왕·훙(薨)」은 날조

- 무령왕 (斯麻王)의 서거는 대왕의 죽음·「붕(崩)」 -

斯麻王의 서거에 관한 『일본서기』의 표기

〔十年夏五月, 百濟遣前部木刕不麻甲背, 迎勞物部連等於己汶, 而引導入國, 群臣各出衣裳斧鐵帛布, 助加國物, 積置朝庭. 慰問慇懃. 賞祿優節. ○秋九月, 百濟遣州利卽次將軍, 副物部連來, 謝賜己汶之地. 別貢五經博士漢高安茂, 請代博士段楊爾. 依請代之. ○戊寅, 百濟遣灼莫古將軍・日本斯那奴阿比多, 副高麗使安定等, 來朝結好.
　十二年春三月丙辰朔甲子, 遷都弟國.
　十七年夏五月, 百濟王武寧薨.
　十八年春正月, 百濟太子明卽位.
　廿年秋九月丁酉朔己酉, 遷都磐余玉穗. 一本云,七年也.〕

『일본서기』계체기 17년 5월 조 (523년)
(「百濟王 武寧薨」)

〔廿五年春二月, 天皇病甚. ○丁未, 天皇崩于○磐余玉穗宮. 時年八十二. ○冬十二月丙申朔庚子, 葬于籃野陵. 或本云, 天皇, 廿八年歲次甲寅崩, 而此云廿五年歲次辛亥崩羅, 磐乞城, 是月, 高麗弑其王安. 又聞, 日本者, 取百濟本記爲文. 其文云, 太歲辛亥三月, 軍進至于安倶崩薨. 由此而言, 辛亥之歲, 當廿五年矣. 後勘天皇及太子皇子,校者, 知之也.

『일본서기』계체기 25년 2월 조 (531년)
(繼體「天皇崩于磐余」)

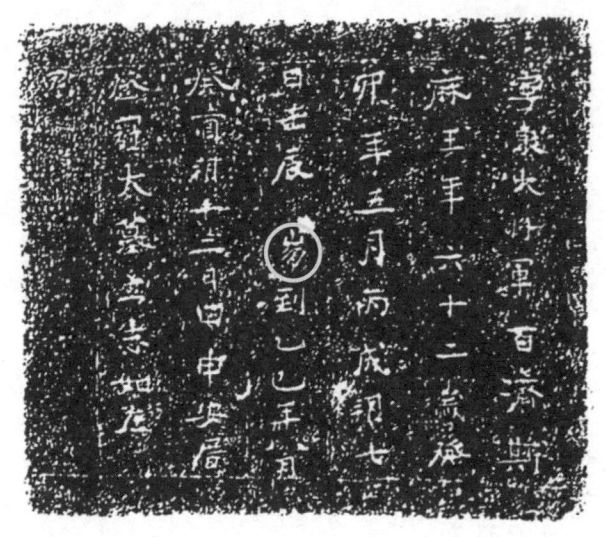

(誌石銘文)

寧東大將軍百濟斯麻王
年六十二歲癸卯年五月
丙戌朔七日壬辰崩
到乙巳年八月癸酉朔
十二日甲申安厝登冠大墓

(지석은 왕의 서거를 「崩」으로 표기한다.
따라서 『일본서기』의 「百濟王 武寧薨」은 오기이다.)

1. 머리말*

　서기 720년경에 성립되었다는『일본서기(日本書紀)』는 그동안 일본이 자랑해온 역사 정사(正史)이다. 총 30권이라는 방대한 내용이 수록되었다. 이를 가리켜 일본학계는「중국 다음가는 세계 제2의 역사서술 보고(寶庫)」라느니, 또는「일본의 정사(正史) 제1호로 중국의 정사 제1호『사기(史記)』에 버금가는 것」이라는 등 부풀리기를 주저하지 않는다. 그러나 그저 대수롭게 볼 일은 아니다. 왜냐하면『일본서기』는 성립년대가 불확실하고, 또한 이를 작성한 이가 누구인지를 잘 모르는 모호성이 드러나 이를 사료로 사용하기에는 한계가 있다. 그런데 더 큰 문제는 오늘의『일본서기』는『서기(書紀)』의 편자들 손에 자행(恣行)된 조직적이고, 가필(加筆)과 변개(變改), 조작(造作) 등이 뒤따른 꾸민 역사라는 사실에 있다.

　이 같은『일본서기』의 본질에도 불구하고, 그동안 일본의 관(官)학파 인사들은 이를 신성시 했고, 나아가서는『일본서기』에 적힌 기록의 진실성을 강요해왔던 것이다. 그들은 또한 군국주의자들이 자행한 한반도의 침략과 식민화 정책의 정당성을『일본서기』에서 찾기도 하였다. 이는 역사 진실의 모독이거나와, 묵과할 수 없는 처사라 하지 않을 수 없다.

　전후, 일부 일본학계에서는『일본서기』의 다양한 분석과 새로운 해석을 시도한 것으로 알고 있다. 그러나 본고는 제한된 범위에서 1971년 충남 공주(公州)에서 출토한 무령왕릉(武寧王陵)의 지석을 빌려 날조된『일본서기』의 실체를 규명하면서 이의 시정을 촉구하고자 한다.

---

* 본고는 1992년 5월『韓日文化講座』#21 (韓日文化交流基金)과, 1992년 6월『외교』제22호 (韓國外交協會),「コリアナ」1992년 秋季号(韓國國際交流財團)에 所載. 또한 한일문화교류기금편,『되돌아 본 한일 관계사』, 景仁文化社, 2005년, pp.33~48에 所載.

2.『일본서기』의 성립배경

1)『일본서기』의 성립 시기

『고사기(古事記)』와『일본서기』는 일본에서 가장 오래된 관찬정사(官撰正史)로서 쌍벽을 이루는 고서(古書)이다.『고사기』권두의「서문」에는 찬수자 태안만로(太安萬侶・오노야스마로)[1]가 천무(天武・덴무)천황의 조(詔)를 받고,『제기(帝紀)』와『구사(舊辭)』의 내용 중 잘못된 부분을 고치는 일에 나섰다고 한다. 그는 화동 4년 9월 원명(元明・겐매이)천황의 재조(再詔)를 받고, 이 일을 계속하여 다음 해인 화동(和銅) 5년 1월(712년)에『고사기』3권을 완성했다는 것이다. 그러나『일본서기』에는 이 같은 찬문(撰文)이 없고, 또한 발문(跋文)도 나오지 않아 그 성립년대를 가늠하는 일은 쉽지가 않다.

일본학계는『일본서기』의 원본이라고 하는『일본기(日本紀)』의 기사가『속일본기(續日本紀)』권八에 나온다는 이유로 이를 빌려『일본기』의 성립년대를 추정하고 있다. 연력(延曆) 16년(797년)판『속일본기(續日本紀)』의 양로(養老) 4년 5월 조에는「이보다 앞서 일품(一品) 도네리(舍人)친왕이 칙(勅)을 봉하고 일본기를 만들었다. 오늘 일을 다 마치고 이를 진상한다. 기(紀) 30권과 계도(系圖) 1권」이라는 내용이 적혀 있다. 이를 근거로『일본기』의 성립년대를 양로 4년(720년)으로 추정하기에 이른다.

그런데『속일본기』에는『일본기』를 다룬 다른 기사가 전혀 없다. 이 때문에『속일본기』만을 가지고,『일본기』의 성립 경위를 말할 수가 없다. 다만『일본서기』천무기(天武紀) 10년(681년) 3월 조에는「천황이 태극전(太極殿)

---

1) 太朝臣安萬侶는 723년 奈良에서 歿하였는데 당시 그는 從四位下 勳五等의 벼슬이다.「多神宮注進狀」과「弘仁私紀」그리고 그의 묘지를 통해서 볼 때 그의 出自는 백제유민 다성씨라는 것을 알 수가 있다고 한다.

에 나가 가와시마(川嶋)황자, 오시가배(忍壁)황자, 다게다(竹田)왕, 구와다(桑田)왕⋯⋯ 大山下平郡 신자수(臣子首)에게 조(詔)하여 제기(帝紀) 및 상고(上古)의 여러 가지 일들을 기록하고 정리하도록 일렀다」라는 대목의 기록이 보인다. 이를 가지고, 『일본기』도 『고사기』와 같은 시기에 편찬 작업이 이루어진 것으로 추정하기도 한다.[2]

이러할 경우, 『일본기』와 『고사기』는 모두 천무천황의 재위 중 그 편찬이 시작되었을 것으로 보고, 『고사기』 찬수자인 태안만로(오노야스마로・太安萬侶)는 자연 『일본기』 편찬에도 관여했던 것으로 추정할 수밖에 없다. 그리고 『일본기』는 총 30권이 넘는 방대한 분량인 것으로 미루어 그 편찬에는 태안만로(太安萬侶) 외의 다른 사관(史官)들의 참여도 불가피했을 것으로 추정한다.

2) 『일본서기』의 성립 사료

『일본서기』[3]가 선택한 사료들이 어떠한 것인지는 찬문이 없어서 잘 알 수가 없다. 그리고 『일본서기』의 원본이라는 『일본기』의 내용마저 알 길이 없는 터라, 이 두 책이 어떠한 사료를 찬수하였는지를 추정하기가 매우 어렵다. 그래서 여기서는 『일본서기』(寬文版, 1669년)의 내용을 중심으로 동원된 사료들을 살펴 볼 수밖에 없다.

『일본서기』는 그 원본이라는 『일본기』에서 「계도(系圖)」를 제외한 총 30권

---

2) 그러나 山尾幸久는 「天武 10년부터 수년 후에 완성된 것은 『原古事記』이고, 『서기』는 7세기 末이나 八세기 초부터 약 20년간 쓴 것이다」라고 주장한다(山尾幸久, 「日本書紀 と 百濟系史料」, 『百濟研究』, 제17輯 1986년 8월).
3) 江戶시대의 저명한 학자인 伴 信友는, 『日本紀』에 「書」자가 첨가되어 『日本書紀』라는 이름으로 부르게 된 것은 弘仁年代(9세기 초)부터라고 한다(『別册・歷史讀本』, 第2卷 1號, 1988. 8, p.257 참조).

으로 구성되었다고 한다. 권1과 권2의 신대기(神代紀) 신화인 이른바 야마도 팔주(大和八洲)의 창업에 이어 권3~권30은 신무(神武・진무)로부터 지통(持統・지도)에 이르는 역대 천황4)의 치세와 붕년(崩年)을 『사기(史記)』 본기(本紀)의 서체에 따라 편년체로 기록하고 있다. 그런데 여기에는 백제 초고왕(肖古王) 이후의 백제왕들의 즉위와 훙년(薨年)도 기제되었는데, 이는 『고사기』와 크게 다른 점이다.

『일본서기』는 중국의 사서체에 따른 이른바 정사(政史)의 체제를 취했기 때문에 많은 문장을 차용(借用・빌려쓰는 것)하였다[인덕(仁德), 흠명(欽明)의 덕치와 선정, 그리고 무열(武烈)의 악정]. 또한 一書曰(왈), 一書云(운), 一本云, 或本云, 別本云과 此云 따위의 분주(分註)를 달았기 때문에 동원된 사료가 다양하다는 것을 쉽게 알 수가 있다.5)

『일본서기』에 인용된 사료로는 먼저 『고사기』의 원자료라고 하는 『제기』와 『구사』를 들 수가 있다.6) 『일본서기』에 보이는 천황, 황비(皇妃), 황자녀들의 이름과 그 계보는 『고사기』의 것과 비슷하다는 것이다. 특히 신대기(神代紀)의 물어(物語・이야기책)나, 어부(語部)는 기본적으로 『구사』가 인용되었다.

다음으로 『일본서기』가 많이 인용한 사료로는 이른바 백제3서(百濟三書)라

---

4) 『日本書紀』가 그 원본이라고 하는 『日本紀』와 내용이 다르다는 것은 「天皇」의 시호만 보아도 알 수가 있다. 『日本紀』가 편찬된 720년에는 「神武」와 같은 諡號는 없었다는 것이 학계의 통설이다. 「천황」의 諡號는 丹海御船이 처음 작호하였다고 하는데, 그는 721년에 출생했으며 785년에 歿하였다고 한다.
5) 伴 信友에 의하면, 『日本書紀』의 「分註」와 「引用文」은 모두 후세인이 써넣은 것이다」라고 한다(『別冊・歷史讀本』, 제11권 1호, 1988. 8, p. 257).
6) 『書紀』 편자들을 『고사기』의 원문에도 「加筆」 흔적이 보인다고 한다. 津田左右吉은 太安萬侶가 쓴 『古事記』도 「후세의 적지 않은 潤色이 있었다」고 한다(津田左右吉全集 別卷, 『古事記』, 『日本書紀』 研究, 1966, p. 489).

고 하는 『백제기(百濟記)』·『백제신찬(百濟新撰)』과 『백제본기』가 꼽힌다. 『서기』 편자들이 제일 중요시 했던 것으로 보이는 이 백제3서는 본문구성은 물론이고 분주에도 많이 인용되었다.[7] 신대기(神代紀)와 응신기(應神紀)는 『백제기』를, 웅약기(雄略紀)와 무열기(武烈紀)는 『백제신찬』을, 그리고 계체기(繼體紀)와 흠명기(欽明紀)는 『백제본기』를 각각 인용하였다는 것이 학계의 통설이다.

이밖에도 『일본서기』는 『사기(史記)』를 비롯 『위서(魏書)왜인전』과 『한서(漢書)』 및 『후한서(後漢書)』 등 중국 측 사료를 문장으로 쓰거나 또는 분주로 인용하였다. 특히 『삼국지(三國志)』 위서 왜인전의 경우, 『서기』 편자들은 신공황후라고 하는 가공의 인물을 성립시키기 위해 이른바 사마일국(邪馬壹國)의 여왕인 비미호(卑彌呼)를 변형시켜 '신공(神功)'으로 대신하고 있다. 끝으로 『일본서기』는 불교경전이나 사원(寺院)의 연기(緣起) 같은 불교계의 사료와 당시 유행한 사가(私家)의 수기[手記·그 예로 이길련박덕서(伊吉連博德書), 난파길사남인서(難波吉士男人書)와 고려사문(高麗沙門), 도현(道顯)의 『일본세기(日本世記)』 등이 있다] 그리고 조정(朝廷)의 문서까지 동원해서 분주(分註)를 단 경우도 있다.

---

7) 『書紀』 편자들이 百濟三書의 원본에도 「加筆」하여 그 내용을 「變改」하고, 「造作」까지 한 것으로 보이는데, 일본학계의 다수는 그러한 가능성을 부정하고 있다. 그러나 津田左右吉은 『일본서기』를 개조하는 과정에서 편자들은 百濟三書의 「원문을 改變이나 潤色」을 하였다고 주장한다(津田左右吉, 『日本古典研究』(下), 1972, pp.213~214).

3. 『일본서기』는 변개(變改), 조작된 것

1) 조작의 핵심은 신공기(神功紀)

서기 720년에 성립되었다는 『일본기』와는 전혀 다른 성질의 것으로 알려진 『일본서기』는 실존하지 않은 가공의 신무(神武·진무)천황을 제1대의 기원으로 삼고 있다.[8] 그리고 이른바 「야마도(大和)의 천황」들은 제41대의 지통천황에 이르기까지 1300년이 넘는 긴 세월을 대(代)를 이어 대화팔주(大和八洲)를 통치하고, 나아가서는 바다를 건너 한반도에까지 진출하여 그 지역 여러 나라들을 복속했다는 내용을 그 주축으로 하고 있다.

역사상 존재하지도 않은 가공의 인물인 신공황후가 한반도의 여러 나라를 복속하였다는 이른바 신공기(神功紀)는 바로 『일본서기』의 핵심을 이루는 부분이다. 『서기』 편자들은 이를 위해 그 출자도 알 수 없는 허상의 기장족희존(氣長足姬尊)[9]이라는 여인을 등장시켰고, 그녀를 제13대 중애(仲哀·주아이)천황의 부인(황비)인 신공황후로 명명하였다. 그녀는 결국 『일본서기』에 나오는 역사에서 가장 위대한 영웅으로 부각되었다.

중애기(仲哀紀) 9년 10월 조에 나오는 이른바 신공황후의 삼한정벌은 신공(神功)이 부왕(夫王)인 중애천황의 사후에 만삭의 몸으로서 바다를 건너가 신라를 치는 것으로 시작한다. 이때 「풍신(風神)이 바람을 일으키고, 해신(海神)

---

8) 水野 祐는 神武 기원의 허구성을 다음과 같이 비판한다. 「기원전 600년이라면, 일본 열도에서는 아직 金屬器라는 것을 알지 못했던 新石器, 繩文시대이다. 그런데 그러한 때 大和분지에 수도를 짓고 적어도 西日本 전역을 통일 지배한 통일국가의 출현은, 채집경제의 단계에 머무른 사회로서는 생각할 수 없는 것이다.」 그러므로 「적어도 『일본서기』의 紀年에는 660년 이상이나 되는 오차가 있다」(「大和朝庭 成立의 謎」, 『歷史讀本』, 1982. 12, p.48).
9) 「氣長足姬尊」이라는 神功의 이름은, 舒明천황의 본명인 息長足日廣額과, 齋明천황의 본명인 天豊財目足姬의 일부를 빌려 작명한 것으로 보인다고 한다.

이 파도를 불러 바다 속의 큰 고기들이 떠올라 배를 떠 받쳐 무사히 신라 땅에 도달했다」는 것도 포함되었다. 다행히 신라는 큰 싸움을 피하고 항복 했고, 「매년 공물을 80척의 배에 그득히 싣고 와 일본국에 바치겠다」는 신라왕의 서약에 따라 두 나라의 싸움은 그쳤다는 것이다.[10] 이를 옆에서 지켜보던 백제와 고구려에서도 「스스로 머리를 땅에 대고, 금후는 길이 서번(西蕃)이라 믿어 조공을 그치지 않겠다」는 맹세를 하였다는 내용을 끝으로 이른바 신공황후의 삼한정벌은 막을 내린다.

이 같은 허무맹랑한 설화는 『서기』 편자들이 당군(唐軍)의 공격으로 무너진 백제와 고구려를 대신해 한반도에 새로 등장한 신라를 염두에 두고 꾸며낸 '조작'으로 보인다. 이는 동시에 「クダラ(百濟)」라고 하는 그들의 오랜 종주국의 '멍에'에서 벗어나 오히려 백제를 일본의 '신속국'으로 전락시켰다는데서 더 큰 의의를 찾을 수 있을 것이다.

2)「헌(獻)」·「공(貢)」만으로는 「신속」관계 불성립

신공황후의 이른바 「삼한정벌」의 주역은 물론 신공(神功)이다. 나이어린 응신(應神)천황의 섭정자(攝政者·왕이 어릴 때 왕을 대신해서 통치하는 것)였던 그녀를 야마도8주(大和八洲)의 통치자이자 한반도에는 후왕(候王)을 둔 대왕으로 가공했던 것이다. 그러므로 『서기』의 편자들은 섭정자[11]인 그녀는 물론이고,

---

10) 津田左右吉은 일찍이 「神武紀부터 仲哀紀까지는」 史實이 아니라고, 仲哀의 실체를 부정하여 神功紀를 대체로 인정하지 않는다[津田左右吉全集 別卷 1 (古事記·日本古典の研究), 1966년, pp.16~17, p.268]. 池內 宏도 「神功의 新羅정벌은 쉽사리 믿기 어려운 것」이라고 이를 부정한다(『日本上代史の一研究』, 1947, pp.44~49 참조). 한편 井上秀雄도 「神功皇后의 新羅정벌기사는 지금 새롭게 논의할 필요가 없고, 이는 後世의 조작된 것이다」라고 하였다(「日本書記の外國觀」, 『靑丘學術論集』, 제1집, 1991. 2, p.39 참조).

다른 천황의 몰년(歿年)을 모두 천자의 죽음과 버금하는 붕어(崩御)로 표기하는가 하면, 백제왕의 경우는 이를 훙거(薨去)라는 '신속 용어'로 표기한 것이다.

그리고 그들은 백제(クダラ)-「왜(倭)」의 교류·교환 및 왕래를, 모름지기 백제가 왜에 「헌(獻)」, 「공(貢)」, 「조(調)」나 「질(質)」을 한 것으로 표기하고, 때로는 「왜」가 백제에 사(賜)했다는 등 「왜」를 주체로 한 일방적인 우위(優位)를 앞세우고 있다.[12] 그러나 이는 어디까지나 『서기』 편자들의 단순한 용어 구사에 불과할 뿐, 사실에도 없는 신속 관계가 간단하게 이루어지는 것은 아니다.

예를 들면, 칠지도(七枝刀)와 칠자경(七子鏡)이다. 분명 백제왕이 후왕인 자신의 신하에게 하사한 것인데, 신공기(神功紀) 52년 9월 조에서 백제 초고왕(肖古王)이 신공황후에게 헌상한 것이라고 주장한다. 나아가 백제왕이「매년 계속하여 조공을 올리겠다」는 맹세까지 했다고 적었다.[13] 그런데 상대(上代)의 경(鏡)과 검(劍)은 '신기'로서 신임부여의 기능을 지닌 것이기 때문에 언제나 '하사' 되는 것이지, 결코 '헌상' 하는 것은 아니다. 중애기(仲哀紀) 9년 4월 조에는「신공(神功) 자신이 남편(夫王)인 중애천황의 사후에 다게우지 숙이(武內宿禰)를 불러 검(劍)·경(鏡)을 받들고, 신저(神祇)에 기도를 했다」는 기

---

11) 書紀 編者들은 神功을 같은 섭정자인 聖德太子와 다르게 취급하여 주목을 끈다. 聖德太子의 경우, 그의 治世를 「천황」에 버금가는 것으로 기록하고, 그를 聖德法王帝라고 부르면서도 그의 죽음은 薨으로 표기하고 있다.
12) 『書紀』 편자가 만들어낸 무분별한 표기의 例 :
應神紀 14년 2월조(貢), 15년 8월조(貢), 仁德紀 12년 7월조(貢)(獻) 武烈紀 6년 10월조(調), 欽明紀 12년 3월조(賜), 推古紀 5년 4월조(貢) 舒明紀 3년 3월조(質)
13) 肖古王의 재위와 神功紀年은 전혀 맞지 않은 것이다. 이 기사는 『書紀』의 편자들이 만든 무책임한 작문이다. 池內 宏는,「이 기사는 机上에서 안출된 것이다」라고, 이를 부정한다(池內 宏, 전게서, p.63).

록이 나온다. 이는 바로 검과 경이 '신기(神器)'라는 사실을 증명하는 것이다.

또한 웅약기(雄略紀) 21년 3월 조는 천황이 「백제가 고구려로부터 파멸되었다는 소식을 듣고, 구마나리(久麻那利·지금의 공주)를 문주왕(文洲王)에게 사(賜)하고, 그 나라를 다시 일으켰다」고도 하고, 또한 동기 23년 4월 조는 「백제의 문주왕이 훙(薨)하여 천왕이 곤지왕(昆支王)의 다섯 아들 중 둘째 아들인 말다왕(末多王·미다왕)을…… 그 나라의 왕으로 '사(使)'했다」는 대목이 보인다.

그러나 이 같은 일들이 사실이었다면, 「왜(倭)」는 구마나리(久麻那利)를 백제왕에게 하사할 것이 아니라, 거기다 「일본부(日本府)」와 같은 관가를 설치했어야 할 것이다. 이와 같은 허무맹랑한 주장은 백제가 「倭」를 오랜 세월 복속지배 했다는, 엄연한 역사적 사실을 반전시키려는 『서기』의 편자들의 대담한 곡필(曲筆)이 아닐 수 없다. 오늘날 이런 주장을 믿을 사람은 아무도 없을 것이다.[14]

한편 계체기(継体紀) 7년 6월 조는 무령왕이 계체천황에게 말하기를, 「반파국(伴跛國)이 신의 나라인 기문(己汶)의 땅을 빼앗았습니다. 아무쪼록 천은을 내려 본국으로 돌려주십시오」라는 상소를 하고, 오경박사(五經博士) 단양이(段揚爾)를 「공(貢)」하였다고 적었다. 그리고 같은 계체기 10년 5월 조에는 오경박사 단양이(段揚爾)의 「상번(上番)」으로 다른 오경박사 한고안무(漢高安茂)

---

14) 津田左右吉은, 「久麻那利(지금의 公州)가 일본의 영토였다는 흔적이 티끌만치도 보이지 않는다. 日本의 권위를 보이기 위한 취지에서 만든 문장이고, 潤色이라기보다는 오히려 虛構의 설화」라고 하였다(田溶新, 『完譯 일본서기』, 1989년, p.254 참조). 池內 宏는 「久麻那利」의 기사를 하나의 「조작」으로 보았다. 末松 保和는 이를 단순히 「潤色」이라고 하였다. 그리고 「문헌상의 조작에 불과하다」라는 견해도 내놓았다(池內 宏, 전게서 pp.87, 134 참조. 末松保和, 『日韓關係』, 1963, p.62 참조).

를 '공' 했다는 기록도 보인다.

그런데 이들 오경박사는 흠명기(欽明紀) 15년 1월 조에 보이는 역박사(易博士), 력박사(曆博士), 의박사(醫博士) 그리고 채약사(採藥師)와 더불어 상대(上代) 율령사회의 최고행정가이자 '최고 관리자'와 같은 중요한 인물이다. 이들의 존재는 어디까지나 「クダラ(百濟)」의 통치행위 확대와 무관하지 않는 것으로 보아야 할 것이다. 무령왕과 성왕(聖王)이 이들 오경박사와 역박사 그리고 의박사 등을 대거 대왕국의 '직할영'인 「기내(畿內)」에 보냈다는 사실은 눈여겨 보아야 할 대목이다. 왜냐하면 거기에는 이미 기내와 기외(機外·9주, 후왕의 나라)라고 하는『예기(禮記)』의 율령체제가 확립되어 이들 '전문률사'들을 필요로 했을 것이기 때문이다.[15]

4. 「붕(崩)」과 「훙(薨)」의 차이는 '대왕'과 '후왕'의 차이

1) 붕(崩)·훙(薨)은 신속 관계의 상징

『일본서기』는 역대 천황의 즉위와 몰년(歿年·干支)을 함께 기록하고 있다. 이와 동시에 백제왕의 즉위와 몰년도 같이 다룬다. 그런데 신공기(神功紀)의 조작에 따라 천황의 몰년은 붕어(崩御)로 표기하고, 백제왕은 훙거(薨去)로 표현하기에 이른다. 이렇듯 두 나라의『제기(帝紀)』와도 같은 것을 두고 한 나라의 정사 속에 나란히 다루었다는 것은 보기 드문 예이다.

---

15) 敏達紀 6년 2월 조는 백제 威德王이「經論若干卷, 幷律師, 禪師, 比丘尼, 呪禁師, 造佛工, 造寺工」들을 헌상했다고 한다. 그런데 敏達은 수 년 전「クダラ(百濟)의 大井」에서 즉위를 하였다고 하니, 百濟王이 그에게 헌상을 한다는 것은 전혀 앞뒤가 맞지 않은 이야기가 된다.

그런데 『일본서기』의 이 같은 기재방식을 두고, 일본의 저명한 관(官)학자인 스에마쓰(末松保和)는 백제왕의 즉위·훙거 기사를 『일본서기』에 올렸다는 것은 「백제가 일본국의 신속국의 원직」이기 때문이라고 주장하고 있다.[16] 그의 주장을 다시 말하면, '신속' 관계나 '복속' 관계와 같은 한 역사체계나 정치체제에서 '붕(崩)'과 '훙(薨)'은 언제나 같이 기록되어야 한다는 것이다.[17]

스에마쓰(末松)의 주장대로 『일본서기』에 실린 천황들이 사후에도 정당하게 「붕(崩)」을 사용할 수 있는 신분의 소유자였다면, 더 이상 할 말이 없을 것이다. 왜냐하면 이는 상대 율령사회에서 시행되었던 율법과도 같은 엄한 규율이기 때문이다. 일찍이 공자(孔子)는 『사서(四書)』 중의 하나인 『예기』에서 사람의 죽음을 「천자사왈붕(天子死曰崩), 제후왈훙(諸侯曰薨), 대부왈졸(大夫曰卒), 사왈부록(士曰不祿), 서인왈사(庶人曰死)」라는 기준을 말한 바 있다. 그러므로 붕(崩)자는 어떠한 경우에도 천자(대왕)의 죽음에 한했고, '훙(薨)'자는 그의 후왕들의 죽음에 쓰도록 했던 것이다. 그리고 『예기』는 천자(대왕)가 '붕(崩)'했을 때는 사관(史官)으로 하여금 「천왕(天王)이 붕(崩)했다(崩曰天王崩)」라는 기록을 남기도록 하였다.

禮記 上卷 曲禮下卷二		
天子死曰崩 諸侯曰薨 大夫曰卒 士曰不祿 庶人曰死	在牀日尸 在棺日柩 羽鳥日降 四足日漬 死屑日兵	

---

16) 末松保和, 『일본서기』 上, 1967, p.612.
17) 崔在錫 교수는 「『日本書紀』가 중국의 王이나 고구려와 신라왕의 거취에는 관심이 없고, 유별나게 백제 王들에게만 관심을 두어 기록한 것은 大和倭는 백제가 경영하는 속국내지 속영이기 때문」이라고 하였다(崔在錫, 전게서, p.284).

이러한 『예기』의 가르침은 후일 사마 천(司馬 遷)이 그의 불멸의 역작 『사기(史記)』(太史公自序)에서 역대 중원의 통치자들의 죽음을 황제붕(黃帝崩), 진시황붕(秦始皇崩), 주왕원방훙(周王元方薨) 그리고 공자졸(孔子卒)과 같이 각각 다르게 표기한 데서부터 「붕(崩)」과 「훙(薨)」이 차지하는 지체의 차이는 그 누구도 소홀이 하지 않고, 존중받게 되었다.[18] 그래서 「천황·붕(崩)」과 「백제왕·훙(薨)」이라고 하는 표기가 『일본서기』에 자리 잡고 있는 한, 야마오 유기히사(山尾幸久)와 같은 주장이 계속 설득력을 얻을 수 있다. 그래서 「일본천황은 백제왕의 왕 즉 대왕(大王)이다」라고 주장하거나, 또는 「무령왕부터 의자왕(義慈王)에 이은 부여풍(扶余豊)까지의 자손 모두를 아우른 백제왕의 후예 씨족이 "천황·신료관계(臣僚關係)"에 편성되어 있다」라고 주장해도 더 할 말이 없을 것이다.[19]

2) 무령왕의 서거는 대왕의 죽음·「崩(붕)」

그러나 1971년 7월 충남 공주의 한 고분에서 나온 한 장의 지석에는 고분의 주인공은 백제 제25대 사마왕(斯麻王·시호 武寧)이고, 그는 계유년(癸卯年·523년) 5월 7일 62세의 천수를 누리고 붕어하시었다는 사실이 확실히 기록되어 있었다.[20] 그리고 王은 을사년(乙巳年·525년)에 3년간의 거상(居喪)을 마

---

18) 『고사기』와 『일본기』의 撰修者로 알려진 太安萬侶(723년歿)의 경우, 1977년 奈良에서 발굴된 그의 묘지에는 「從四位下 勳五等 太朝臣 安萬侶 次癸亥年 七月 六日卒, 養老 七年 十二月 十五日 乙巳」라는 내용이 보인다. 그의 죽음은 「大夫」의 죽음인 「卒」이라는 사실을 알 수가 있다(이 사실은 『續日本紀』靈龜 元年 조에도 「太安萬侶 養老 七年 七月七日 卒」로 표기되어 있다).
또한 762년에 歿한 蘇我氏의 직계손인 石川年足의 墓誌에는 그의 죽음을 「薨」자로 표기했는데, 당시 그는 「正三位」로 天皇의 「侯王」으로 한 지역을 다스리다 歿한 것 같다.
19) 山尾幸久, 「日本書紀の百濟系史料」, 『百濟研究』, 제17輯(1986), p.19.

치고 안장되었다는 사실도 왕의 사관들이 기록했으니, 사마왕의 서거는 분명 상대 율령에 따른 대왕의 죽음 바로 그것이다.[21]

무령왕의 서거는 『예기』에 나오는 천자의 죽음 「붕(崩)」인 것이다. 그러므로 무령왕의 서거는 『서기』의 편자들이 주장하는 것과 같이 계체천황의 「후왕」으로서의 「훙거(薨去)」가 아니고, 그의 상왕(대왕)으로서의 「붕(崩)」인 것이다. 따라서 『일본서기』 계체기 17년 5월 조에 보이는 「百濟王 武寧薨(훙)」은 위작으로 보아야 하고, 동기 25년 2월 조의 계체(継体) 「天皇崩(붕)于磐余」는 오기(誤記)라고 보아야 할 것이다.[22]

한 역사체계나 정치체제에서는 오직 한 분(대왕)의 서거만이 「붕(崩)」이다. 그 외의 다른 이는 누구나 「훙(薨)」이나, 「졸(卒)」자로 표기되어야 하는 상대의 율령은 이 경우에도 예외가 될 수 없는 것이다. 더구나 계체천황의 몰년(丁未, 時八十二)은 다름아닌 백제측 사료인 『백제본기』에 근거를 두었다는 것이 학계의 공통된 인식이다.[23] 그러고 보면 백제 사관(史官)들이 작성했다

---

20) 王妃의 誌石에는 妃의 서거를 「百濟國王大妃 壽終」이라고 기록하고 있다. 이는 『예기』에 따른 것으로 보이며, 王妃의 경우는 「崩」자를 쓰지 못하는 것이다.
21) 誌石의 명문에 있는 「崩」자에 대한 李丙燾 박사의 논평:
「王의 崩御年代는 삼국사기와 일치하여 별로 새로운 자료가 되지 아니하나」, 「여기 나타나는 「崩」자에 있어서는, 우리의 흥미와 주의를 끌게 한다. 말할 것도 없이 중국에서는 古代로부터 소위 「天子」의 죽음에 있어서야 崩자를 쓰는 것이 관례로 되어 있다. 그러므로 무엇보다도 그들의 주체의식을 드러낸 것이라고 보지 않을 수 없다」 [李丙燾, 『韓國古代史研究』(1976), p.560].
22) 武寧王의 재위 중(514년) 「畿內」에서 서거한 것으로 보이는 太子 淳陀의 죽음을 継体紀 7년 8월 조는 「百濟太子 淳陀薨」으로 표기하고 있다. 이는 太子가 일찍이 「斯我君」으로 이 지역에 머물렀고, 大王인 父王의 「侯王」 자격이었기 때문에 극히 타당한 것이라고 할 수 있다. 그러므로 「斯我君」의 父王인 斯麻王의 서거는 이론상으로도 「薨」이 될 수 없는 것이다.
23) 李基東, 「武寧王陵出土誌石과 百濟史研究의 新展開」(未發刊 論文, 1991년 10월), pp.32~33 참조. 前川明久, 「継体天皇の出自わどこか」, 別冊 『歷史讀本』, 第23號, 1986, pp.166 참조.

는 『백제본기』에 그의 몰년을 「붕(崩)」으로 표기하고, 반대로 王의 서거를 「훙(薨)」으로 표기했을 리는 만무할 것이다.[24]

우리는 이미 일본 국보 스다하치만鏡 명문을 빌려 무령왕(斯麻)과 계체천황(男大迹王)의 관계를 살핀 바가 있다.[25] 총 48자로 이루어진 동경의 명문에 따르면「大王年 癸未年(503년) 八月 十日」사마왕은「開中(河內)費直(개중비직) 穢人(도래인) 今州利」를「견(遣)」하여 의자사카궁(意紫沙加宮)에 있는 그의 제왕(弟王)격인「男弟王(남제왕 · 男大迹王)」을 신임하는데, 그는 4년 후인 기유년(己卯年 · 507년) 정월에 제26대 천황으로 즉위하였다고『일본서기』는 전하고 있다. 오오토왕(男大迹王)의 새 조정은「개중비직(開中費直)」의 나라인 하내(河內 · 가와지)의 장엽궁(樟葉宮)이었고, 그는 거기서 젊은 수백향황녀(手白香皇女 · 대시로가)를 맞이하여 어린 흠명(欽明)천황을 얻었다고 한다.

이와 같이「계체천황」의 출자는 그 누구보다 확실한데도 불구하고『서기』의 편자들은 그를 가공(架空)의「대왕」자리에 앉히는가 하면, 반대로 무령왕의 경우는『일본서기』의 내용은 물론 백제측 사료마저 조작하여 그가 평생을 누려온 대왕의 자리를 탈취한 다음 역사의 뒷전으로 밀어 버린 것이다. 그러나 상대(上代)의 비밀을 간직한 채 1500년이라는 긴 세월을 말없

---

24) 『百濟本紀』를 인용한 것으로 보이는 『삼국사기』는 武寧王의 서거를 『書紀』와 같이 「王薨」으로 표기하여 주목된다. 그러나 이러한 표기는 武寧王에 한한 것이 아니고, 3국의 王을 모두 「薨」으로 표기하고 있다. 이에 반해 『三國遺事』는 3국의 王의 서거를 모두 「崩」으로 표기하여 대조를 이룬다. 『삼국사기』의 撰修者가 왜 「薨」자만을 사용했는지 그 이유를 잘 알 수는 없으나, 이 시대의 「崩」과 「薨」에 대한 역사적 의식이 上代와는 달랐던 것으로 판단된다. 이를 李丙燾 박사는「高麗, 李朝의 제 왕들은「薨」이라고 쓰는 게 통례」였다고 한다(京鄕新聞, 1971년 7월 23일 참조).
25) 「스다하치만鏡」의 명문은 筆者의 拙論을 참조(蘇鎭轍, 「일본국보 隅田八幡神社所藏人物畵像鏡의 명문해석」, 『외교』(한국외교협회), 1991 · 9호 및, 「コリアナ」(한국국제문화협회), 1991, 동계호).

이 땅 속에 묻혀있던 사마왕(斯麻王)의 지석(誌石)은 대왕의 화려했던 옛 영화를 우리에게 다시 일러준 것이 아닌가? 대왕의 서거는 「훙(薨)」이 아니고, 「붕(崩)」이시다. 그는 계체천황의 후왕이 아니라, 그의 상왕(대왕)으로 생애를 마치신 것이다.

아직도 『일본서기』 계체기나 흠명기[26]와 그 후대의 기록에 그대로 남은 여러 사실들은 '윤색' 되거나, 또는 '왜곡' 내지 '변개' 된 것은 사실이다. 그러나 우리에게 대왕의 화려했던 옛 발자취를 다른 방향에서 더듬어 볼 수 있게 하였다. 계체기 7년(514년) 6월 조에는 무령왕이 「왜」에 오경박사를 보냈다 했고, 그 후에도 역박사(易博士), 력박사, 의박사 등을 보냈다는 내용이 나온다. 그리고 그의 태자인 성명왕(聖明王)은 불상과 불경 그리고 고승(高僧)들을 보냈다고 하는데, 이런 일은 사상 처음 있었던 것이다. 이는 「クダラ(百濟)」의 통치행위의 새로운 면모를 보여주는 좋은 사례라고 할 수 있을 것이다.

'왜'에는 오래전부터 백제 대왕이 '사(賜)'한 성씨인 군(君·公), 비직(費直), 신(臣), 련(連), 반(伴) 등이 자리 잡았던 것으로 미루어 이들 오경박사와 역박사 등의 존재는 율령체제인 천자(대왕)의 나라(「기내·대왕직할영」과 「기외·9주」)의 존재를 말해주는 것이다. 그 효과적인 경영을 위해 오경박사 등이 초빙되었다고 보아야 할 것이다. 그러므로 백제태자(군군·軍君, 사아군·斯我君 등)들이 '후왕'으로 와있는 대왕국의 직할영인 기내에는[27] '백제의 땅'이 여

---

26) 欽明紀 2년 4월조와 5년 1월조에는 「夫建任那者, 爰在大王之意」와 「大王爲建任那 觸情曉示」의 두 기사가 있었는데, 여기의 「大王」은 武寧王의 太子인 聖王을 가리키는 것이다. 物畵像鏡의 명문해석, 『외교』(한국외교협회) 1991·9호 및 「コリアナ」(한국국제문화협회), 1991, 동계호).

27) 『日本書紀』는 百濟太子(君)의 존재를 모두 「질(質)」로 표기하고, 이들을 「大和」조정에 끌려온 포로처럼 취급하고 있다. 이는 「大和」가 백제를 「신속」화했다는 전제하에서

기저기 자리잡았고, 백제대궁(大宮)과 백제대사(大寺) 등에서 계체천황과 흠명(欽明)천황의 자손들은 '천황'으로 즉위를 했다[민달(敏達), 서명(舒明), 황극(皇極) 등]는 것이다. 또한 사후에는 그 자리에다 '백제대빈(大殯)'을 차리는 등 이른바 야마도(大和)의 천황들은 평생을 백제 대왕년(大王年)인 원가역년(元嘉曆年)과 더불어 그 생애를 마쳤다고 한다.[28]

5. 맺는말

『일본서기』에는 왜왕이라는 천황의 몰년을 「붕(崩)」으로 표기하였다. 그리고 같은 시대의 백제왕은 이를 「훙(薨)」으로 표기했는데, 이는 이것은 상대의 신분을 나타내는 중요한 표현이다. 일본의 한 저명한 학자는 「『일본서기』에 수록한 이 같은 표기는 백제가 일본국의 신속국이라는 원칙」 때문이라고 말하고 있다. 그의 주장은 「붕(崩)」으로 표기한 왜왕이라는 천황은 그의 생전에 백제왕을 '후왕'으로 둔 '대왕'이라는 것인데, 이러한 주장을 진실로 받아들이는 일본 사람들은 꽤 많은 것 같다.

꾸며진 것이다. 그런데 『예기』는 「君」을 「天子의 九州에 각각 長을 두어 백성을 통솔한다. 州의 長은 자기가 맡은 州의 밖에서는 侯라고 일컫고, 자기 州 안에서는 君이라고 일컫는다」라고 정의하고 있다. 그러므로 율령체제에서의 「君」은 한 州를 통치하는 임금과 같은 인물을 말하는 것으로 보아야 한다.

28) 百濟의 멸망을 기록한 天智紀 2년 (663년) 9월 조에 백제가 唐軍에게 완파되었다는 소식이 「畿內」에 전해지자, 이 지역의 「國人」들이 이제는 다시 「조상의 묘소」를 찾지 못할 것이라고 통곡하였다는 내용이 나온다. 이들 「國人」은 무엇을 뜻하는 것일까? 李春植 교수는 周王室의 경우 「國(封國)」내에서는 諸候를 정점으로 諸候의 일족이 지배계급을 구성하였는데, 이를 國人이라 하였다」고 주장한다. 그러므로 國人은 「大夫」 등을 지칭하는 말이어서, 天智의 조정은 백제인의 조정과 같은 것으로 보아도 무방할 것 같다(李春植, 『中國古代史의 展開』, 서울: 新書苑, 1992년, p.94 참조).

그러나 백제왕(クダラ王)이 천황의 후왕 노릇을 하였다는 『일본서기』의 주장은 『서기』 이외의 다른 어떤 사서나 사료에서는 흔적을 찾아 볼 수 없는 것이다. 그래서 『일본서기』의 「천황·붕(崩)」·「백제왕·훙(薨)」은 전혀 사실과 다르다. 이는 역사의 진실을 은폐하고, 사실을 오도하려는 『서기』 편자들의 계획적인 '음모'가 작용한 픽션의 '역사작품'에 불과한 것이다.

1971년 7월 충남 공주의 한 고분에서 나온 한 장의 지석은 지난 세월을 그대로 증언하였다. 왕의 사관(史官)들은 백제 사마왕(武寧王)의 서거를 「대왕」의 죽음인 「붕(崩)」으로 기록했던 것이다. 사마왕의 평생은 결코 순탄한 일생은 아니었다. 왕은 재위 중에 선왕代의 실지(失地)를 회복하고, 나아가 영토확장에 진력하였다. 국내는 물론이고, 바다건너 멀리 왜국(倭國)땅에서도 그 이름을 크게 떨치시고 계묘년(癸卯年·523년) 5월에 천수 62세를 누리시다 붕어하셨다. '대왕'은 생전에 여러「후왕」을 거느린 것으로 전언되어 왔는데, 그중에는 멀리 '하내(河內)'의 '장엽궁(樟葉宮)'에서 서기 507년에 즉위하였다는,「오오토왕(男大迹王)」(남제왕)의 존재를 일본국 국보 스다하지만鏡이 증언하고 있다.

사마왕의 서거를「붕(崩)」으로 표기한 王의 지석은 영원히 불변하는 금석명문(金石銘文)이어서, 그 유례를 보기 드문 귀중한 유물이다. 이는 어떠한 경우에도 훌륭한 사료로 존중되어야 한다. 지석의 명문과 같이 계체기(継体紀) 17년 5월 조의「백제왕 무령薨(훙)」은 사실이 아니므로 마땅히「백제 무령왕崩(붕)」으로 고쳐져야 할 것이다. 이에 따라 계체기 25년 2월 조의「천황崩(붕)于 반여 옥수궁(磐余 玉穂宮)」을「천황薨(훙)去 반여 옥수궁」으로 고쳐 써야 하는 것도 물론이다. 『일본서기』에 그와 같은 역사의 '진실'을 다시 찾았을 때 『일본서기』는 그간의 누적된 불신과 증오의 오명(汚名)을 씻어버리는 가운데 '역사다운 역사'로 태어날 것이다.

IV
칠지도(七支刀) 명문의 새로운 해석

-왜왕 늡(旨)는 백제의 끝족-

칠지도(七支刀) 명문의 새로운 해석 83

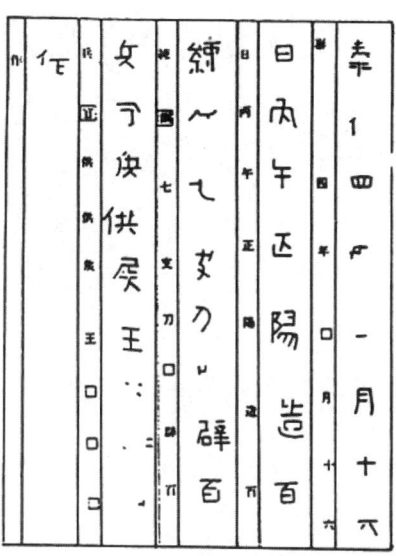

七支刀
일본 천리시 이소노카미신궁 소장

石上신궁 七支刀의 명문(실사)

石上신궁 七支刀 명문(일본통설)

칼 앞면
泰□四年□月十六日丙午正陽
造百練鋼七支刀生辟百兵
宜供供矣王□□□□作

칼 뒷면
先世以來未有此刀 百慈王世□
奇生聖音故爲倭王旨造 傳示後世

〔五十二年秋九月丁卯朔丙子, 久氐等從千態長彦詣之. 則獻七支刀一口・七子鏡一面, 及種種重寶. 仍啓曰, 臣國以西有水. 源出自谷那鐵山, 其邈七日行之不及. 當飲是水, 便取是山鐵, 以永奉聖朝. 乃謂孫枕流王曰, 今我所通, 海東貴國, 是天所啓. 是以, 垂天恩, 割海西而賜我. 由是, 國基永固. 汝當善脩和好, 聚劍斂土物, 奉貢不絕, 雖死何恨. 自是後, 每年相續朝貢焉.〕

『일본서기』 신공기 52년 조(372년)
(七支刀는 백제 肖古王이 「獻」上)

1. 머리말*

일본 나라(奈良)현 천리(天理·덴리)시의 석상(石上·이소노카미)신궁에는 상대(上代)로부터 전해 오고 있는 한 자루의 희귀한 칼이 있는데, 그 이름은 칠지도(七支刀)라고 한다.[1] 이 칼에는 주도신(主刀身) 양 옆에 각각 3개의 지도(枝刀)가 달렸다. 그래서 그것은 보는 사람에 따라서 사슴의 뿔과 같다고도 하고, 또는 나뭇가지 모양의 창(槍)과도 같다는 이상한 형태의 칼이나,[2] 지금은 그러한 생김새의 칼을 찾아 볼 수 없다고다.[3]

오래된 역사를 간직한 것으로 보이는 이 칼은 원래 백제왕이 멀리 떠나가는 그의 후왕(侯王·왜왕 旨)에게 하나의 증표로 사(賜)한 것이다. 도신(刀身)의 길이가 75cm나 되는 이 칼의 도면(刀面) 앞과 뒤에는 정교한 금상감(金象嵌)으로 새긴 명문이 들어가 있다. 학계가 가치 높은 유물로 보는 이유도 이 때문이다. 특히 후쿠야마(福山敏男)와 같은 저명한 학자는 이를 가리켜 「여러가지 뜻에서 기준이 되는 중요」한 유물이라고 평가하여 주목을 끈 일이 있다.

이렇듯 일본학계가 이 칼을 중요시하는 이유는 말할 것도 없이 칼에 들어간 명문 때문이다. 한·일 고대사에 처음 등장하는 百慈王(백자왕)이라고 적은 백제왕의 호칭[4]이 한·일 고대사에 처음 등장하고, 왜왕 지(倭王 旨)와

---

* 본고는 1994년 4월『韓日文化講座』#30(韓日文化交流基金)에 所載. 또한 한일문화교류기금,『되돌아본 한일 관계사』, 景仁文化社, 2005년, pp.49~72에 所載.
1) 石上神宮에서는 이 칼을「六叉」라고 부르고 있으며,『日本書紀』는「七支刀」로 기록하고 있다.
2) 이병도는(韓國古代史研究, 1976년), 중국에는 아직 七支刀와 같은 칼이 없다고 한다.
3) 1971년 1월 일본 栃木縣 小山市의 한 古墳(5世紀 추정)에서는 제2의 七支刀가 나와, 학계에 큰 과제를 남기고 있다.

후왕(侯王)에 이어 '泰△四年'(태△사년)과 같은 연대도 보인다. 이는 한 시대에 존재했던 정치제도를 말해주는 기록과도 같은 것이다. 이 때문에 이 명문을 해석하는 일본 학계의 태도는 매우 경직되었고, 고정관념의 틀에 사로잡혀 무리한 해석으로 일관하고 있다.

필자는 제한된 범위에서 그동안 인위적인 그늘에 가려 빛을 보지 못한 상대(上代)의 한 정치적 실체를 규명하기 위해 칠지도 명문을 자주적이고, 또한 역사적인 관점에서 해석할 계획이다.

2. 칠지도(七支刀) 명문 - 명문은 하행문(下行文)

1) 명문을 처음 본 간 마사도모(菅 政友)

명치(明治)시대의 저명한 관(官)학자 간 마사도모(菅 政友·1824~1897년)가 칠지도를 어신체(御神体)로 모신 그 유명한 석상(石上·이소노카미)신궁의 대궁사(大宮司)로 임명된 것은 1873년(명치·明治 6년)의 일이다. 그의 돌연한 대궁사 임명에는 그럴 만한 시대적인 요청이 뒤따른 것인데, 그는 부임한지 1년이 되는 1874년 8월 칠지도 명문과 마주하게 되었다.

1874년 8월 대궁사 간(菅 政友)은 문부성(文部省)의 허가를 받아 아직껏 외부인에게 친견을 허용한 일이 없다는 신궁 안의 금족지(禁足地)에서 검(劍)과 곡옥(曲玉) 등을 찾아냈고, 또한 근처의 신고(神庫)에서는 칠지도를 찾아내기에 이른다. 이 칼에는 녹이 많이 슬어, 이를 제거하는 과정에서 도면(刀面)에 금

---

4) 이 시기 백제에서는 「자비스러운 百濟王」이라고 王을 美化하는 표현을 쓴 것으로 보인다.

상감(金象嵌)의 글자가 있다는 사실을 그는 알게 되었다고 한다.[5] 그러나 칼이 워낙 오래되었고, 금상감 자체도 일부가 상처를 입어 명문이 무엇인지를 잘 알아 볼 수가 없었다고 한다. 다만, 그가 명문에서 그가 느낀 것은 「이 칼이 삼한(三韓)에서 만든 것은 의심할 여지가 없으나, 연호의 글자가 흐리게 보여 잘 알 수가 없었다」는 것이다. 그리고 연호의 「첫째 글자는 泰(태)자이고, 둘째 글자는 인편(人偏)으로 보이나, 확실치는 않아 始(시)자의 반이 남은 것」으로 보았다고 한다.[6]

2) 명문의 판독

이렇듯 불분명한 상태로 세상에 알려진 칠지도 명문은[7] 그후 여러 학자들의 계속된 조사와 실측을 거쳐 오늘과 같은 명문으로 판독하게 되었다.

(앞면)　泰△四年 △月十六日 丙午正陽　　（태△4년 △월16일 병오정양
　　　　造百練鋼七支刀 生辟百兵　　　　　조백련강칠지도 생피백병
　　　　宜供供 侯王△△△△作　　　　　　의공공 후왕△△△△작
(뒷면)　先世以來 未有此刀 百慈王世△　　선세이래 미유차도 백자왕세△
　　　　奇生聖音 故爲倭王旨造 傳示後世[8]　기생성음 고위왜왕지조 전시후세)

---

5) 管 政友에 의하면, 칼은 「까맣게 녹슬어 있으며 金色이 은은하게 보이는데, 이상히 여겨 칼에 묻은 녹을 하나하나 제거하니, 처음으로 글자가 나왔다」고 한다[管 政友 全集, 雜稿二 (大和國 石上神宮 寶庫所藏 七支刀), 참조].
6) 管 政友 全集, 雜稿二, 雜稿三(任那考), 참조.
7) 管 政友가 판독했다는 명문: 「泰始四年 △月十日 丙午正陽 造百錬△ 七支刀 △辟百兵 △ 供△△△△△作 先世以來 未有此刀 百△△△△△ 生聖晉 △爲△王△造 傳示△世」
8) 保坂三郎, 『古代鏡文化の研究』(東京 : 雄山閣, 1986), pp.141~142 참조.

칠지도 명문의 금상감(金象嵌)은 상대의 것이지만, 비교적 정교한 편이라는 것이 학계의 공통된 의견이다. 그런데 명문은 도면(刀面) 앞면에 34자와 뒷면에 27를 합쳐 모두 61자나, 그중 7개 자는 심하게 훼손되어 자체(字体)를 알아볼 수 없었다. 그러나 다른 8개 자는 자획(字劃)이 확실치 않을 뿐 자체는 그런대로 알아볼 수가 있다는 것이다.

그런데 이 불분명한 글자 중의 일부는 간 마사도모(菅 政友) 자신이 도면의 녹을 제거하면서, 고의로 삭제한 것이라고 한다. 이는 칠지도의 제작연대와 관련한 연호인 「泰(태)」자 다음의 글자(泰△四年)와 칠지도 제작과 무관하지 않은 후왕(侯王) 다음의 4개 자(「侯王△△△△作」)였다고 한다.[9]

3) 명문은 하행문(下行文)의 형식

이 같은 명문의 중요한 부분이 훼손되어 명문을 완벽하게 해석하기는 어렵다. 그러나 칠지도의 제작연대를 확인하는 문제 이외의 다른 모든 해석은 가능한 것으로 보인다. 그 이유는 칠지도의 제작주체인 百慈王(백자왕)이라는 백제왕의 표기가 명문[10]에 나오고, 또한 이 칼을 받은 「倭王 旨(왜왕 지)」[11]라는 그의 후왕(侯王)의 이름도 들어가 있다. 이것만으로도 상대(上代)의 한 역사적 「실체」를 밝히는 데에는 별 어려움이 없을 것으로 보인다.

그래서 일본의 저명한 사(史)학자인 우에다 마사아키(上田正昭·京都대학 명예교수)는 이 명문을 「명문의 형식이 하행문(下行文)이고, 상위자가 하위자에게

---

9) 李進熙(李基東譯), 『廣開土王碑의 探究』, 서울: 一潮閣, 1982년, p. 153.
   榧本杜人, 『朝鮮の考古學』, 東京: 同朋舍 出版, 1980, pp. 273~281 참조.
   保坂三郎, 전게논문, p.142 참조.
10) 福山敏男은 「滋 또는 慈는 濟와 음이 가까워, 百濟를 百滋 또는 百慈로 볼 수 있을 것이다」라고 말한다(福山敏男, 「石上神宮の七支刀」, 『美術研究』 #158, p.132).
11) 「倭王 旨」에 대해서는 후술 pp.94, 101, 105 참조.

내리는 문언(文言)을 취하고 있다」고 하였다. 그리고 「이 칼은 백제왕이 후왕에게 준 것이다. 명문 어디에 헌상, 공헌, 봉(奉)함, 증(贈)함의 의미가 있는가. 헌상한다는 상대를 우선 왜왕(倭王)이라고 부를 리가 없지 않은가. 나는 백제왕이 왜왕에게 하사한 칼이라고 보는 것이다12)」라는 명쾌한 해석을 내놓은 바 있다.13)

한편, 구리하라(栗原朋信)는 명문해석에서 이른바 「동진(東晋)하사설」을 주장하고 있다. 그는 「명문에 경어가 포함되지 않았을 뿐 아니라, 문장이 하행문서의 형식으로 상위자가 하위자에게 하사하는 형식으로 되어 있다」고 우에다(上田)와 같은 입장을 취하였다. 그러나 이 칼은 백제의 '궁상'을 도와준 왜왕의 공로를 높여 「백제의 종주국(宗主國)인 동진(東晋) 황제(海西公)가 백제를 거쳐 倭王 旨(왜왕 지)에 보낸 것」이라는 해괴한 해석으로 백제왕의 칠지도 하사를 인정하지 않고 있다.14)

---

12) 上田正昭, 「石上神宮の七支刀」, 『日本のなかの朝鮮文化』 #9, 1971년, pp.9, 14 참조.
13) 한일 학계에서 「七支刀 下賜」를 최초로 주장한 사람은 북한학자 金錫亨이다. 그는 1966년 발간된 『古代 朝日關係史』에서, 「銘文에는 스스로를 天子라고 칭하는 百濟王이 그의 侯王인 倭王에게 준 것으로 기록하였다」라는 통쾌한 해석을 내놓은 바 있다. 이러한 金錫亨의 주장을 井上秀雄은 「지금까지 釋文된 것을 볼 것 같으면, 「金錫亨說」이 이해하기가 쉽다」고 하였다(井上秀雄, 「日本における百濟研究」, 『馬韓・百濟文化』 #7, 1984년, p.54).
14) 栗原朋信, 「七支刀の銘文よりみた日本と百濟, 東晉の關係」, 『歷史教育』 18-4, pp.13~18.

3. 일본학계의 칠지도(七支刀)명문의 해석
- 칠지도는 백제왕의 헌상품 -

학계 대다수의 인사들은 칠지도 명문의 해석에서, 가장 먼저 이루어져야 할 부분은 명문 훼손에 따라 제대로 밝혀지지 않은 제작연대를 먼저 확정 짓는 일이라고 말한다. 그리고 연대 추정에 아무런 근거도 없이「泰△」를 중국의 황제의 연호로 단정하고, 이를『일본서기』신공기(神功紀)에 꿰맞추는 불합리한 해석을 하는 것도 문제인 것이다.[15]

1) 간 마사도모(管 政友) 등의 초기 해석

七支刀 명문의 초기 해석자인 간 마사도모(管 政友)는 「태(泰)」자로 시작하는 명문의 연호를 서진(西晉) 무제(武帝)의「태시(泰始)」로 보아야 한다는 것이다. 그리고「泰始 四年」은『일본서기』신공기 52년 조의「칠지도 헌상」과 관련한 것으로 보았다. 그러나「泰始 4年」은 서기 268년이고, 신공(神功) 52년은 252년의 일이기 때문에 만들지도 않은 칠지도가 미리 헌상되었다는 우스운 결과를 끌어낸 꼴이 아닐 수 없다. 그는 결국『서기』를 근거로 한「칠지도 헌상」을 성립시키지 못했던 것이다.[16]

간 마사도모의 이 같은 시도는 그의 사후(死后)에도 호시노 간(星野 恒・七支

---

15) 일본학계가 年號 문제를 다루면서, 百濟 年號의 독자성을 인정하지 않은 이유는 무엇보다도 銘文에 나오는「百慈王」과「侯王」(倭王 늡)과의 관계를 단절하는데 있다. 나아가「百慈王」스스로를 中國 皇帝의「侯」나 또는 그 이하의 신분으로 전락시키려고 하는 저의가 깔린 것으로 보인다.

16) 管 政友는「宋 明帝의 泰始4年(458년)은 雄略天皇 12년에 해당하나, 시간이 너무 떨어진 것」같아 西晉의「泰始」를 擇하게 되었다고 하는데,「泰始四年(268년)은 6월 11일 8월 12과 9월13일이 丙午가 되므로, 이 해의 것이라는데 의심할 여지가 없었다」고 한다(管 政友 全集, 雜稿 二, 三).

刀考)을 비롯 다가하시 겐지(高橋健自·在銘最古日本鏡)와 스에나가(末永雅雄·日本上代の武器), 요시다 데이기지(喜田貞吉·石上神宮の神寶七支刀) 등 당대의 원로학자들이 계승하였다. 그러나 이들 역시 이렇다 할 성과가 없이 간(菅)이 제시한 서진(西晋) 연호인「태시(泰始)」와「태초(泰初)」의 범주를 벗어나지 못한 채 종전을 맞이하게 되었다.

2) 후쿠야마(福山敏男) 등의 해석(일본 통설)

그러나 종전 후 칠지도 명문의 해석에 새 바람을 불러 일으킨 사람은 말할 것도 없이 금석(金石)명문 해석의 대가로 알려진 후쿠야마(福山敏男) 교수였다. 그는 1951년에 발표한 한 논문(石上神宮の七支刀)에서 그동안 판독이 어려웠던「侯王(후왕)」과「倭王(왜왕)」이라는 두 어휘를 새롭게 읽도록 하였다. 그는 학계의 '고민' 거리였던 서진(西晋)연호의 벽을 넘어 동진의「태화(太和)」라는 새로운 연호를 끌어 들여 해석의 폭을 넓히기도 하였다.[17]

후쿠야마는 한자의「泰(태)」자와「太(태)」는 함께 통용되는 것이 상례이기 때문에 명문의 연호를「泰和(태화)」로 보아 이는 동진(東晋) 연호인「太和(태화)」로 읽어도 무방하다는 것이다.[18] 그러므로 七支刀의 제작연대는 동진 해서공(海西公)의「太和(태화) 4년」으로 추정하게 되었는데, 이는 서기 369년의 일이어서『일본서기』신공기의「칠지도 헌상」(372년)은 간지2운(干支 二運)만

---

17) 福山敏男, 전게논문, pp.128~129 참조.
18) 福山의 주장과 같이, 漢字의「泰」와「太」는 서로 뜻이 통하기는 하나, 금석명문에서 四劃이면 될「太」자를 구태여 12劃이나 되는「泰」자로 쓸 이유는 없는 것이다. 12劃이나 되는「泰」자로 표기했을 때는「太」로는 표기할 수 없는 이유가 있기 때문에 그리한 것으로 보아야 한다. 金錫亨에 의하면,「泰和」라는 연호는 중국에 없었다고 한다. 그러나 栗原朋信은 東晋 海西公의 초기 연호는「泰和」이나 후일「太和」로 변한 것이라고 주장하나, 근거의 제시는 없다(金錫亨,『초기 조일관계연구』, 1966, p.195)(栗原朋信, 전게논문, p.14).

끌어내리면 잘 들어맞는다는 것이다.

　후쿠야마의 이 같은 기발한「동진 태화설(太和說)」은 무엇보다도 연대(年代)가 좋다는 이유로 일본학계의 큰 호응을 받게 되었고, 지금은 일본「통설」로 자리잡은 셈이다. 그가 시도한 명문의 석문은 아래와 같다.

태화(泰和) 4년 정(혹은 4, 5)월 11일(혹은 16일)의 순양일중(純陽日中)의 어느 때에 백연(百練)의 무쇠(鐵)로 칠지도(七支刀)를 만든다. 이로써 백병(百兵)을 벽제(辟除)하고, 후왕(侯王)의 공용(供用)에도 마땅하여……作

선세(先世) 이래 아직 본 일이 없는 이 칼을 백제왕(百濟王)과 왕세자(王世子)가 같이 生을 어은(御恩)에 의의(依倚)했기 때문에 왜왕(倭王)의 상지(上旨)에 따라 만드니 길이 후세에 전할 것이다.[19]

　이와 같이 명문에도 없는 기발한 해석에 따라 칠지도는「백제왕과 왕세자」가「생(生)을 어은(御恩ㆍ倭王)에 의의(依倚)했기 때문에」,「왜왕의 상지(上旨)에 의해」[20] 공동으로「헌상」한 것이다라는 후쿠야마의 주장은『일본서기』와 명문을 기술적으로 연결하는 문제에 부딪치게 되었다. 그러나『일본서기』의 칠지도(七枝刀)는 명문의 칠지도(七支刀)와 같은 것이고, 백제왕은 명문이 百慈王(백자왕)이기 때문에 신공기(神功紀)의 칠지도 헌상기사와 잘 부합된

---

19)　福山敏男, 전게논문, p.133 참조.
20)　「故爲倭王旨造」의「旨」를 인명으로 보느냐, 또는 福山 등과 같이 하나의 품사로 보느냐 하는 것은 七支刀 명문 해석의 최대 쟁점이었다.「旨」는 문서의 형식상 당연히 인명인데도 불구하고, 福山은「일응인명으로 생각되나, 오히려「指」와 통용해「志」로 읽어「意」의 의미인 天旨ㆍ聖旨ㆍ詔旨ㆍ勅旨ㆍ슈旨 등 旨」로 보는 것이 좋다고 하였다. 이어 그 뜻을「倭王의 上旨」로 비약시켜 銘文上 새로운 제작주체로 등장시켰던 것이다. 그리하여「下行文書」라고 하는 七支刀 銘文은「上行文書」로 둔갑되었던 것이다.

다는 것을 전제로 다음과 같은 해석을 내놓았다.

『일본서기』에 따르면, 칠지도를 헌상한 이는 백제 초고왕세자(肖古王世子) 귀수(貴須) 이다. 그런데 명문의 기생(奇生)은 초고왕(肖古王)의 세자 귀수(世子貴須)와 흡사하다. 따라서 칠지도를 백제에서 만든 것은 369년(東晋 太和 4년)이고, 야마도(大和)조정에 헌상한 것은 3년 뒤인 372년(신공·神功 52년)의 일로 볼 수 있다.[21]

4. 일본 학계의 「통설」을 반박한다

1) 「泰△四年」은 중국의 연호가 아니다

후쿠야마(福山)의 일본 「통설」은 처음부터 명문은 고사하지도 않은 중국의 연호를 끌어들인 것이다. 이로써 『일본서기』 신공기를 합리화하는 超명문적인 해석으로 일관하게 되었는데, 이 같은 주장은 사실(史實)에도 없을 뿐더러 전혀 근거도 없는 하나의 '픽션'에 불과한 것이다. 일본 국보 스다하지만鏡의 명문에는 백제 무령왕(斯麻)의 연대인 「大王年·癸未年」(503년)이 들어가 있다. 또한 1971년 공주의 송산리(宋山里)고분에서 나온 왕의 지석에는 백제 사마왕의 붕년(崩年)인 「王崩·癸卯年(계유년·523년)」이라는 사실이 기록되었는데, 이 같은 여러 사실로 볼 때 무령왕은 60평생(461~523년)을 오직 자신의 「대왕년(大王年)·간지기년(干支紀年)」과 더불어 재세(在世)하였다는 것이 입증된다. 이 같은 「대왕년·간지기년」은 왕의 후세들도 계속 사용하였

---

21) 福山의 상기 주장은 李進熙가 요약한 것을 참작함(李進熙, 전게서, p.161).
   이를 延敏洙는 「신공 52년조의 칠지도 헌상 사실은 거의 이론이 없다고 하였다」(延敏洙, 『고대한일관계사』, 혜안, 1998 참조).

고, 이는 백제가 당(唐)나라에 멸망하는 날까지 존속되었던 것이다.[22]

그러나 왕의 선세인 개로왕(蓋鹵王) 이전의 연호가 무엇이었는지는 사료가 없어 알 길이 막연하다. 다만 무령왕의 간지(干支)연대는 그의 선세에도 있었던 것으로 보이는데,[23] 이러한 간지(干支)연대는 시대적 요청에 따라 그동안 지속되어온 사(私)연호로부터 전환된 것으로 보인다.[24] 백제에서의 간지(干支)연대 이전에 사(私)연대가 존재한 것으로 추정하는 이유로는 4세기 고구려의 연호가 독자적인 사(私)연대라는 데 있다.[25] 광개토왕(廣開土王) 훈적비문에는 「영락(永樂)」이라는 호태왕(好太王)의 사(私)연호(391~412년)가 보이는데, 당시 고구려와는 오랜 "숙적" 관계를 유지한 백제에서도 그와 같은 독자적인 사(私)연호제가 존재했을 것으로 추정하게 된다. 이를 이병도(李丙燾) 교수는 「칠지도명문의 「泰」자 아래 글자가 무엇이든 간에 이는 중국연호가 아닌」 백제연호라고 단호한 주장한 적이 있다.[26]

2) 『일본서기』의 칠지도 「헌상」은 가필(加筆)

칠지도 명문 해석의 「통설」은 명문과는 아무 관계가 없는 『일본서기』 신

---

22) 한편 文定昌과 岡崎 敬은 충북 중원군 출토 「建興五年銘金銅如來像」에 들어간 「建興」을 백제의 私年號(威德王대)로 보아 주목된다. 그러나 학계 다수는 이를 고구려의 유물로 보기 때문에 앞으로의 검토가 필요하다[文定昌, 『百濟史』(서울 : 人間社, 1988), p. 129 참조](岡崎 敬, 「三世紀より七世紀の大陸における國際關係と日本」, 『日本の考古學』 IV, 1976, p.631).
23) 百濟의 干支年代는 5世紀에 와서 본격화 된 것 같고, 이는 「元嘉曆年」의 도입과 때를 같이 하는 것으로 보인다.
24) 筆者의 소견으로는 백제가 私年代로부터 「干支紀年」으로 전환한 이유는 年號의 독자성이 계속 유지되고, 또한 隅田八幡鏡銘이나 江田船山大刀銘에서 보는 「大王年」이나 「大王世」와 같은 표기에서 찾을 수 있다. 그리고 「大王」이나 「大王國」의 존재를 강조할 수 있는 장점 때문에 선호했을 것으로 보인다.
25) 고구려의 그와 같은 私年代는 그후에도 오래 지속되었고, 고구려 멸망 시까지 존속하였다.

공기 52년 조의 한 기사를 들고 나온다. 그 이유는 「구저(久氐)들이 천웅장언(千熊長彦)에 따라 왔다. 칠지도일구(一口), 칠자경(七子鏡) 일면 및 각종 중보(重寶)를 헌상했다」라는 기록이 보이기 때문이다. 그러나 이 같은 『일본서기』의 신공기 기사 말고도 다른 여러 군데에서 백제왕이 검(劍)과 경(鏡) 그리고 중보 등을 「헌(獻)」하거나, 또는 「공(貢)」하였다는 기록이 보이고, 때로는 오경박사와 력박사, 의박사 그리고 불경까지도 「헌상」하였다고 적었다.

또한 백제 태자들이 왜왕에 「질(質)」로 와 거기서 성장했다는 기사도 들어가 있다.[27] 그런데 이런 기사들은 모두 후대인이 역사의 필요성에 따라 조작한 것으로 보이는데, 특히 신공기(神功紀)는 총체적으로 조작되었다는 것이 일본의 저명한 사(史)학자 쓰다 소기지(津田左右吉)의 주장이다.

『일본서기』의 기사에서 많은 부분이 후대인에 의해 변조나, 개조되었다는 것은 굳이 쓰다(津田)의 말을 빌리지 않더라도[28] 무령왕릉 출토의 지석만

---

26) 李丙燾, 전게서, p.524 참조. 金廷鶴도 「백제는 東晋 成安 二年 이래 중국과 빈번한 교류를 하면서도 기이하리만치 중국 연호를 쓰지 않았다」고 하였다(金廷鶴, 「石上神宮 所藏七支刀의 眞僞에 대하여」, 『百濟硏究』 17輯, 1986년, p.77 참조). 또한 金貞培(『七支刀硏究의 새로운 方向』, 1980년)와 李基東(『한국 古代史의 수수께끼』, 1990년)도 「泰和」를 東晋의 年號가 아니라고 강조한다.
그러나 이도학은 「東晉의 연호(366~371)로 보는 통설이 가장 무난하다」는 입장을 보였다. 또한 연민수도 「현재의 주류는 東晉 태화설이고, 동시에 이를 보강하는 방향으로 진행되고 있다」고 하였다.

27) 『일본서기』 神功紀 14년 2월 조(貢)　　　欽明紀 12년 3월 조(獻)
　　　　　　仁德紀 12년 7월 조(貢, 獻)　　　〃 　〃 10월 조(〃)
　　　　　　武烈紀 6년 10월 조(調)　　　　　欽明紀 3년 3월 조(質)
　　　　　　継体紀 6년 4월 조(貢, 調)　　　　推古紀 5년 4월 조(貢)
한편, 『三國史記』도 百濟太子들의 왜국행을 모두 「質」로 표기하고 있다.

28) 津田左右吉에 의하면, 「神功紀 46년~52년 조는 『書紀』 편자가 백제의 기록에 肖古王이 甲子年에 처음 일본과 교섭했다고 하는 기사가 있는 것을 보고, 이것을 기초로 해서 机上에서 만든 說話」라고 한다(津田左右吉, 「百濟에 關する 『日本書紀』의 記載」, 『滿鮮地理歷史硏究報告』 #8, 1920, 3刊, 참조).

보아도 쉽게 납득되는 일이다. 1971년 송산리(宋山里) 고분에서 나온 한 장의 지석에는 「寧東大將軍(영동대장군) 百濟 斯麻王」이 62세의 수(壽)를 누리시고, 「癸卯年五月崩」하시다라는 사실(史實)이 적혀 있다. 여기의 「崩(붕)」자는 말할 것도 없이 천자나 대왕의 죽음을 뜻하는 표현이다. 이는 한 역사체계나 정치체제하에서는 오직 한 분만이 쓸 수 있는 표기인 것이다.[29]

그런데 계체기(継体紀) 17년 조에는 무령왕의 서거를 「백제왕 무령훙(薨)」으로 기록했는데, 이는 왕이 계체(継体·男弟王)의 「후왕」으로 서거한 것으로 '격하' 된 것이며,[30] 또한 계체기 25년 조에는 「천황붕(崩)于반여(磐余)」라고 한 것 역시 그의 서거를 「대왕」의 죽음으로 격상한, 크게 잘못된 표기이다. 이러한 중대한 사실의 조작으로 말미암아 『일본서기』에서 주·객체의 위치는 완전히 바뀌었고, 그 결과 「신공기」와 같은 가필(加筆)이 가능했던 것이다. 나아가 모든 표기는 당초의 「백제왕·사(賜)」에서 「헌(獻)」이나 「공(貢)」으로 뒤바뀌었다. 그리고 통치행위와 관련한 백제 태자들의 왜지(倭地)행도 모름지기 「질(質)」로 전락했던 것이다.[31]

그러므로 『일본서기』의 「백제왕·훙(薨)」·「천황·붕(崩)」이라고 하는 날조된 기록을 토대로 한 표기상의 「헌(獻)」이나 「공(貢)」 또는 「질(質)」과 같은 신속용어는 사실상 별 의미가 없는 하나의 글자에 불과한 것이고, 진실은 그 반대의 사실로 해석해도 무방할 것 같다.[32]

---

29) 『禮記』에는 사람의 죽음을 신분에 따라 표기했는데, 「天子死曰崩, 諸侯曰薨, 大夫曰卒, 士曰不祿, 庶人曰死」라고 하였다.
30) 『삼국사기』도 「百濟 武寧王薨」으로 표기하고 있다.
31) 『日本書紀』 雄略紀 5년 조(461년)에는 武寧王이 筑紫에서 출생했다고 하며, 武烈紀 4년 조(501년)에는 그가 百濟王位에 올랐다고 기록하고 있다. 武寧王은 王位에 오르기 전까지 「倭」에 있었던 것으로 보이는데, 그에게는 「質」이라는 용어가 보이지 않아 주목된다(昆支君은 質로 온 것 같이 시사하고 있다).
32) 『書紀』 편자들에 의한 『日本書紀』의 조작은 필자의 졸론 『일본서기』의 「百濟王·薨」·

5. 칠지도(七支刀) 명문의 새로운 해석
   - 칠지도는 백제왕의 하사품 -

1) 명문의 석문(釋文)

칠지도 명문에서 「泰(태)」자로 시작하는 백자왕(百慈王)의 연호가 확실치 않다. 그리고 다른 몇 개의 글자도 심하게 훼손되어 잘 알아보기 어려운 점은 사실이나, 명문을 읽는데 큰 문제는 없는 것으로 보인다. 이 명문은 하행문서의 형식을 갖추었기 때문에 칼을 만든 백자왕(百慈王)을 주체로 한 하행(下行) 해석은 정당할 수가 없을 것이다.

그러나 후쿠야마(福山)의 일본 통설은 하행문서의 명문을 '상행(上行) 해석'을 했기 때문에 명문의 체계적인 해석이 불가능해졌고, 또한 명문 내부에서 큰 혼란이 일고 있다. 오직 '백자왕'을 주체로 한 해석만이 명문의 참뜻을 명쾌하게 밝혀줄 수 있을 것이다.

泰△四年 △月十六 日[33] 병오일(丙午日)의 정오(正午)에 무쇠를 百번이나 두들겨서 七支刀를 만든다. 이 칼은 재앙(百兵)을 피할 수 있어 마땅히 후왕(候王·旨)에게 줄 만하다.

「天皇·崩」은 날조 — 百濟 武寧王의 죽음은 大王의 즉음 — 崩을 참조할 것(『韓日文化講座』 #21(92. 5), 韓日文化交流基金, 1992년 5월).

33) 七支刀의 제작연대인 「泰△四年△月十六日丙午」가 언제인지 정확히 알기는 어려운 일이다. 현재로서는 추정할 수밖에 없다.
   1. 管 政友는 銘文과 廣開土王碑文은 같은 書体여서, 이는 4世紀 중국에서 쓴 것이라고 하였다. 따라서 이 두 유물은 같은 시대의 것으로 볼 수 있고, 七支刀를 4世紀 제품으로 보아도 무방할 것 같다.
   2. 1971년 일본 關東地方의 한 고분에서는 「제2의 七支刀」가 나왔는데, 학계는 이 고분을 5世紀의 것으로 추정하였다. 그래서 倭王 旨의 것은 4世紀의 것으로 보아도 좋을 것 같다.

선세(先世)이래 아무도 이런 칼을 가진 일이 없는데, 백자왕(百慈王)은 세세(世世)로 기생성음(奇生聖音·吉祥語) 하므로,³⁴⁾ 왜왕 旨(지)를 위해서 이 칼을 만든다. 후세에 길이 전할 것이다.

2) 백자왕(百慈王)은 「대왕」, 왜왕 지(旨)는 「후왕」³⁵⁾

일본 통설의 주장처럼 백자왕이 중국의 연호나 사용하는 천자의 제후(諸侯) 같은 존재였다면, 자신은 결코 왜왕 旨(지)를 그의 후왕이라고 부르지를 못했을 것이다. 왜냐하면 오직 왜왕 旨의 상왕인 대왕만이 그를 후왕이라고 부를 수 있기 때문이다. 최근 상대(上代)의 「후왕」을 야마오 유기히사(山尾幸久) 등 일부 인사들은 그저 「일반적인 상용의 길상어」나, 또는 「특별한

---

3. 「泰△四年」은 百慈王이 즉위한지 4년이 되는 해로 보이는데, 이를 언제인지는 잘 알 수 없다. 그런데 『日本書紀』에는 많은 사실기사(王仁博士, 五經博士, 佛經 등의 來倭)가 있는데, 이들은 대체로 사실과 부합하는 경우가 많은 것 같다. 그러므로 「神功紀」에 있는 肖古王과 七枝刀, 七子鏡의 기사는 관계가 있는 것으로 보고, 「泰△四年」을 일응肖古王 즉위 후 4년이나 또는 近仇首王 4년의 해로 잠정 추정하고자 한다.
34) 「奇生聖音」은 당대에 쓰인 吉祥語로 보이나, 오늘날 뜻을 이해하기가 어려운 것 같다. 李道學은 이를 「百濟王 治世時에 貴하게 생겨남 (奇生)이 있으니, 聖上의 말씀(聖音)으로 짐짓(故)」으로 풀이한다. 그리고 「百濟王 治世時에 기묘하게 얻은 성스러운 소식이 생겨난 까닭에」으로도 풀이하고 있다(「百濟七支刀銘文의 再解釋」, 『韓國學報』 60, 1990년, p.78 참조).
35) 전술한 것처럼 福山 등은 「倭王 旨」의 독법에 異論을 제기했으나, 上田正昭, 栗原朋信, 三品彰英, 佐伯有淸, 李丙燾, 金錫亨 등 적지 않은 人士들이 이를 반대하고 있다. 金昌鎬에 따르면, 백제文書의 관행에는 인명표기에서 「관등이 인명 앞에 온다」는 것이다. 그래서 「倭王 旨」의 「旨」는 人名일 수 밖에 없다」고 한다(「百濟 七支刀 銘文의 재검토」, 『歷史敎育論集』 第13~14輯, pp.141~146). 사실 上代 문서에는 반드시 人名이 들어간다는 것은 법칙이고, 더욱이 上王이 侯王에게 내리는 문서에는 그의 이름이 반드시 들어가는 것이다. 그러므로 銘文 「侯王」의 경우에도, 다음 글자는 「旨」로 보이나 불행히도 훼손되어 알 수가 없다. 『禮記』에는 「侯」가 天子를 알현할 때 「臣某侯某」로 告한다는 격식이 나오는데, 이때 「倭王 旨」의 경우는 「臣倭侯旨」로 해야 옳다.

해석을 필요로 하지 않은 보통명사」 따위로 밖에 볼 수 없다고는 하나,[36] 이는 어디까지나 신분용어로서 대왕의 뜻을 받드는 신하를 뜻하는 것이다. 그러므로 명문에서 백자왕이 왜왕 旨를 자신의 후왕으로 불렀다는 그 사실 만으로도 그는 중국연호와는 무관하다는 사실이 입증되는 것이다.[37]

그러므로 명문의 「百慈王世△」의 독법에서 우리 학계의 다수는 「百慈王世子(백자왕세자)」나 「百慈王과 世子」로 판독하는 모양인데, 이 역시 잘못된 것이다. 「백자왕세자」가 왜왕 旨를 그의 후왕으로 부르지 못하는 까닭은 『예기(禮記)』에도 나온다. 오직 그의 부왕(父王)인 「대왕」만이 그렇게 부를 수 있는 것이다. 그리고 「백자왕과 세자」의 경우도 마찬가지로 만일 명문을 그렇게 읽을 수 있다면, 명문은 의당 「百慈王與(여)世子」와 같이 써야 했을 것이다. 따라서 칠지도 명문의 경우는 앞뒤의 표현을 참작할 때, 「世△」는 「세세(世世)」로 보는 편이 더 합리적인 독법이라고도 말할 수 있을 것이다.[38]

3) 백자왕(百慈王)이 칠지도(七支刀)를 하사

일본 통설은 『일본서기』 신공기를 근거로 칠지도를 백제[한성(漢城)백제]에서 만든 것은 서기 369년(동진 太和 4년)의 일이고, 이를 백제사신 「구저(久氐)」 등이 「倭의 출병으로 고구려의 침입을 막게 되어 감사하다는 표시」로서 야마도(大和)조정에 「헌상」한 시기는 서기 372년(신공 52년)의 일이라고 주장하

---

36) 山尾幸久는 「侯王은 신분이 높고 유복한 사람(高位高官, 高貴한 사람)을 말하는 一般的인 常用語이다. 이것은 거의 확정된 개념일 것이다」라고 주장한다(『古代の日韓關係』, 東京 : 塙書房, 1989, p.173 참조).
37) 金錫亨에 의하면, 三國時代에는 「王世子」라는 것은 없었으며 太子로 통용되었다고 한다(金錫亨, 『초기 조ㆍ일 관계연구』, p.196).
38) 명문의 「世△」를 「世世」로 보는 이유는 명문에는 「先世」와 「後世」라는 왕가의 계통 표기가 있고 또한 「宜供供」과 같은 복합 표현도 있어, 그렇게 읽는 편이 자연스럽게 보인다.

고 있다.[39]

　그러나 명문 어디를 보아도 칠지도가 그 같은 복잡한 과정을 거쳐「왜」에 보냈다는 흔적은 찾을 길이 없다. 만약「통설」의 주장이 사실이면, 명문 어디인가에는 경위가 적혀 있어야 할 것이다. 이미 전술한 스다하지만 鏡명에는「사마(斯麻)」(무령왕)가 동경을 만들기 위해「開中費直 穢人 今州利 二人等」을「견(遣)」하였다는 사실이 기록되었는데, 칠지도 명문에는 언급이 전혀 없는 것이다.[40] 이로 미루어 칠지도는 백제(한성백제) 땅에서 만들었고, 또한 거기에서 백자왕이 직접 그의 후왕(왜왕 旨)에게 사(賜)한 것으로 보아야 할 것이다.

　그런데 천자로부터 그의 후왕에게 주는 무기 등의 성격을『예기(禮記)』는「방백(方伯)의 후(侯)는 천자로부터 활과 촉(弓矢)을 받은 다음에야 역도를 정벌할 수」있고, 또한「철월(鐵鉞)을 받은 후에야 살육(殺戮)을 할 수 있다」라고 규정했는데, 여기서 무기의「하사」는 다름아닌 '정벌권'이나 '통치권'과 같은 권력을 부여하는 의식행위라고 보아야 할 것이다. 이로 미루어 백자왕으로부터 칠지도를 하사받은 왜왕 旨의 경우도 필경 이 같은 권능과 권한을 부여받고, 그는 크게 기뻐하면서 봉토(封土·倭地)로 떠났을 것이다.[41]

---

39) 최근 일본학계 일부에서는 七支刀「헌상」을 반대하고 나서 주목된다. 특히 山尾幸久는「결론적으로는 七支刀는 百濟王이 倭王의 臣屬이나, 百濟王에 의한 倭王의 封建 따위를 의미하는 것은 아니다」라고 주장하였다. 이는 七支刀의 평등자 간의 수수를 강조한 것 같다(山尾幸久, 전게서, p.173 참조).
40) 스다하지만鏡銘의 해석에 대해서는 筆者의 拙論「일본국 국보 隅田八幡神社所藏人物畵像鏡의 銘文을 보고」를 참조할 것(蘇鎭轍,「金石銘文을 통해서 본 百濟 武寧王의 世界」,『韓日化講座』#21(92. 5), 韓日文化交流基金, 1992. 5).
41) 李道學은「斧鉞이나 刀劍의 賜與는 하위자에게 베푼 상위자의 신표로서의 성격이 강한 만큼 복속의래라는 측면을 간과해서는 안된다」고 하였다(李道學, 전게논문, p.81 참조).

6. 「왜왕 旨(지)」 그는 누구인가?

칠지도 명문에서 「왜왕 旨(지)」를 후왕이라고 부른 대왕은 자신을 「백자왕(百慈王)」으로 미화하고 있다. 또한 후왕에게는 「선세(先世)」니 「후세(後世)」 그리고 「세세(世世)」와 같은 왕가의 종친 사이에서나 쓸 법한 언어로 대한다. 백자왕은 여태 아무도 가진 적이 없다는 절묘한 칠지도를 그에게 사(賜)했으니, 이것을 받은 후왕(侯王·왜왕 旨)은 도대체 어떠한 인물인지 궁금해진다.

백자왕과 후왕 사이에 일어난 이 모든 일들은 역사 현장에서 흔히 보이는 일은 아니다. 이런 일들은 오직 대왕과 혈연이 닿는 특수한 신분 사이에서나 이루어지는 일이다. 그런데 상대(上代) 중원(中原)사회의 지배질서로 회자되는 「천자(天子)—제후(諸侯)」의 군신(君臣)관계는 다름아닌 「자제종친(子弟宗親)」의 관계라고 하였다.[42] 이러한 관계는 이들 백자왕과 그의 후왕인 왜왕 旨 사이에 이루어진 것으로 칠지도 명문은 시사하고 있다.

칠지도 명문에 보이는 「왜왕」의 이름은 「지(旨)」라고 하는 단자(單字)명 왕명인데, 이는 역대 백제왕가의 단자명 왕명인 여순(餘旬·近肖古王), 여영(餘映·典支王), 여비(餘毘·毘有王), 여경(餘慶·蓋鹵王), 여곤(餘昆·左賢王)과 같은 것이다. 그래서 「지(旨)」는 백제왕가를 구성하는 성원의 한 사람으로 보인다.[43] 그

---

42) 宮崎는 「天子의 王子는 어렸을 때부터 王으로 封해 侯王으로 領國을 통치하는 관습이 있다」고 한다(宮崎市定, 謎の七支刀[中公新書 (703)], 1990년, p.89]. 李春植도 周王室에서는 「諸侯는 周王室의 자제 또는 근친을 포함한 일족과 同盟族長들로 諸侯는 구성된다」고 하였다(李春植, 전게서, p.94).
그러나 한국의 연민수 박사는 '후왕'을 길상구로 보려는 신보(神保公子)의 견해에 찬성하고, 「'후왕'은 길상구와 어울리는 용어」라고 못박았다(연민수, 전게서, p.147).

43) 古代文書에 나오는 候王의 이름은 보통 單字名의 표기로 하는것이 관례이나(例, 曾候乙, 魯候某), 「旨」의 경우는 그가 百慈王의 宗親이기 때문에 百濟王家의 單字名 王

가 백자왕과 어떠한 종친관계였는지는 자세히 알 수 없지만,[44] 분명히 그는 백제「골족(骨族)」[45]의 신분으로 「여지(餘旨)」라는 이름으로 행세한 인물이었을 것이다. 그리고 그가 백자왕의 후왕이라고 하는 사실로 미루어 「餘旨」라는 외자 이름 외에 『일본서기』에 나오는 백제태자(太子)들의 이름 같은 「가스리군(加須利君)」, 「군군(軍君)」, 「사아군(斯我君)」이라는 「군(君)」자의 호명도 마땅히 지녔을 것으로 보인다.[46]

한편 5세기 중국 사서에는 이른바 「왜 5왕(倭五王)」이라는 「왜왕 讚(찬)」을 비롯 「珍(진)」, 「濟(제)」, 「興(흥)」, 「武(무)」 등 왜 5왕의 이름이 나오는데,[47] 이들의 이름은 한결같이 백자왕의 후왕인 왜왕 旨의 이름과 같은 것이다. 그래서 이는 백제왕가의 단자명 왕명으로 보아야 할 것이다.

이쯤에서는 이들 「왜 5왕」과 「旨(지)」와의 관계를 생각해보지 않을 수가 없다. 이들 모두는 「旨」와 같은 백제왕가(家)의 단자명 왕명인데다 「왜왕(倭王)」이라는 공통된 국명의 왕호(王號)까지 지녔기 때문에 「왜 5왕」은 「旨」와

名을 쓴 것이라고 보아야 할 것이다. 그런데 연민수 박사는 「倭王 旨」와 같이 旨를 人名으로 보지 않고, '旨造'의 '旨'가 '造'를 형용하는 부사라고 한다. 그러므로 「故爲倭王旨造」는 「일부러 왜왕을 위해 정교하게 제작하다」로 해석되었다고 하는 神功紀 기사를 인정하는 결과가 된다(연민수, 전게서, pp.150~151).

44) 古代王室(天子, 大王)이 「候」를 혈연적 신분질서로 확립하는 이유는, 무엇보다도 「侯」를 통해서 天子의 「祖上神」를 모시는 제사를 주관하는게 그 이유의 하나이다.

45) 『일본서기』武烈紀에는 武寧王이 「麻那君」을 倭王에게 「調」했다고 하는데, 「骨族」이 아니라는 이유로 그를 거절했다는 구절이 나온다. 여기의 「骨族」은 신라의 골품제에서 말하는 「聖骨」과 같은 것을 뜻하는 것으로 보인다.

46) 『禮記』에는 「天子의 九州之長」에 대하여, 「밖에서는 侯라 하고 안에서는 君」으로 호칭토록 했다. 그러므로 「加須利君」(蓋鹵王)이나 「軍君」(昆支王)은 百濟王의 侯王으로서 倭王位에 있었던 인물로 보아야 할 것이다.

47) 일본학계는 「倭五王」을 天皇인 履中, 反正, 允恭, 安康과 雄略으로 각각 比定하고 있는데, 이 같은 근거를 제시하지 않아 믿기가 어렵다. 그러므로 小和田은 「讚이나 珍이라는 漢字一名인 것으로 보아 일본인의 이름같지 않다」고 하였다(小和田哲男, 『日本の歴史がわかる本』, 東京 : 三笠書店, p.105).

같은 백제「골족」으로,「旨」의 뒤를 이어 백제왕의 후왕에 재위한 것으로 보아야 한다.

이점을 문정창(文定昌·한국의 고대사 연구가)은「왜왕 武(무)」의 역사적 활동과 그의 성(姓)이 부여(夫餘) 씨라는 점에서「왜 5왕은 백제계 인물이다」라고 주장한 바 있다. 이는 아주 적절한 지적이다. 서기 478년「武」는 한 통의 상표문(上表文·백제구원서)을 서둘러 송(宋) 순제(順帝)에게 보낸 일이 있는데,[48] 그 서식과 내용은 개로왕이 472년 북위(北魏)에 보냈다는 문서와 유사하다.[49] 또한「武」는 475년 한성 백제에서 일어났던 불운한 사건들을 다 알고 있는 것으로 보아, 그는 백제와 깊은 관계를 가진 인물로 여길 수밖에 없다.

그는 특히 상표문에서 고구려의 백제침공을 가리켜「구려무도(句驪無道)」하여「우리를 집어 삼키려고 한다」는 표현을 써서 백제와 倭의 일체감을 강조했고,「亡하는 백제를 생각하여」백만대군을 동원하는 계획을 세웠다고도 하였다. 그러나「갑자기 아버지와 형이 죽어(奄喪父兄) 백만대군을 동원하는 계획을 중단」했으나, 이제 때가 되어「죽은 아버지와 형의 유지를 받들어」고구려를 치겠다는 결의를 다짐하고 있다. 이를 보고 그를 백제인이 아니라고 부정할 사람은 그리 많지 않을 것이다.[50]

「武(무)」는 분명 백제「골족」이었다.[51] 그래서 같은 신분인 그의 선세「讚

---

48) 文定昌, 상게서, p.128.
49) 蓋鹵王은 472년의 上表文에서「臣祖須」라고 자신의 祖「余須」을 국위를 크게 떨친 祖上이 다라고 했는데,「武」는「自昔祖禰」라고만 했기 때문에 누가 자신의 祖上인지는 잘 모르겠다. 두 上表文의 비교는 李永植,「5世紀 倭王의 稱號의 解釋을 둘러싼 視覺」,『近代 移行期 朝鮮의 國家と社會』(朝鮮史硏究會論文集, 제27호, 東京: 綠蔭書房, 1990. 3), pp.195~196 참조.
50)「武」의 478년 上表文은『宋書』倭國傳에 있음.
51) 학계는「武」를 雄略에 비정했는데(通說), 이럴 경우 雄略(456년~479년)으로는 478년의 上表文을 합리적으로 해석을 할 수가 없다. 특히「武」가 말하는 475년경「갑자기

(찬)과 「珍(진)」, 「濟(제)」, 「興(흥)」과 더불어 백자왕이 泰△四年에 「왜왕 旨」에게 사(賜)한 칠지도를 이어 받아 5세기 「왜국」을 통치한 인물로 보인다. 그러므로 4세기에 재위한 것으로 보이는 왜왕 旨는 마땅히 이들 「왜 5왕」의 선세 왜왕으로 왕국의 왜국 통치의 기틀을 다진 인물로 역사는 기록해야 옳을 것이다.[52]

7. 맺는말

일본 국보인 석상(石上·이소노카미)신궁의 칠지도는 아득한 그 옛날 백제왕이 「봉토(封土)」로 떠나는 그의 후왕(왜왕 旨)에게 신임의 증표로 하사한 칼이다. 이 칼을 「旨(지)」의 후세들은 대를 이어가면서 소중히 여겼고, 후대인들도 대왕의 참뜻(전시후세·傳示後世)을 새기면서 오랜 세월 석상(石上)신궁의 「어신체」로 모셨던 것이다. 그러다 100년 전 대궁사 간 마사도모(管 政友)가 칠지도 명문을 세상에 처음 알렸고, 이에 따라 칠지도는 제2의 탄생을 맞

죽었다고 하는 자신의 父와 兄이 누구인지를 雄略으로 설명이 불가능하다. 그들이 죽었다고 하는 시기로 보아, 이 경우는 『삼국사기』와 『일본서기』에 기록된 蓋鹵王과 그 王子의 비참한 죽음을 뜻하는 것으로 보아야 한다. 또한 이 같이 볼 때 죽은 父兄의 유지를 받들어 고구려를 다시 치겠다는 「武」의 결의가 이해되는 것이다. 그러므로 필자는 上表文의 「武」는 461년 各羅嶋에서 태어났다는, 蓋鹵王의 太子인 斯麻王의 少年시절의 인물로 보고자 한다. 그러니까 그는 나이 16, 17세의 소년으로 倭王에 등극한 것이고, 「武」는 그로부터 약 20여 년간 在位한 것으로 볼 때 斯麻王의 501년 또는 502년에 환국한 시기와 때가 맞는 것이다.

52) 「倭五王」과 「倭王 旨」의 관계에 대해, 三品彰英과 西田長男은 「倭王 旨」를 「倭王 讚」에 비정하고, 「倭王 讚」을 應神천황으로 보려고 한다. 이에 대해 栗原朋信은 「倭五王」에 대해 六王說을 만들어, 倭王 旨는 『宋書』에 나오지 않은 倭王이라고 한다. 그러나 그도 倭王 旨를 應神 천황에 비정한다(三品彰英, 「石上神宮의 七支刀」, 『日本書紀』 朝鮮關係 記事考 上, 1961, p.194 참조)(栗原朋信, 전게논문, p. 16 참조).

이했던 것이다.

  61에 이르는 금상감의 칠지도 명문은 보존 상태가 비교적 양호하여 글자의 판독이 가능한 상태이다. 불행하게도 명문의 일부가 그 발견자의 손에 훼손되어 칠지도 제작연대의 확인이 어렵게 되었다. 그러나 이 칼을 만든 제작주체인 「백자왕(百慈王)」이라는 백제왕과 이 칼을 수령할 백자왕의 「후왕」인 「왜왕 旨」의 이름은 그대로 남아 있다. 그래서 칠지도 명문은 고대 한·일 간의 '수수께끼'를 풀어주는 결정적인 사료(史料)로 등장했던 것이다. 일본의 한 원로 사학자의 말처럼 칠지도 명문은 「여러가지 면에서 기준이 되는」 중요한 기록이다. 이 명문의 해석은 「백자왕」의 세상뿐만이 아니라, 이른바 한·일 고대사의 '수수께끼'를 한꺼번에 풀어주는 중요한 사료라고 말할 수 있을 것이다.

  따라서 명문의 해석은 어디까지나 진지하고도 신중하게 이루어져야 할 것이다. 한·일 고대사의 칠지도 명문은 전형적인 「하행문」이고, 「명령문」의 형식을 갖추었기 때문에 해석은 이 칼을 만든 「백자왕」을 주체로 삼아야 정당한 해석이 나올 수 있을 것이다. 그런데 일본 통설은 명문을 제대로 해석할 때 생길지도 모를 '위기감'과 '조급증'에 사로잡혀 자의(恣意)로 제작연대를 설정(東晋 太和4년)하였다. 이는 또한 제작주체를 위장하여(왜왕의 上旨) 명문을 크게 오도하고, 『일본서기』의 한 기사(신공 52년 조)에 어거지로 꿰맞추어 『일본서기』의 숨통을 어설프게 따놓았을지언정 칠지도 명문 해석과는 거리가 먼 것이다.

  일본 통설이 주장하는 「칠지도 헌상」은 어디까지나 超명문적이었거니와, 또한 反역사적인 것이어서 마땅히 시정되어야 한다. 그리고 통설도 이제는 당당히 역사의 정도에 서는 입장으로 명문의 정당한 해석이 시도되어야 할 것으로 생각한다. 이 같은 입장을 취할 때 1600년 전에 이 칼을 만든 백자왕의 충정을 다시 한번 더 기릴 수 있을 것이다.

V
왜왕 武의 상표문(478년)을 보고
-왜왕 武는 무령왕의 소년 시절의 인물-

將軍號詔並聽濟死世子興遣使貢獻世祖大明六年詔曰倭王世子興奕世載忠作藩外海禀化寧境恭修貢職新嗣邊業宜授爵號可安東將軍倭國王興死弟武立自稱使持節都督倭百濟新羅任那加羅秦韓慕韓七國諸軍事安東大將軍倭國王順帝昇明二年遣使上表曰封國偏遠作藩于外自昔祖禰躬擐甲冑涉山川不遑寧處東征毛人五十五國西服衆夷六十六國渡平海北九十五國王道融泰廓土遐畿累葉朝宗不愆于歲臣雖下愚忝胤先緒驅率所統歸崇天極道遙百濟裝治船舫而句驪無道圖欲見吞掠抄邊隷虔劉不已每致稽滯以失良風雖曰進路或通或不臣亡考濟實忿寇讎壅塞天路控弦百萬義聲感激方欲大舉奄喪父兄使垂成之功不獲一簣居在諒闇不動兵甲是以偃息未捷至今欲練甲治兵申父兄之志義士虎賁文武効功白刃交前亦所不顧若以帝德覆載摧此彊敵克靖方難無替前功竊自假開府儀同三司其餘咸假授以勸忠節詔除武使持節都督倭新羅任

那加羅秦韓慕韓六國諸軍事安東大將軍倭王

荊雍州蠻蠻之種類繁多在荊郢州界者置南蠻校尉以領之世祖初罷南蠻併大府而寧蠻府如故蠻民順附者一戶輸穀數斛其餘無雜調而宋民賦役嚴苦貪者不復堪命亡逃入蠻者無數戶口不可知也所在多深險居武陵者有雄谿樠谿辰谿酉谿舞谿五谿謂之五谿蠻前世以來歷為民患少帝景平二年宜都建平蠻張維等一百二十三人詣闕上獻太祖元嘉六年建平蠻張雕之等五十人七年宜都蠻田生等一百一十三人詣闕獻見其後沔中蠻大動行旅殆絕天門漊中令宗僑之催賦過重蠻不堪命十八年蠻田向求等為寇寇渡中廬恩力荊州剌史衡陽王義季遣行參軍曹孫念討破之獲生口五百餘人免僑之官二十四年南郡臨沮當陽蠻反縛臨沮令傅僧驥荊州剌史南譙王義宣遣中兵參軍王諶討破之是歲雍州剌史諒事宜遣中兵參軍尹嘉立當陽蠻後不附官者莫不順服皆引出土其王義宣遣中兵參軍尹嘉立當陽諸蠻前後不附官者莫不順服皆引出平土多綠沔為居及道產亡蠻又反叛及世祖出為雍州

백제 개로왕의 최후를 기록한 기사

〔高麗王大發軍兵, 伐盡百濟. 爰有小許遺衆, 聚居倉下. 兵糧既盡, 憂泣玆深. 於是, 高麗諸將, 言於王曰, 百濟心許非常. 臣每見之, 不覺自失. 恐更蔓生, 請逐除之. 王曰, 不可矣. 寡人聞, 百濟國者爲日本國之官家, 所由來遠久矣. 又其王入仕天皇. 四隣之所共識也. 逐止之. 百濟記云, 蓋鹵王乙卯年冬, 貊大軍來, 攻大城七日七夜.〕
王城降陷, 遂失尉禮. 國王及大后, 王子等, 皆沒敵手.

『일본서기』 웅약기 20년 조(475년)
(백제 慰禮城 함락「國王及 大后, 王子等, 皆沒敵手」)

『삼국사기』 백제본기 개로왕 21년 조(475년)
〔麗將 桀婁 등 王(蓋鹵王)을 「縛送 於阿且城下戕」

武寧王의 出自

處, 速令送國. 遂與辭訣, 奉遣於朝. ○六月丙戌朔, 孕婦果如加須利君言, 於筑紫各羅嶋産兒. 仍名此兒曰嶋君. 於是, 軍君即以一船, 送嶋君於國. 是爲武寧王. 百濟人呼此嶋曰主嶋也. ○秋七月軍君入京. 既而有五子. 〔百濟新撰云, 辛丑年, 蓋鹵王遣弟昆支君, 向大倭, 侍天王. 以脩兄王之好也.〕

『일본서기』 웅약기 5년 6월 조(461년)
[斯麻(嶋)君 各羅嶋서 「탄생」]

四年夏四月, 拔人頭髮, 使昇樹巓. 斷倒樹本, 落死昇者爲快. ◎是歲, 百濟末多王無道, 暴虐百姓, 國人遂除, 而立嶋王. 是爲武寧王. 〔百濟新撰云 末多王無道 暴虐百姓 國人共除 武寧王立 諱斯麻王 是琨〕

『일본서기』 무열기 4년 4월 조(502년)
(斯麻王 百濟王 「즉위」)

17년 夏 5월, 百濟王 武寧이 薨하였다.
18년 春正月, 百濟 太子 明이 즉위하였다.

『일본서기』 계체기 17년 5월 조(523년)
(「百濟王 武寧薨」)

雄略 天皇의 出自

刑指井而詛曰, 此水者百姓唯得飮焉. 王者獨不能飮矣. ○十一月壬子朔甲子, 天皇命有司, 設壇於泊瀨朝倉, 即天皇位. 遂定宮焉. 以平群臣眞鳥爲大臣. 以大伴

『일본서기』 안강기 3년 11월 조(456년)
(雄略천황 「於泊瀨朝倉」서 즉위)

細, 並付皇太子. ○八月庚午朔丙子, 天皇疾彌甚. 與百寮辭訣, 並握手歔欷. 崩于大殿. 遺詔於大伴室屋大連與東漢掬直曰, 方今區宇一家, 烟火萬里. 百姓艾安,

『일본서기』 웅약기 23년 8월 조(479년)
(大泊瀨천황 「崩于大殿」)

1. 머리말*

5세기 왜국에는 이른바「왜 5왕(倭五王)」이라는 설체가 존재하였다. 이들이 나라를 다스렸다는 기록이『송서(宋書)』에 나온다. 이는 참으로 귀중한 사료라고 하지 않을 수 없다. 특히 일본 고대사에서 이른바「미(謎)의 5세기」라고 하는 잊어버린 한 시대를 찾아내는 데에 결정적인 사료(史料) 구실을 하는 것이다.

그러므로 일본학계는 이들 왜 5왕[찬(讚), 진(珍), 제(濟), 흥(興), 무(武)]을 재빨리 천황가(家) 계보에 편입시키면서, 왜 5왕은 다름 아닌 천황과 같은 실체라고 주장하였다. 그러나 문제는 일본학계가 거론하는 천황계 인물은 그 누구 하나도 왜 5왕의 실체와 부합하지 않는다는 데 있다.

이는 어쩌면 당연한 귀결이라고 할 수 있을 것이다. 왜냐하면 천황과 여기의 왜왕은 서로 그 계보를 달리하는 다른 사람들이기 때문에 서로는 맞을 리가 없을 것이다. 사실 왜 5왕은 칠지도(七支刀) 명문에서 본 왜왕 旨(지)와 같은 계보의 인물이다. 그들은 지(旨)와 같은 백제왕가(家)의 단자(單字)명 왕명을 지녔고, 또한 왜왕(倭王)이라는 공통된 왕호까지 부여되어 이들은 당연히「왜왕 旨」의 후세인물로 보아야 할 것이다.

필자는 제한된 범위에서 왜왕 武(무)가 남기고 간 상표문(上表文)을 빌려 웅약(雄略)천황을 왜왕 武로 비정한 일본 통설의 부적절함을 규명하고, 아울러「武」의 정체를 밝혀 그가 어떻게 5세기 격동기를 대처하였는지도 알아보고자 한다.

---

* 본고는 1994년 4월『韓日文化講座』#30(韓日文化交流基金)에 所載하였다. 또한 한일문화교류기금편,『되돌아 본 한일관계사』, 景仁文化社, 2005년, pp.73~88에도 所載되었다.

2. 『송서』에 보이는 「왜 5왕(倭五王)」들

　현존하는 일본의 고사서인 『고사기(古事記)』(712년 편찬)나 『일본서기』(720년 편찬)에는 이른바 「왜 5왕」을 전혀 언급한 바 없다. 5세기 왜국을 통치한 5인의 왜왕들 이름(讚, 珍, 濟, 興과 武)은 『진서(晉書)』 안제기(安帝紀)나, 『송서(宋書)』 왜국전과 같은 중국의 사서를 통해서 전해졌을 뿐이다.[1] 비록 記(기)·紀(기)에는 이들을 언급하지 않았지만, 중국 측 사서에는 이들 행적을 자세하게 적었기 때문에 일본학계는 오래전부터 왜 5왕(倭五王)을 기(記)·기(紀)의 천황가(家) 계보에 편입시켜야 한다는 주장이 제기되었던 것이다(학계가 그렇게 생각하게 된 배후에는 무엇보다도 중국측 사서의 신용도가 높기 때문이었다. 만일『기·기』가 이들의 존재를 무시하였다면, 이는 『기·기』의 신빙성에 대한 중대한 도전이 예견되기도 하였다).

　그런데 『일본서기』계의 천황과 전혀 그 계보를 달리하는 것으로 보이는 이들 왜 5왕(倭五王)을 5세기 천황家 계보에 비정한다는 것은 처음부터 잘못된 발상으로 보인다. 왜냐하면 『일본서기』계의 천황들은 모름지기 긴 「휘(諱·이름)」를 지녔지만, 이들 왜 5왕은 칠지도 명문에서 본 왜왕 旨의 이름처럼 백제왕가의 단자명 왕명을 소유하였다. 이로 미루어 서로가 보기에 다른 계보의 인물이라는 사실을 알 수가 있는 것이다[2]. 그러나 일본 학계는

---

1) 石上神宮의 七支刀 銘文에는 「百慈王」이라고 하는 百濟王이 그의 侯王인 「倭王 旨」를 위해 칼을 만들었다라는 字句가 있다. 이것을 통해서 볼 때, 「旨」와 같은 이름을 가진 「倭五王」들은 「旨」의 후대 倭王으로 보아야 한다[蘇鎭轍, 「七支刀 銘文의 새로운 해석」-倭王 旨는 百濟 「骨族」-(未發刊 論文, 圓光大 馬韓·百濟文化硏究所, 1993년 6월, 참조)].
2) 그러나 坂元義種은 「일본의 倭五王의 단자명은, 중국과 교섭을 벌이는 백제나 고구려의 王名에 맞추기 위한 것이다」라고 주장한다. 그리고 倭王들도 본래는 天皇의 「諱」와 같은 긴 이름이었을 것으로 추정한다(坂元義種, 「五, 六世紀における東アジアの樣相」, 『九州における古墳文化と朝鮮半島』, 東京 : 學生社, 1989년, pp.135~136).

왜 5왕을 천황家 계보에 편입시켜 『기·기』의 신빙성을 획기적으로 높혀야겠다는 일념으로 전혀 합리적인 근거나 이론의 제시가 없는 무리한 비정(比定)으로 일관하였다.[3] 학계가 가장 확실하게 비정했다는 웅약(雄略)천황의 왜왕 武(무)만 보더라도, 거기에는 전혀 이론의 제시가 없는 아주 단조로운 것이다. 그들의 주장에 따르면 『일본서기』에 기재된 웅약천황의 휘(諱)는 「オホハツセワカタケル(大泊瀨幼武)」라고 하는데, 이 이름의 끝자인 「タケ」는 武(무)와 「표의상 동일어」로 볼 수 있다는 이유를 붙여, 결국 웅약천황과 왜왕 武는 동일인이라는 것이다. 그러니까 웅약천황의 긴 「휘(諱)」에서 끝자인 「タケ」를 武로 볼 수 있다는 것을 근거로[4] 웅약천황을 왜왕 武에 비정하였다. 그리고 이 같은 「통설」을 기준으로 웅약천황의 선대 천황들까지 차례로 왜왕에 비정하고 있다.[5]

그러므로 『일본서기』에 기제된 순서에 따라 웅약천황의 이복형(異腹兄·배다른 형제)인 안강(安康)을 「興(흥)」으로 그리고 웅약과 안강의 부왕이라고 하는 윤공(允恭)를 濟(제)로 비정하고, 나아가 반정(反正·한세이)를 珍(진)으로 또한 인덕(仁德·닌도구)를 讚(찬)으로 비정하고 武(무)는 興(흥)의 동생으로 각각 표기하고 있는데, 학계는 이러한 비정을 가지고 「통설」이라고 한다.[6]

---

3) 石部正志는 「倭五王과 天皇을 連結하는 결정적인 증거는 하나도 없다」고 하였다(「仁德天皇と巨大古墳の謎」, 別冊·『歷史讀本』23號 참조). 元老學者 池內 宏(日本上代史의 一研究, 1947)도 「倭五王」을 天皇에 比定하는 것에 회의적이다. 그는 雄略의 倭王 武 比定은 맞는것 같은데, 그 외의 것에는 自信이 없다고 하였다. 한편 井上秀雄(再檢討「倭」의 意味하는 것, 1988)도 「雄略 등 몇 사람을 除外한 歷代天皇의 比定은 이를 지지할 사료가 보이지 않는다」고 하였다.
4) 그러나 『書紀』보다 먼저 쓴 『古事記』에는 雄略天皇의 漢字名을 「大長谷若健」로 표기하고 있다.
5) 文章家 沈約이 488년에 편찬한 『宋書』에는 「倭五王」系譜의 두 번째 인 「珍」은 「讚」의 동생이고 네 번째의 「興」은 「濟」의 아들, 또 「武」는 「興」의 동생으로 각각 적었다.
6) 한국의 연민수(延敏洙) 박사는 이러한 비정(比定)에 동의하는 것으로 보인다. 그는 「이

3. 왜왕 武의 상표문 - 상표문은 백제 구원서 -

왜왕 武가 478년(승명·昇明 2년) 송 순제(宋 順帝)에게 바친 상표문(上表文)은[7] 그리 장문(長文)은 아니다. 그러나 실로 엄청난 역사적 사실(史實)이 기록되었다. 이는 5세기 백제·왜(倭)의 관계뿐 아니라, 東아시아 여러 나라의 관계까지도 이해하는데 따른 필수적인 사료라고 할 수 있을 것이다.

475년 고구려 장수왕(長壽王·413~491)의 대공세로 말미암아 백제의 도성(위례성·慰禮城)은 무너지고, 왕(개로왕)과 대후(大后)를 비롯 왕자(王子) 등 백제왕가 일족이 고구려의 장수에게 붙잡혀 무참하게 살해되는 백제 최악의 위기를 맞게 되었다. 왜왕 武의 상표문은 바로 이 같은 급박한 상황에서 백제를 지원하기 위한 애절한 호소이다.[8] 이는 472년 개로왕 생존시 왕이 고구려의 공격을 받고, 북위(北魏)의 고조(高祖)에게 보낸 구원의 상표문(백제 구원서)과 같은 것이다.[9] 그 형식과 내용에서 양자 간에는 비슷한 점이 한둘이 아니다.[10]

중에서 濟-윤공(允恭)과 武-웅략(雄略)설에는 전혀 이론이 없다」고 하였다(연민수, 『고대한일관계사』, 도서출판 혜안, 1998, p.108 참조).
7) 「武」의 上表文의 접수 및 윤허 일자는 478년 5월로 되어 있다. 그러나 실지 「倭」에서 발송된 일자는 477년 11월로 보는 것이 옳은 것 같다(橋本增吉, 『東洋史上より見たる日本史硏究』, 東京: 東洋文庫, 1956, p.398 참조).
8) 志水正司는 「倭王 武의 上表文은 慰禮城의 함락과 관계가 깊다」고 하였다(「倭の五王に關する基礎的考察」, 『史學』, 第39卷 2號, 1966, p.170). 國學者 新井白石도 「高句麗王이 百濟를 侵寇한 것이」 上表文 발송의 직접요인이라고 말한다(笠井倭人, 『硏究史 倭五王』, 東京: 吉川弘文館, 1977, p.22 참조).
9) 藤間生大는 「日本과 百濟의 관계로 보아 上表文의 제작기술은 共通이었을 것으로 본다」고 하였다(笠井倭人, 상게서, p.153 참조).
10) 蓋鹵王의 上表文에는 백제를 「臣立國東極」이라고 했는데, 「武」는 왜국을 「封國偏遠」이라고 했다. 그리고 자신을 祖上의 위업을 蓋鹵王은 「臣祖須」를 들추었는데, 「武」는 그저 「自昔祖禰」라고만 했다. 또한 두 上表文은 같이 高句麗를 극구 비난하면서 百濟

武(무)는 이 상표문에서 자신의 왜국을 (백제의)「봉국(封國)」이라는 개념으로 소개하면서, 자신은 밖의「번(藩)」이 되겠다고 다짐했다. 특히 옛적부터 녜(禰)장군(백제인)의 조상은 빛나는 군사적 업적을 거두어,[11] 무려 200개가 넘는 주변의 대소국들을 평정하여 지금은 그「기(畿)」를 크게 넓혀「왕도(王道)는 융태(融泰)」하다고 밝힌다.

封國偏遠[12] 作藩于外 自昔祖禰 躬擐甲冑 跋涉山川 不遑寧處 東征毛人五十五國 西服衆夷六十六國 渡平海北九十五國[13] 王道融泰 郭土遐畿[14]

를 지원해 주면, 은혜를 잊지 않겠다고도 했다.
11) 이 점에 대해 우에다 마사아키(上田正昭·京都대학 명예교수)는「祖禰」는 조상인 禰의 시대를 말하는데, 여기 禰는 성씨의 하나로 보았다.『삼국사기』에는 祖禰傑取와『일본서기』에는 姐禰文貴 장군(祖와 姐는 같은 표현으로 봄)의 이름이 나오는데, 이들 모두는 祖禰 씨 가문의 인물로 보인다고 하였다(『日本の歷史』2 大王の世紀, 小學館, 1973, pp.266~272 참조).
최근 중국 西安에서 한 장의 묘지석이 나왔는데, 그것은 백제인 녜식진(禰寔進)의 것이다. 禰寔進 장군(614년 熊津 태생)은 춘추 58세로 唐나라(山東半島지역)에서 서거하였는데(672년), 그의 벼슬은 좌위위대장군(左威衛大將軍)으로 唐代에 크게 활동한 인물이다. 그의 가계는 祖父와 父 모두 佐平(兵官)의 벼슬로 승계되었다고 하니, 상표문의「祖禰」는 禰寔進 장군가의 先代 인물로 보인다(金榮官,「百濟遺民 禰寔進墓誌 소개」,『新羅史學報』10, 2008,참조).
이 점을 盧重國 교수(계명대)는「祖禰의 禰는 父廟를 말하는 것으로 祖禰는 祖와 父를 의미하는 것이 분명하다. ……(따라서)倭王 武의 父는 濟이다.……(그리고) 祖 즉 濟의 아버지는 珍이 된다」고 하였다. 그러므로 그는 왜왕가의 주변국 정벌활동은 5세기 중반경에 시작된 것으로 본다(『왜 5왕 문제와 한일관계』, 景仁文化社, 2005년 참조).
그런데 이러한 해석은 상표문과 백제의 관계를 단절하려고 하는 일본학계 인사들이 흔히 하는 해석이다. 여기의「禰」자는 성씨로 보이나, '父의廟'와 같은 형용사로도 쓸 수는 있다. 그러나「祖禰」로서는 '父와 祖父의廟'로는 읽을 수 없다. 오직「禰祖」라는 낱말로 쓸 때만 가능하다.
그리고 왜왕가의 정벌활동도 銘文은 2~4세기경 왜국이 오늘의 규슈지역에 있을 때 시작되었다고 하나 盧교수의 주장은 그 시기가 전혀 맞지 않는 것이다.

그리고 자신은 비록 우직하지만 선대(先代)를 이어 나라의 평안을 위해「천극(天極)」을 다하였다고 적었다. 백제로 가는 길은 멀어(도요백제 · 道遙百濟) 큰 배를 타야 하는데,「구려(句驪)」는 무도(無道)하여 우리를 집어 삼키려 들면서 변방을 약탈하여, 매사는 지체되는 가운데 왕래가 어렵다고 한다.

累葉朝宗 不愆于歲 臣雖下愚 添胤先緖 驅率所統 歸崇天極 道遙百濟[15] 裝治船舫 而句驪

無道 圖欲見呑 掠抄邊隷 虔劉不已 每致稽滯 以失良風 雖曰進路 或通或不[16]

---

12)「封國偏遠」의 해석을 일본의 가와모토(川本芳昭 · 九州大學교수)는 宋帝의「封國」으로 보았는데, 그렇게 볼 수는 없을 것이다. 원래「封國」의 개념은「侯」를 낸 宗國과의 관계를 말하는 것이다. 당시의 고구려나 백제 또는 倭는 宋帝의「侯」은 아니었다. 만약 倭王 武가 宋帝의「侯」라면 그는 처음부터 이러한 上表文의 奉呈이 필요하지 않았고, 또한「若以帝德覆載」니「無替 前功」과 같은 표현은 쓰지도 못했을 것이다. 따라서 여기의「封國」은 이미 七支刀 명문에서 본 바와 같이 百濟王의 侯가 있는 왜국을 지칭하는 것으로 보아야 할 것이다(川本芳昭,「宋書 왜국전에 보이는 倭王 武의 상표문과 高句麗」,『동아시아 속에 高句麗와 倭』, 景仁文化社, 2007년, pp.55~56 참조).
13)「渡平海北九五國」라는 구절의 해석은 중요한 의의가 있다. 일본학계는 그저 이를「倭」가 오늘의 현해탄을 건너 北上하여 한반도 남부를 제압한 것으로 해석하고 있다. 그러나 당시 한반도 남부에는 90여 개나 되는 나라도 없었고, 또한「倭」가 그러했다고 하는 기록은 어느 史書에서도 찾아볼 수 없다. 그러므로 이 구절은 九州地方의「倭」가 그 勢를 넓혀 지금의 關門海峽과 瀨戶內海를 따라 本州남부와 四國지방을 제압하고, 그「畿」를 지금의 關西까지 확대하였다고 해석하는 것이 옳다. 그래서「武」는「郭土遐畿」라는 표현을 쓴 것으로 보아야 한다.
이 점을 千寬宇는「倭軍이 百濟軍을 따라서 북상한 경과점의 修辭的 표현이 아닌가 생각한다」고 썼다(「廣開土王의 征服活動」,『韓國史市民講座』제3집, 1988년 참조). 또한 연민수 박사는 상기 기록은 한반도 방면을 가리킨다고 보아도 지장이 없을 것이라고 한다(연민수, 상개서, p.98 참조).
14) 상기 문장의 석문(釋文)은 다음과 같다.
「신이 (백제로부터) 봉해진 땅은 먼 곳이어서, 밖에 번신이 되고 있습니다. 옛날부터 조상인 예(禰)장군(백제인)은 몸소 병기를 들고, 산과 내를 누비기에는 편안한 곳이 없었습니다. 동쪽으로는 모인(毛人)들 55국을 정벌했고, 서쪽으로는 모든 오랑캐 66국을 항복받았습니다. 그리고 바다를 건너 북쪽 나라 95국을 평정하여 왕의 도(道)가 무르익어 태평했거니와, 땅을 넓혀 기(畿)가 아득히 멀어졌습니다.」

그래서 그는 亡해 가는 백제를 위해(신망고제·臣亡考濟) 고구려의 침구(侵寇)에 결연히 대처하는 것이라고 하였다. 그러나 갑자기 닥쳐온 자신의 「부형(父兄)」의 죽음으로 말미암아 武(무)는 상(喪)을 입고, 대군의 출동도 중지시킨 긴 세월을 거상중(居喪中)이라는 내용도 적었다. 그러나 이제는 때가 와서 다시 「병갑(兵甲)」을 가다듬어 돌아가신 아버지와 형의 유지에 따라 「적」(고구려)의 강토(疆土)를 무찌르겠사오니, 폐하의 큰 은덕이 있기를 간청하는 바라고 하였다.

臣亡考濟[17] 實念寇讐 壅塞天路 控弦百萬 義聲感激 方欲大擧 奄喪父兄, 使垂成之功 不獲一簣 居在諒闇[18] 不動兵甲 是以偃息未捷 至今欲練甲治兵[19] 申父兄之志 義士虎賁 文武效功 白刃交前 亦所不顧 若以帝德覆載 推此彊敵 克靖方難 無替前功[20]

---

15) 『南史』倭人傳에는 「道遙百濟」를 「道逕百濟」로 표기했는데, 이는 잘못된 것 같다. 『宋書』에 있는 원문대로 읽는 것이 정당하다.
16) 상기 문장의 석문(釋文)은 다음과 같다.
「여러 대 내려오는 조종(朝宗)을 이어 받아 한 번도 죄를 짓지 않았습니다. 신이 비록 우직하나, 선조의 베푸신 뜻을 이어받아 물의를 몰아 나라를 통일하여 하늘 끝까지 닿게 하고 싶습니다. 백제에 가는 길은 멀어 큰배(船舫)로 가야 하는데, 무도(無道)한 고구려가 우리를 삼키려 합니다. 그리고 변방을 침략하고 약탈하여 근심이 적지 않습니다. 이렇게 매양 일이 막히고 거슬리어 어진 풍속을 잃었나이다. 비록 나갈 길은 보이나, 때로는 통하기도 하고, 혹은 통하지 않는 것 같기도 합니다.」
17) 일본학계의 다수는 「臣亡考濟」를 「신의 죽은 아버지 『濟』를 생각해서」라고 해석하고 있는데, 이는 잘못이다. 왜냐하면 皇帝에게 봉정하는 문서에 자신의 亡父의 이름을 부르지 못할 뿐 아니라, 더우이 그를 「亡濟」라고는 하지 못한다. 또한 이 같은 해석은 上表文中 제일 중요한 부분인 「奄喪父兄」을 해석할 여지를 모두 없애는 것이다. 그러므로 여기의 「濟」는 百濟의 약자로 보아야 한다. 따라서 「亡하는 百濟를 위해서 (또는 생각해서)」라고 해석해야 옳을 것이다(笠井倭人, 전게서, p.154 참조). 필자와 같은 견해로는 일본의 平林章仁(『古代文化』제2·3권 제3호, 1971 참조)이 있다.
한편 한국의 노중국 교수도 「濟」를 인명으로 보았다(그는 倭王을 천황계 인물로 보는 입장이다). 「濟는 고구려 공격의 압박을 타개하기 위해 고구려 공격을 계획하였는데……아버지 濟는 갑자기 죽었고……얼마 후 또 형 興도 죽었다」고 한다(한일관

武(무)는 끝으로 선대 왜왕들이 한 것과 같이 자신의 왜왕 등극을 계기로 자신과 신하들의 관작(官爵)을 요청하고 있다.[21] 이에 순제(順帝)는 윤허하여, 武에게는 파격적으로 「안동대장군(安東大將軍)」을 제수했다고 『송서』는 기록하였다. 그러나 그가 자청한 「개부의동삼사(開府儀同三司)」의 관호(官號)는 서임되지 않았다고 한다.

계사 연구논집 편찬위원회 편, 『왜 5왕 문제와 한일관계』, 景仁文化社, 2005, pp.13~24 참조). 그러나 이는 명문의 해석은 아니다. 명문은 武의 父兄은 같이 죽었고, 倭地가 아닌 他地에서 '갑자기' 죽었다고 한다. 그러므로 명문의 奄喪父兄'은 다름아닌 475년 겨울 고구려군의 공격을 받고 '아차성'에서 참수를 당한 백제 개로왕과 그의 태자를 말하는 것이다. 따라서 이 上表文을 봉정한 왜왕 武는 개로왕의 태자인 어린 斯麻君인 것이다. 『일본서기』 웅약기 5년조 서기 461년 그가 북규슈의 '각라도'에서 태어났다고 기록하고 있지 않는가.

18) 「武」는 亡父의 喪中이라는 사실을 「居在諒闇」으로 표기했는데, 「임금이 先帝의 상 중에 있다」는 것이다. 「武」의 父王은 「大王」位의 인물임을 알 수 있다.
19) 「武」가 478년 현재 「至今」이라고 한 것으로 미루어 그의 王家는 3년간의 居喪慣例를 따른 것으로 보인다. 이는 『禮記』의 교시이고, 또한 百濟의 관행이기도 하다. 「至今」이라고 한 것으로 미루어 「武」의 亡父의 사망시기는 대체로 475년으로 보아야 할 것이다.
20) 상기 문장의 석문(釋文)은 다음과 같다.
「신은 패망하는 백제를 위해 [다수 해석자·신의 죽은 아비 제(濟)는] 이들 침략하는 원수를 분히 여겨 백만의 활을 당기었습니다. 이때 의리에 찬 소리에 감격하여 바야흐로 군사를 크게 일으키려 하였더니, 갑자기 아버지(父)와 형(兄)을 잃어 일을 이루려는 공이 흙 한 줌에 무너지고 말았습니다. 이로부터 신은 양암(諒闇)에 거처하여 군사를 움직이지 못했기 때문에 그들을 이기지 못했습니다. 그러나 지금에 이르러서는 병기를 염마하고, 군사를 훈련하여 부형(父兄)의 뜻을 펴보고자 의사(義士)와 용맹스러운 군사들이 모두 공을 나타내려 합니다. 이제 흰 칼날이 앞에 다가와도 두려울 것이 없사옵니다. 만일 황제의 덕이 널리 온 누리를 덮으셨으면, 이 강한 적을 꺾고 어지러운 무리를 이겨 전대의 공에 손색이 없을 것입니다.」
21) 「讚」 이래의 倭王들은 대로에 皇帝(주로 宋帝)에게 官爵을 요청하고 또한 除授받았다. 그동안 百濟는 이 일을 代行했다고 한다. 鈴木靖民, 「東アジア諸民族の國家形成と大和王權」, 『講座 日本歷史 I』(東京: 東京大學出版會, 1989), p. 201 참조.

竊自假開府儀同三司[22]其余咸假授以勸忠節 詔除武使持節都督 倭 新羅 任那 加羅 秦韓 慕韓 六國諸軍事 安東大將軍 倭王[23]

4. 상표문을 통해서 본 왜왕 武

왜왕 武(무)가 478년(승명·昇明 2년) 송(宋) 순제(順帝)에게 봉정한 상표문은 위기에 처한 백제의 구원을 목적으로 한 것이다. 그러나 그 글월 중에는 아직껏 잘 알려지지 않은 몇 가지 중요한 사실들이 기록되었다. 이를 토대로 웅약(雄略)천황과 왜왕 武와의 비정을 검토한다면 통설은 중대한 문제에 봉착하게 될 것이다.

첫째, 왜왕 武와 웅략천황의 즉위년도는 서로 다르다는 것이다. 武(무)의 상표문에 따르면, 武는 이미 서거한 것으로 보이는 선왕인 왜왕 興(흥)의 뒤를 이어 새 왕위에 등극하였다. 이때 그는 그의 선세 왜왕들이 한 것처럼 황제에게 새 관호을 요청한 것으로 보인다. 武가 자청한 관작에는 전래에 드문 백제(百濟)를 포함한 제군사관할권(諸軍事管轄權)을 요구하고 있다. 그의 선세 왜왕들은 오래전부터 왕위에 오르면, 의례히 백제왕의 중개로 독자적인 관호를 받아 왔다고 한다.

---

22) 「開府儀同三司」의 官號는 당시 高句麗만이 가지고 있었다고 한다. 坂元義種, 『古代 東アジアの 日本と朝鮮』(東京 : 吉川弘文館, 1978) 참조.
23) 상기 문장의 석문(釋文)은 다음과 같다.
「하오니 신에게 개부의동삼사(開府儀同三司)의 작호를 주시고, 나머지에게도 모두 직함을 내리시와 그 충성된 절개를 권면해 주시오소서. 이에 조서를 내려 무(武)로 사지절도독 왜·신라·임나·가라·진한·모한 6국 제군사 안동대장군 왜왕을 삼았다.」

그러나 왜왕 武로 비정한 웅략천황은 456년 제21대 천황으로 즉위한 다음 약 20년간 재위하다 479년에 서거했다는 기록이 『일본서기』에 나온다. 그는 천황 재위 중 황제로부터 관호의 제수를 받거나 또는 황제에게 이를 요청한 사실이 없다고 한다. 더구나 그가 즉위했다는 456년은 武(무)의 선대인 興(460년경으로 추정)보다도 앞서는 것이다. 이에 따라 웅략천황을 왜왕 武로 비정하는 것은 사실상 성립되기 어려운 허구(虛構)인 것이다.[24]

둘째, 왜왕 武와 웅략천황의 부왕(父王)은 서로 그 몰년(歿年·죽은해)이 다르다는 것이다. 『송서』가 기록한 왜왕의 계보는 武(무)와 興(흥)의 아버지를 濟(제)라고 하였다. 그런데 웅략천황의 계보인 『서기』에 나오는 그의 형 안강(安康)천황과 부왕 윤공(允恭)천황의 기록은 『송서』의 계보에 잘 부합되고 있는 것으로 보인다. 그래서 일본 학계는 웅략천황의 왜왕 武 비정은 물론이고, 안강천황 興(흥)과 윤공천황의 濟(제)의 비정까지도 상당한 근거를 가진 것으로 보고 있다.[25] 그러나 武는 상표문에서 자신의 「父兄(부형)」은 475년경 갑자기 죽었다(奄喪父兄·언상부형)고,[26] 이에 따라 백제 지원군의 출동도 중지되었다고 하였다.

---

24) 일본학계 일부에서는 雄略천황의 즉위년도를 460년경으로 인정하면서도, 雄略은 즉위 즉시 皇帝에게 問安을 드리지 않다가 478년 처음 朝貢을 바치는 것이라고 하였다.
25) 「통설」은 允恭천황을 倭王 濟로 比定하고 있는데, 서로가 하나도 비슷한 점이 없다. 한편, 「濟」를 「興」과 「武」의 父王으로 추정한 『宋書』도 새로운 검토가 필요하다. 왜냐하면 「武」의 上表文은 이를 뒷받침하지 않기 때문이다.
26) 전술한 것처럼 학계 다수는 「臣亡考濟」를 允恭천황(「濟」로 比定)의 서거로 해석했기 때문에 「奄喪父兄」은 따로 해석을 하지 못하고 있다. 「武」의 아버지(濟·允恭)와 형(興·安康)은 이미 죽은 것으로 믿기 때문이다.
이 점을 노중국 교수도 다른 해석자들처럼 이미 죽은 것으로 보고 있다. 이에 따라 왜왕 濟(臣亡考濟)를 들고 나오기 때문에 후절(奄喪父兄)의 기사에서는 다시 아버지 濟는 갑자기 죽었다고도 하고, 얼마 후에 형 興도 죽었다는 등 超명문적인 해석을 한다.(p.126 각주 17 참조)

이 같이 武의 부왕이 475년경 갑자기 죽었다는 사실은 『일본서기』에 적힌 웅약천황의 천황계 해명을 어렵게 하는 문제인 것이다.[27] 왜냐하면 웅약천황의 부왕인 윤공천황은 411년 즉위하고, 42년간 재위하다가 453년에 이미 서거한 것으로 『서기』는 기록하고 있기 때문이다. 더구나 武는 갑자기 죽은 「父兄(부형)」의 유지라면서 적(敵)인 고구려를 무찌르겠다고 했으니, 이는 백제왕가 계보의 사람이 아니고서는 말할 수 없는 대목인 것이다.

셋째, 왜왕 武와 웅약천황의 몰년(沒年·죽은해)은 서로 다르다. 『서기』에 의하면 웅약천황은 418년 윤공천황과 오시사가노 다이주히매(忍坂大中姬) 사이에서 태어났다고 한다. 그리고 456년에는 이복형인 안강천황을 물리치고 왕위에 올라 479년 춘추 62세를 일기로 서거하였다는 것이다. 그러므로 일본 통설은 이 상표문은 웅약천황의 서거 전년의 것이고, 武(무)도 웅약(雄略)과 같이 다음해인 479년에는 서거한 것으로 추정하였다.[28] 이 때문에 통설은 武(무)가 479년[건원(建元) 원년] 남제(南齋)의 고제(高帝)로부터 받은 「진동대장군(鎭東大將軍)」이나, 502년[천감(天監) 원년] 양(梁) 무제(武帝)로부터 받은 「정동장군(征東將軍)」은 사실상 당사자가 없는 가공의 인물을 대상으로 한 의례적인 허록(虛錄)이라고 주장한다.[29]

그러나 이 같은 주장은 근거가 없는 것이고, 武는 478년 이후에도 계속 재위한 것으로 보아야 한다. 그 이유는 만약 통설처럼 武도 479년에 사망

---

27) 天皇系에서는 반드시 先王(父王, 兄王)의 서거 후에 新王이 계승하게 된다. 그러나 上表文의 「武」의 경우는 자신의 王位와 관계없이 「父兄」은 별도로 生存하고 있는데(百濟에), 이는 바로 그가 父王의 「侯」라는 사실을 말해주는 것이다.
28) 사실 雄略천황과 倭王 武는 전혀 다른 사람이다. 478년 당시 雄略은 이미 60이 넘은 고령자이나, 「武」는 그의 「父兄」이 어디엔가에 (百濟에) 살고 있는 少年의 몸이다.
29) 川西宏幸, 考古學雜誌 第71卷 2號, 1981, p. 160 참조. 그러나 久未邦武는 502년의 武의 進號는 사실이므로, 雄略의 479년 歿年은 잘못된 것이라고 주장하였다(笠井倭人, 전게서, p. 86 참조).

했다면, 그의 후대 왜왕은 그가 누구이든 간에 반드시 새 관호의 요청이 뒤따라야 했는데, 그런 기록은 어디에도 없다. 또한 웅약천황의 서거 후 즉위했다는 천황계의 청녕(淸寧·세이네이·480~484)을 비롯 현종(顯宗·겐소·486~487)과 인현(仁賢·닌겐 488~498) 등 여러 천황은 아무도 황제에게 관호를 요청했거나, 또는 제수되었다는 사실이 없는 것으로 미루어 武의 왕위는 큰 변동 없이 약 20년간 지속되었던 것으로 보아야 할 것이다.

5. 왜왕 武 그는 누구인가? - 武는 소년 「사마군(斯麻君)」-

상표문에서 본 왜왕 武는 천황계에 속한 웅약(雄略)천황과는 무관한 사이이다. 그보다는 백제왕家의 계보에 속한 인물이라는 사실을 알게 되었다. 그에게 백제의 아픔은 자신의 아픔이었고, 또한 백제의 불운은 자신(왜국)의 불운으로 다가올 만큼 백제와는 일체감을 지닌 인물이었던 것이다. 그러므로 東아시아 격동기에 왜국을 통치했다는 武의 정체를 밝히는 일은 참으로 중대한 과제가 아닐 수 없다. 그런데 이 시대의 사료는 극히 제한되어 이를 규명하기에는 어려움이 많은 것은 사실이다. 그러나 다행히도 武가 직접 쓴 상표문이 있기 때문에 이를 토대로 검토한다면, 武의 정체는 규명될 것으로 보인다.

첫째, 武(무)는 상표문에서 백제를 향한 고구려의 공세가 그 절정에 이르렀을 때(475년경) 자신의 「부형(父兄)」이 갑자기 죽었다고 하였다. 이에 따라 대군의 동원도 좌절되었다는 것이다. 그런데 이 무렵 왜(倭)나 백제에서 갑자기 죽은 것으로 보이는 왕과 왕자는 『삼국사기』와 『일본서기』에 나오는 백제계 인물 말고는 없다. 백제 계로왕을 비롯 그 대후(大后)와 왕자들의 비참한 최후를 논하지 않고서는 다른 누구도 생각할 수 없는 것이다. 두 사서(史書)에는 475년 겨울 고구려 대군의 7일간에 걸친 공세로 말미암아 위례성(慰禮城)은 무너지고, 왕(개로왕)과 대후는 물론 왕자들까지 고구려 장수 손에 아차성(阿且城)에서 무참하게 살해되었다는 기록이 보인다.

그러므로 武가 말하는 '엄상부형(奄喪父兄)'은 다름 아닌 백제 개로왕(蓋鹵王)과 그 왕자의 비참한 최후를 말하는 것으로 보아야 하고, 武는 바로 살해된 개로왕의 태자인 것이다.[30] 그래서 그는 상표문에서 죽은 부왕의 거상(居喪)을 가리켜 천자의 죽음에 비유한 '영암(諒闇)'으로 적어[「영암」은 왕의 서거 후 붕(崩)자를 쓰는 경우에만 붙일 수 있음] 부왕(父王)을 「대왕」으로의 예우를 잊지 않았다. 더구나 그의 마음 속 깊이 자리잡은 고구려에 대한 증오와 원한은 다름아닌 부왕의 유지라고 했으니, 그가 개로왕의 태자인 어린 사마군(斯麻君)이 아니고 그 누구이겠는가?

둘째 『송서』에 따르면, 순제(順帝)는 478년[승명(昇明) 2년] 武가 자청한 「안동대장군 왜국왕(安東大將軍 倭國王)」을 제수한데 이어 다음해인 479년에는 남재(南齋)의 고제(高帝)가 「진동대장군 왜국왕(鎭東大將軍 倭國王)」을, 그리고 20년 후인 502년(천감·天監1년)에는 양 무제(梁 武帝)가 「정동장군 왜국왕(征東將軍 倭國王)」을 각각 武에게 승작(昇爵)하였다고 한다. 이와 같은 관호의 제수로 볼 때 武의 왜왕위는 적어도 20년은 지속되었던 것으로 보인다. 이렇게 보면, 『삼국사기』와 『일본서기』에 기록한 사마왕의 백제왕 즉위와 시기상으로도 잘 부합되는 것이다. 두 사서 간의 시차는 1년이지만, 사마왕(斯麻王)은 501년 또는 502년 「왜」에서 환국해 백제 제25대 왕에 오른 것으로 보인다.[31]

---

30) 개로왕의 태자인 武寧王의 출자를 『書紀』웅약기 6년 조는 그가 왜국땅에서 태어났다고 기록하고 있다. 상세한 내용은 전술 pp. 13~21 참조할 것.
31) 斯麻王은 502년에 還國해 20년 후인 521년(普通二年) 梁帝로부터 「寧東大將軍 百濟王」의 爵號를 처음 받은 것으로 되어 있는데, 이것은 이례적인 일이다. 그는 百濟王 즉위후 爵號를 따로 요청하지 않았는데, 왜 그런지 檢討해 볼 문제이다. 또한 502년(天

역사가 전하는 사마왕의 생애는 참으로 다난하였다. 그는 10대 소년시절에 武라는 이름으로 왜왕위에 등극했으나, 멀리서 부왕의 비참한 최후를 접하는 시련을 겪었다. 이어 40대의 장년(壯年)기에 이르러 백제왕으로 환국하고 나서 부왕의 유지를 받들어 백제 중흥을 꾀하였다. 이후 523년 5월 춘추 62세를 일기로 지금의 공주에서 붕어(崩御)하신 것이다.[32]

셋째, 『일본서기』 무열기(武烈紀) 6년 조('가필' 된 것으로 보임)는 사마왕이 504년 「마나군(麻那君)을 보내 공물을 바쳤다」고 적었다. 그러나 다음 해인 505년 천황은 「마나군은 백제의 골족」이 아니라는 것을 이유로 그를 거부하여 왕은 다시 「사아군(斯我君)을 보내 천황을 섬기게 했다」는 내용도 『일본서기』에 나온다. 그런데 여기에 나오는 「사아군」은 다름 아닌 사마왕의 태자를 말하는 것이다. 그는 불행히도 젊은 나이에 왜경(倭京)에서 서거했다고 하는데,[33] 『서기』는 그의 왕자 「법사군(法師君)」을 가리켜 그가 「곧 왜군(倭君)의 선조이다」라고 하였다.

왜 『일본서기』가 「법사군」을 「왜군의 선조」로 추대했는지 그 배경을 잘 알 수 없지만, 「법사군」이 「왜군의 선조」라는 사실은 그가 곧 「왜왕(倭王)의 선조」라는 말과 같은 것이다. 그러므로 「법사군」이 곧 「왜왕의 선조」라고 한다면, 그의 부왕인 「사아군」이 한때 왜(倭)에 머문 사실도 왜왕위(位)에 오

監元年) 梁 武帝의 昇爵除授도 기록상으로는 「征東將軍·倭國王」으로 되어 있어, 이 문제도 검토를 요한다.

32) 1972년 公州외곽 宋山里의 한 古墳에서는 한 장의 誌石이 나왔는데, 거기에는 斯麻王의 歿年이 있는데, 놀랍게도 그는 「崩」자를 남기고 가셨다. 이로 미루어 보아, 少年 「斯麻(嶋)君」의 倭王位는 더욱 가능했던 것으로 보인다.

33) 文定昌, 『日本古代史』(서울: 柏文堂, 1970), p.355 참조. 「斯我君」의 歿年에 대해 『일본서기』에는 아무 기록이 없는데, 『일본서기』 계체기 7년 조에는 「百濟太子淳陀薨」의 기사가 있다. 淳陀는 斯我君의 다른 이름(法名)으로 보인다. 『續日本紀』 桓武천황 조에는 「百濟 武寧王의 子 淳陀太子」라고 기록되어 있다.

르기 위한 것이었다고 보아야 한다. 그리고「법사군」의 조부인 사마왕의 경우도[34] 그가 461년「각라도(各羅嶋)」에서 탄생하고, 502년 환국전까지「사마군(斯麻嶋君)」의 신분으로「왜국」에 머물렀다는 사실도 바로 왜왕위(位)를 의미하는 것으로 보아야 할 것이다.[35]

넷째 사마왕(斯麻王)은 523년 붕어(崩御) 후 백제 무령왕(武寧王)이라는 시호로 더 잘 알려진 인물이기도 하다. 그의 시호인 무령(武寧)은 왕의 태자인 명왕(明王·시호 聖明王)이 부왕의 위덕을 기리는 뜻에서 제정한 것인데, 사마왕에게「武寧(무령)」이라는 시호는 참으로 뜻이 깊다는 생각이 든다.

무령왕의 인품을『삼국사기』는 잘 묘사하고 있다. 그는「키가 팔척(八尺)에 용모가 그림과 같고, 성품이 인자하고 관후하여 민심이 잘 귀부하였다」라는 점으로 미루어 그가 소년시절 왜왕에 등극하였을 때도 부왕은 그가 용맹스러워「武」라고 명명한 것으로 보이는데, 왕의 사후 그의 태자인 명왕(明王)도 부왕의 시호를 제정하면서 왕의 소년시절의 이름인「武(무)」자와 더불어「寧(영)」자 하나를 더 결합한 것으로 보인다.[36]

그런데 이 武자 다음 붙은 본디의 寧(영)자는 다름 아닌 왕이 60세의 환갑을 맞이하는 521년 양(梁) 무제(武帝)로부터 제수된 최후의 관작이자, 그에게는 최고의 영예이기도 했던「영동대장군(寧東大將軍) 백제왕」의 머리글자로 보아야 할 것이다. 이처럼 武와 寧자는 사마왕에게는 무엇보다도 유서 깊

---

34) 崔在錫, 전게서, p.241 참조. 柳田敏司編,『鐵劍を出した國』(東京: 學生社, 1980), p.99 참조.
35) 이 시대의「君」은『禮記』에도 보이는 것처럼 大王의「侯」로 보아야 한다. 따라서『일본서기』의「嶋(斯麻)君」,「加須利君」,「軍君」,「斯我君」따위는 모두 百濟王의 侯王으로「倭」에 있었던 것으로 보아야 한다.
36) 武寧王과 聖明王의 諡號에는 王의 생존시 王名이 포함되었던 것 같다. 武寧의 경우는「倭王 武」이나, 聖明은「百濟 明王」이었던 것이다.

은 뜻을 함축한 글자였고, 무령(武寧)이라는 시호는 영원히 빛나는 이름으로 남게 될 것이다.[37]

6. 맺는말

5세기 중국 측 사서(史書)에 나오는 이른바 「왜 5왕」의 존재는 일본 고대사에서 「謎(미)의 5세기」라고 하는 「결사(欠史)」시대를 규명하는데 반드시 뒤따라야 할 인물들이다. 이들에 관한 기록을 『송서』가 그토록 잘 보존해온 사실은 참으로 다행스러운 일이 아닐 수 없다. 「왜 5왕」의 기록은 생생하거니와, 왜왕 武가 송 순제(宋 順帝)에게 봉정한 상표문까지 있다. 이 때문에 우리는 칠지도 명문에서 본 왜왕 旨의 존재는 물론 나아가 「지(旨)」의 후대들이 「왜국」의 역사를 어떻게 이어나갔는지를 분명히 알게 되었다. 그럼에도 일본 통설은 명문에도 없는 「칠지도 헌상」을 주장하는가 하면, 성립이 불가능한 천황계의 웅약(雄略)을 왜왕 武에 비정하였다. 이렇듯 「천황」은 바로 「왜왕」이라는 비합리적 등식을 앞세운다면, 고대사의 실체를 크게 왜곡하는 결과가 나올 수밖에 없을 것이다.

그러나 「천황」과 「왜왕」은 전혀 그 계보를 달리하는 서로 상이(相異)한 역사의 실체이다. 왜왕 武가 남기고 간 상표문은 이 같은 사실을 여실히 증명하고 있다. 「武」는 백제와 고구려의 대회전(大會戰)이 일어난 475년 어느 날 자신의 부·형(父兄)은 갑자기 죽었다고 했고, 이에 따라 백제 지원군의

---

37) 坂元義種(京都府立大學 명예교수)은 「武寧王」의 「武」는 武力으로 平定하고(對고구려戰), 국가를 安寧시킨 王이기 때문에 정해진 시호로 생각된다고 하였다(武寧王交流 鎭西町實行委員會, 百濟「武寧王」생탄해협지, 歷史文化 호람, 2004, 의사록, 참조).

출동은 중단되었다고 적었다.

　이러한 사실만 보더라도 『일본서기』에 나오는 웅약(雄略)의 천황계로는 적절한 해명이 불가능한 것이다. 왜냐하면 웅약천황의 부왕인 왜왕 濟(제)라는 인공(仁恭)천황은 서거한지가 이미 오래전이어서, 이 사실과는 전혀 부합이 되지 않는 것이다. 따라서 웅약천황을 중심으로 이루어진 다른 천황들의 왜왕 비정(比定)은 자연히 그 근거를 상실하는 것이다. 웅약천황과 왜왕 武는 전혀 다른 실체이다. 「武」의 부왕은 475년경 싸움터에서 갑자기 죽었고, 그 부왕의 유지는 다름아닌 적대시 한 고구려를 쳐 원수를 갚는 것이라고 하였다.[38] 그는 475년 겨울 아차성(阿且城)에서 비명에 쓰러진 백제 계로왕의 태자인 어린 「사마군(斯麻君)」이 분명한 것이다.[39]

---

38) 武寧王은 百濟王 즉위 이후, 20년이 지난 521년(普通 2년) 梁 高祖에 보낸 한 上表文에서 자신은 父王의 遺志에 따라 「句驪」를 여러 차례 격파하고, 失地를 회복해 지금은 그들과 通好를 하고 있다고 썼다. 그래서 百濟는 다시 強國이 되었다고 덧붙였다 (累破句驪 今始與通好, 而百濟更爲彊國)(『梁書』百濟傳).

39) 전술한 일본 국보 隅田八幡神社鏡의 명문도 斯麻王의 환국 전 倭王位에 있었을 가능성을 시사한다. 斯麻가 이 鋼鏡을 만든 것은 그가 502년 환국 후 그 익년(癸未年)의 일인데, 이때 그는 「河內費直」을 「遣」하여 이것을 만들었다고 하였다. 그런데 이 시대에 「倭」에서 (특히 畿內에서) 「河內費直」같은 인물을 「遣」할 수 있는 직함은 오직 「倭王」이나 百濟王(大王)만이 가능한 것이다. 「河內費直」이 「倭王」에게만 봉사하는 臣下라는 사실은 『日本書紀』雄略紀 九年 2月 조만 보아도 알 수 있는 일이다.

VI
무령왕陵 유물로 비정한 후나야마(船山)고분의 피장자

무령왕릉 유물로 비정한 후나야마(船山)고분의 피장자 133

| 무령왕릉 출토 | 후나야마고분(船山古墳) 출토 |

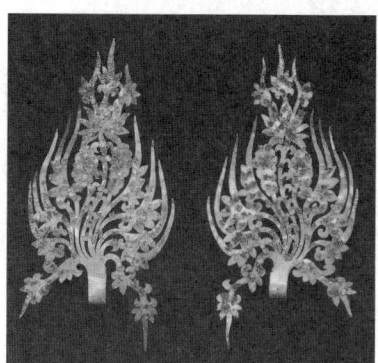

금제관이식(왕용)
국립공주박물관 소장

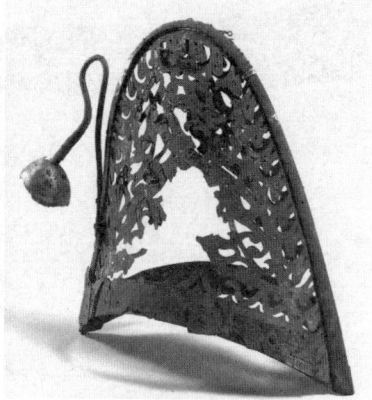

금제관입식(왕용)
동경국립박물관 소장

은·금동제이(왕용)
(龜甲문양)
국립공주박물관 소장

금동이(龜甲문양)
(무령왕릉 출토품과 같음)
동경국립박물관 소장

수대경(후한경)
국립공주박물관 소장

수대경(후한경)
동경국립박물관 소장

134 백제 무령왕의 세계

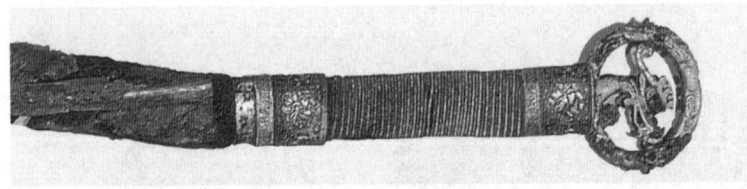

무령왕의 환두대도(龍文)
국립공주박물관 소장

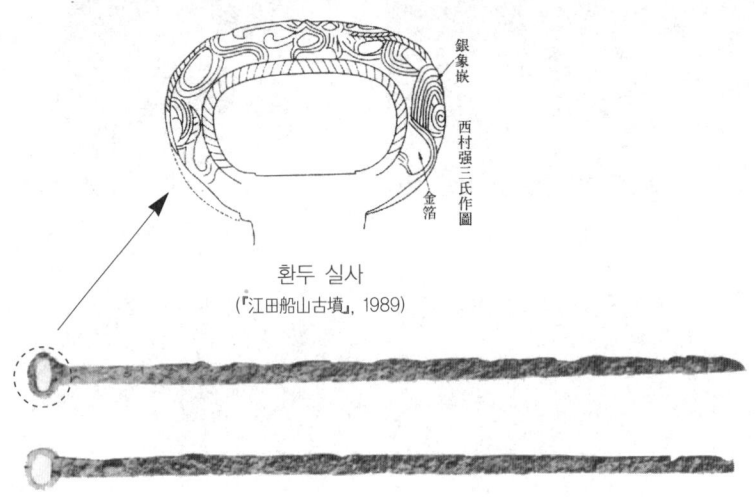

환두 실사
(「江田船山古墳」, 1989)

후나야마 고분의 환두대도(龍文)
동경국립박물관 소장

금제수식부이식(왕용)
국립공주박물관 소장

금제수식부이식(후나야마)
동경국립박물관 소장

1. 머리말*

　서기 1873년 일본 규슈(九州·熊本縣 玉名郡 菊水町)의 한 고분에서는 일본 역사상 최대와 최고로 찬사한 유물들이 대량 발굴되어 이를 보는 이로 하여금 흥을 자아내게 하였다. 고분의 피장자(被葬者·무덤의 주인)가 생전에 사용한 것으로 보이는 이들 유물은 금동관과 금동신발을 비롯 여러 개의 동경(銅鏡)과 대도(大刀) 따위가 쏟아져 나왔다. 그야말로 고귀한 신분의 소유자만이 전용했을 이들 유물에서 피장자의 특수한 신분을 감지할 수가 있었다.

　古代 東아시아의 왕(王)들은 금관(金冠)을 쓰고, 금동이(金銅履·금동제 신발)를 신는 등 화려한 장식을 선호하였다. 고분에 묻힌 피장자가 이 모든 것을 소유했다는 사실이 이 무덤을 빌려 여실히 드러났던 것이다. 이로 미루어 피장자는 일본학계가 추정한 지방의 한「호족(豪族)」이 아니라, 한 지역을 통치한 왕과 같은 인물로 보아야 마땅할 것이다.

　고분의 피장자가 소지했던 것으로 보이는 대도(大刀·큰칼)에는 은상감(銀象嵌) 한 명문이 들어 있다. 오늘날 이 명문 해석을 빌려 그는 5세기 후반에 생존한 인물로, 백제 계로왕(蓋鹵王)의 어세(御世·대왕세)에 신임된「후왕(侯王)」(백제「담로(檐魯)」에 분봉된)의 한 사람임을 알 수가 있다.

　이렇듯 후나야마(船山)고분의 유물들은 한·일 고대사를 정당히 구명하는 중요한 사료(史料)로 보인다. 그래서 이를 심층분석하는 것은 물론 깊이 있는 연구를 우리 학계가 '주도'하는 노력이 필요할 것이다.

＊ 본고는『日本學』제19輯, 1999(東國大學校, 日本學硏究所)에 所載.

2. 후나야마(船山)고분의 발굴

1) 고분의 발굴

일본 규슈(九州) 구마모도(熊本)현 다마나(玉名)군 에다(江田)에 자리한 후나야마 고분은 기구지천(菊池川) 하류에 있다. 길이 49m의 전방후원분(前方後圓墳)인데, 묘제는 횡혈식(橫穴式)이다. 분구(墳丘) 주위에 공호(空濠)가 딸린 이 후원분의 전방부는 서쪽을 향하였다.

옛부터 고분 밀집지대로 알려진 이 일대는 근세에 들어 주변 지역의 개발과 개간으로 말미암아 대다수의 고분은 훼손되어 없어졌다고 한다. 이러한 사실을 말해주듯 오늘 도로변에 홀로 선 한 공양비(供養碑)가 잡초에 가려 눈에 잘 띄지 않은 초라한 모습을 하였다.

그런데 지금으로부터 120년 전인 1873년 한 농부의 집념으로 이 묘(墓)를 열게 되었는데, 내부에는 그동안 사람의 손이 닿지 않은 가형석관(家形石棺)이 발견되었다. 석관(石棺·돌로 만든 관)을 열었을 때 진한 주색(朱色)을 칠한 석관 안에서 아무도 본 일이 없는 귀중한 유물들이 가득 들어 세인들을 깜짝 놀라게 하였다.

고대사회에서 왕만이 지닐 수 있는 금동관(金銅冠)을 비롯 금동이(金銅履·신발)와 구리거울(銅鏡), 큰칼(大刀) 등 무려 92종목에 이르는 유물이 쏟아져 나왔다. 그런데 당국에서는 왠일인지 이 사실을 세상에 알리는 보고서를 오랫동안 내놓지 않았다.

2) 출토유물의 개요

호사가 사부로(保坂三郎) 씨가 정리한 유물의 개요는 아래와 같다. 이로써 이 부장품(副葬品·묘 속에 묻은 물건)은 한 시대를 다스린 왕(王)과 같은 '지체'의 인물이 소장했던 유품으로 보인다.

① 금동관(金銅冠) 및 금동이(金銅履)　② 동경류(銅鏡類)(舶載鏡)¹⁾　③ 대도류(大刀類)

    金銅龍文透彫冠帽　　　　　　宜子孫獸帶鏡　　　　　銀錯銘大刀

    金銅忍冬文冠帶　　　　　　　神人車馬畵像鏡　　　　金銀錯龍文環頭大刀

    金銅龜甲文冠帶　　　　　　　畵文帶神獸鏡　　　　　銀莊環頭大刀

    金銅履 1足　　　　　　　　　變形四獸鏡　　　　　　刀劍類

④ 갑이류(甲冑類) 및 마구류(馬具類)　⑤ 이식류(耳飾類) 및 옥류(玉類)　⑥ 기타

    鐵衝角付胃 1頭, 轡, 輪鐙　　　金製長鎖耳飾 1　　　　　須惠器蓋埦

    鐵頸甲殘缺 2領分, 三鐶鈴　　金製垂飾付耳飾 1　　　　提甁殘缺

    鐵頸甲殘缺 1활　　　　　　　硬玉製勾玉, 石製勾玉

    　　　　　　　　　　　　　　유리製勾玉, 碧玉管玉

    　　　　　　　　　　　　　　水晶丸玉, 銀製丸玉

3) 후나야마(船山)의 금동관과 금동이(履)

　이 고분의 피장자는 실로 많은 부장품을 소장하고 있었다. 특히 금동관 및 관모(冠帽)를 비롯 금동이(신발), 여러 개의 동경, 대도(大刀) 등에서는 당대의 큰 세력을 누렸던 인물이 무덤의 주인공이었음을 증언하는 것이다. 그는 아마도 북규슈(北九州) 일대를 다스렸던 한 왕자(王者)가 아니었냐는 추정을 하게 된다.²⁾

---

1) 船山 출토의 銅鏡은 그 종류가 다양하며 또한 舶載鏡으로서 이를 소지한 사람은 그리 많지 않다. 대부분 중국에서는 5~6세기에 사용했던 銅鏡으로서, 이것을 통해 被葬者의 연대 추정도 가능한 것이다. 특히 여기에 있는 獸帶鏡은 후술할 武寧王陵 출토의 獸帶鏡(「宜子孫獸帶鏡」)과 같은 것이다.

2) 『南齊書』 林邑國伝에는 「王服天冠」이라는 구절이 있다. 王은 제위 시에 「天冠」을 지녔고, 「天冠」은 바로 王權을 상징하는 것이다. 그러나 尹世英 교수(고려대)는, 『『삼국사기』와 中國史料에 따르면, 皮製나 纖維製冠은 있으나, 古墳에서 출토되는 金冠은 없다. …… 古墳에서 출토하는 金冠은 黃泉으로 떠나는 「코스튐」이다」라고 金銅冠의 실용성

이들 부장품의 대다수는 금(金) 또는 금동제 제품인 것으로 미루어 고도의 기술이 없으면 만들 수 없는 세공품이다. 그래서 한반도에서 제조되어 일본에 건너온 것으로 보인다. 그러므로 이 묘(墓)의 피장자는 한반도 특히 백제와 깊은 관계의 인물로 추정해도 무방할 것이다.

(1) 금동 관대(冠帶) 및 관모(冠帽·높이 13.6cm, 길이 15.1cm)

후나야마 고분에서는 폭이 넓은 이른바「광대식(廣帶式)」관대와 좁은「협대식(狹帶式)」관대 2점이 출토되었는데, 부분적으로 부식되어 전체의 모양을 알기는 어렵다. 그리고 관대에 부착한 입식(立飾)도 보이지 않는다.

이 관대[3]는 선점(線点)으로 이루어진 구갑(龜甲)문양(6각형 무늬)과 다이아몬드(菱形)문양(4각형 무늬)이 들어가 있다. 그리고 모서리에는 영락(瓔珞·일명「보요·步搖」라고도 한다)을 매달은 흔적도 엿보인다. 이들 관대보다 상태가 좋은 관모에는 연동제 도금(鍛銅製渡金)을 한 장식이 달렸다. 아래 위가 각각 산자(山字)과 행인형(杏仁形)을 이룬 장식 측면에는 산(山)자 모양 금동판을 좌우에서 합쳤다. 그리고 합친 눈목에는 복륜(覆輪)을 돌렸다.

그런데 후방에는 사행(蛇行) 침금(針金)을 붙였는데, 그 끝은 반구(半球)형의 금구(金具)이다. 측면의 금동판에는 결손부분이 보인다. 그러나 중앙에는 큰 비용(飛龍)문양이 투영(透彫)되었고, 그 주위는 화연장(火炎狀)인 절두이다. 그리고 섬세한 선각(線刻)에서는 많은 영락을 달았던 흔적이 있다.

을 부정하였다(「古墳出土冠帽に對する異論」, 『民族史硏究』20, 1987).
　한편 森 浩一은 金銅履의 실용성을 「生前의 피장자가 政治 일선에서 이 신을 신고 의자에 앉아 내외의 사절을 대하는 등 政治的 위엄을 높이기 위한 도구로 사용하였다」고 하였다(『歷史讀本』, 1989. 5, p.40).
3) 森 浩一는 이를「冠金具」또는「天冠」이라고 하였다(『古墳から伽藍へ』, 中央公論社, 1990년 참조).

(2) 금동이(金銅履 · 길이 29.7cm, 높이 10.6cm, 폭 9.1cm)

금동 관대와 함께 나온 유물은 금동이(신발)인데, 이 역시 관대처럼 연동제 도금을 하였다. 그런데 앞끝이 약간 올라갔고, 전면이 점선으로 이루어진 구갑문(龜甲)양이다. 신은 좌·우 공히 외면에 금실로 여러 개의 영락을 매달았던 흔적이 남았다.

이 신발의 제조 목적을 분명하게 알 수는 없다. 그러나 바닥에 9개의 못('스파이크')이 튀어나와 오늘날 학계는 이를 실용이라기보다는 부장용일 가능성이 높다는 것이다. 그런데 의식용으로만 보아야 할 이유는 없는 것 같다.[4]

4) 환두대도(環頭大刀) 명문의 해석

후나야마(船山)에서 출토된 환두대도에는(길이 91cm) 은상감(銀象嵌)을 한 75자의 글자를 도신(刀身)에 새겼다. 그리고 말(馬)모양의 형상도 보인다. 특히 명문에는 「대왕세(大王世)」라는 글자 3자를 읽을 수 있기 때문에 학계의 관심을 끌었다. 도신(刀身)에 쓴 녹이 깊어 글자를 전부 판독하기는 무척 어려운 일이나, 학계 다수는 아래처럼 읽는데 찬성하고 있다.[5]

---

4) 船山의 金銅履를 비롯한 후일에 발굴한 다른 金銅履 중에는 신(履) 내부에 나무 板을 깔거나 또는 천을 바닥에 붙인 흔적들이 보여 피장자들이 실제 사용했던 것으로 보인다. 아마 특별한 경우인 儀式 때 王은 金冠을 쓰고 金銅履를 신은 것 같다. 그러나 金元龍 교수는, 「古墳에서 발굴되는 신발은 …… 바닥까지 瓔珞을 달고 또 정교한 문양을 나타내고 이 긴 못을 밖으로 내민 것이 있기 때문에 실용품이라기보다는 葬禮를 위한 특수제품의 감이 많다」고 하였다(金元龍, 「韓國美術史」, 서울 : 汎文社, 1968년, p.137).

5) 船山大刀銘은 七支刀銘이나 隅田八幡鏡銘의 서식과 일맥상통하는 점이 있다. 銘文의 「×歯大王世」는 斯麻王이 하사한 隅田八幡鏡銘의 「大王年」과 같은 것이며, 또한 「八月中」이라는 일시는 「癸未年八月日十」이나 「×月十六日 丙午正陽」과 같이 吉日의 擇日로 보인다. 또한 銘文의 「不失其所統」은 倭王 武의 上表文에서 보는 「驅率所統」과 같으며,

(治)天下獲(復)×××鹵大王世 奉爲(事)典曹人名 (無)利弓

八月中 用大鐵× 四尺×刀 八十練六十×三寸上好×刀

服此刀者長壽 子孫××得三恩也 不失其所統

作刀者伊太× 書者張安也

1934년 명문해석의 권위자인 후쿠야마(福山敏男)는 한 논문(「江田發掘大刀及び 隅田八幡神社鏡の製作年代について」)에서 모두(冒頭)의 11자 중 「大王世」의 바로 뒷 자를 「鹵(치)」자로 읽었고, 또한 「治天下(치천하)」다음 글자를 「復(복)」자로도 볼 수 있다고 주장하였다. 그래서 명문은 「治天下復×××鹵大王世」로 읽어야 한다는 주장을 내놓은 바 있다. 그러면 이는 「復□□鹵大王世」와 같고, 결국 「반정(反正·한세이)천황」의 세대에 해당하는 것이라고 하였다. 다시 말해 이 칼은 야마도(大和)의 반정천황이 북규슈(北九州)의 한 호족에게 신임의 증표로 하사한 칼로 보아야 한다는 주장인 것이다.[6]

후쿠야마의 이 같은 무리한 해석은 대왕이 「천황(天皇)」으로 비정되었다는 장점 때문에 일본학계에서 통설로 받아들였고, 나아가 정설로까지 자리를 굳히게 되었다. 그리하여 사회통념은 「5세기 야마토(大和)[7]의 천황은

「八十練六十×三寸×刀」는 「造百練鋼七支刀」와 같은 것이다.
끝으로 「服此刀者長壽 子孫××得三恩也」는 七支刀의 「×辟百兵」, 「傳世後世」와 맥을 같이 하고 있다. 이상으로 보아 당시 이러한 금속명문이나 공문서는 같은 계통에 속하는 인물들에 의해 작성된 것으로 사료된다.

6) 福山敏男, 「江田船山發掘大刀及び 隅田八幡神社鏡の 製作年代について」, 『考古學雜誌』 24-1, 1934.
7) 그러나 1973~74년 埼玉縣의 稻荷山 고분에서는 한 자루의 大刀 가 출토됐는데, 여기에 銀象嵌 된 銘文은 船山大刀와 글자체가 비슷하고, 또한 제작연대(「辛亥年」·471년 또는 531년)도 5세기 후반 또는 6세기 초로 볼 수 있기 때문에 船山大刀銘의 「大王·反正天皇」은 유지하기가 어렵게 되었다.

벌써 대왕으로 호칭되었다」는 성급한 결론에 도달했던 것이다.

그러나 1967년 북한학자 김석형(金錫亨)은 한 논문(「日本 船山古墳出土の大刀銘文について」)에서 후쿠야마의 독법(일본 통설)을 비판하고, 새로운 해석을 시도하였다. 그에 따르면, 후쿠야마는「鹵(로)」자를「齒(치)」자로 읽는데, 만약 이를「齒」자로 읽을 경우「齒」자와「大王世(대왕세)」사이에는 의당 別(별)자가 들어가야 하는데,「別」자가 들어갈 여지가 없다는 것이다. 그래서 그의 판독인 齒자는 사실상 鹵자에 더 가깝게 보인다고 하였다.

이 점을 오늘날 일본학계도「齒(치)」자가 아니고, 오히려「(鹵)로」자에 가깝다고 하는데, 이 경우 모두의「大王世(대왕세)」는 백제 개로왕(蓋鹵王)의 치세로 보아야 할 것이다(연대는 470년경으로 보이는데 학계도 그렇게 보고 있다). 그렇다면 이 대도(大刀)는 백제왕(개로대왕)이「북규슈의 한 왕(후왕)에게 자신에 대한 신속의 표시」로 하사한 것이라는 추론이 가능하다고 주장한다.[8]

일본학계는 이 명문을「獲加多支鹵大王寺」로 읽고, 이를 雄略천황의 치세에 해당하는 것이라는 무리한 주장을 하였다. 그리고 더 나아가 이 칼은 雄略천황이 서기 471년에 한 關西지방의「호족」에게 하사한 것이라고도 하였다. 따라서 船山大刀銘도 雄略천황의「大王世」로 보아야 한다는 것은 이들의 주장일 뿐이다.
이와 같이 일본 학계는「기본사료」라는 船山大刀의 명문을 임의로 해석하는가 하면, 수십 년 된「통설」을 쉽게 포기하는 등 오로지「天皇・大王」의 비정에만 급급하고 있다. 그러나 船山大刀의 제작연대를 반세기 상향 조정하여 오히려 蓋鹵王의「大王世」는 그만큼 더 가능해진 것이다.

8) 李進熙,「船山大刀銘の 研究史上의 諸問題」,『靑丘學術論集』第一集, 東京 : 韓國文化硏究振興財團, 1991, pp.64~65 참조.
船山古墳의 피장품은 한반도에서 만든 것으로 말하면서도 유물「제조지」의 견해는 서로가 다양하다.
① 金錫亨, 李進熙 : 유물은 百濟王(蓋鹵王)의 하사품이라는 견해이다.
② 崔夢龍 : 출토유물 중 有蓋盆은 全南 潭陽 재월리 백제 고분의 출토품과 매우 가까운 것으로 보고, 백제의 영향을 많이 받은 것이라고 하였다.
③ 金思燁 : 이들 유물은 고구려 제품들이다. 왜냐하면 菊池川 주변은 옛부터 고구려의 식민지와 같은 지역이기 때문이다.
④ 直木孝次郎, 上田正昭, 保坂三郎 : 유물은 "新羅의 냄새가 짙다"고 하였다.

3. 일본서 출토된 「관(冠)」과 「이(履·신발)」

1) 가모 이나리야마(鴨稻荷山)고분(滋賀縣 高島郡 소재, 1902년 발굴)

비와고(琵琶湖) 서안(西岸)에 펼쳐진 중적평야(沖積平野)에는 6세기 초에 축조된 것으로 보이는 길이 50m의 전방후원분이 있다. 분구(墳丘·묘의 윗부분) 주위에 공호(空濠·빈 구덩이) 자리가 보이는 이 횡혈식(橫穴式) 분묘는 전방부가 남향이다. 본래의 원형은 많이 파괴되어 그 원형을 뚜렷이 알기는 어렵다.

지난 1902년 조사위원회가 발굴에 나섰을 때 석실(石室)에서는 금동제관 일부와 금동제이가 나왔다고는 하나 금동제이에 대해서는 별 언급이 없다.

「협관대(狹冠帶)」에 속하는 금동제관에는 조그마한 입식(立飾) 장식이 몇 개 부착되었다. 그러나 그 원형을 상상하기가 어려웠고, 관모와 다른 입식장구(裝具)는 모두 부식되어 없어졌기 때문에 눈에 띄지 않았다. 이 밖에도 다음과 같은 다른 부장품이 출토되었다.

석관(石棺)내: 金銅製冠帶, 金銅製履   鹿角裝大刀, 刀子,
　　　　　　銅鏡, 環頭大頭(雙鳳環頭)   玉類 다수

석실(石室)내: 馬具類, 須惠器 등

2) 긴래이쓰가(金鈴塚)고분 출토(千葉縣 木更津 소재, 1950년 발굴)

지난 1932년 분구(墳丘)의 중앙을 통과하는 도로공사로 말미암아 석실 일부가 파괴된 고분이다. 그러나 금동제이(신발)와 마구(馬具) 일부가 출토되었다. 이후 계속된 발굴 결과를 1950년 공식 발표했는데, 금동관류는 나오지

---

⑤ 乙益重隆 : 유물은 "伽倻지방에서 수입한 것으로 보인다"고도 하였다.

않았다는 것이다.[9] 공식 발굴한 부장품은 다음과 같다.

석관(石棺)내: 金銅製履, 銅鏡　　　金銅製耳飾, 金銅製飾具

　　　　　　環頭大刀, 刀子, 挂甲　　金銅製鈴, 玉類

석실(石室)내: 銅鏡, 大刀, 鐵矛, 金銅製馬具類　　須惠器, 土師器 등

　　　　　　金銅製耳飾,　銀製弓弭(활꼬지)

3) 시스와다야마(賤機山)고분 출토(靜岡縣 靜岡市 소재, 1949년 발굴)

시스오가(靜岡)시 시가지에 맞닿은 시스와다야마(賤機山)의 남쪽 구릉 정상 부근에 자리한 횡혈식 전방후원분이다. 현재 고분은 아사마(淺間)신사 경내에 있다. 1949년 공식으로 발굴한 가형석관(家形石棺)에서는 금동제관이 나왔지만, 금동제이는 보이지 않았다.

석관(石棺)내: 金銅冠, 金銅製大刀, 銀裝大刀

　　　　　　刀子, 金銅製鞍, 雲洙, 馬具 등

4) 삼마이쓰가(三昧塚)고분 출토(茨城縣 行方郡 소재, 1957년 발굴)

이 고분은「가스미가우라(霞ケ浦)」에서 가까운 충적지(沖積地)에 축조된 길이 85m의 횡혈식 전방후원분인데, 분구(墳丘) 주위에는 방패모양의 호(盾形周濠)를 둘렀다. 1957년 발굴한 무덤의 석관(石棺) 내부에서는 마형(馬形)입식

---

9) 大塚初重 교수는 古墳時代의「履物」(金銅製履)은 金銅冠과 "한 組의 裝身具로서 제작된 것"이라고 하였다(大塚初重編,『古墳辭典』, 東京：東京堂出版, 1996. pp.399~400 참조).

투조(透彫)금제관 등 다수의 유물이 나왔지만, 금동이만은 보이지 않았다.

　　　석관(石棺)내: 金銅冠帶付立飾, 靑銅飾金具

　　　　　　　金銅製垂飾付耳飾, 道刀, 劍, 玉類

　　　석관(石室)내: 馬具類, 武器類 등

5) 긴간쓰가(金冠塚)고분(福島縣 イワキ市 소재, 1966년 발굴)

이 지방 해안가의 모래밭 근처에 자리잡은 횡혈식 석실의 원분(圓墳)이다. 학계는 이 고분의 축조년대를 6세기 말로 추정하고 있다. 출토된 다수의 부장품 중에는 금동제관(冠의 立飾)이 나와 학계의 비상한 관심을 모았다.

　　　석실(石室)내: 刀, 裝具, 金鎌, 馬具, 須惠器

　　　　　　　挂甲, 小札衝角付冑片 등

6) 후지노기(「藤ノ木」)고분(奈良縣 生駒郡 소재, 1985~88년 발굴)

법융사(法隆寺·호류지) 근처의 이 고분은 옛부터 '큰 무덤'일 것이라는 소문이 돌았다고 한다. 이렇듯 거대한 고분 석실의 「가형석관(家形石棺)」에서는 6세기 후반의 것으로 보이는 일본 최고·최대의 유물이 쏟아져 나와 후나야마(船山) 고분 개봉이래 최대의 성과로 꼽혔다.[10]

이 고분에서는 금동제관을 비롯 금동제이(履)와 수많은 동경과 대도(大刀)류 등에 이어 아주 많은 옥·구슬 등이 나왔다. 그래서 무덤에 묻힌 피장자는 한 시대의 「왕」과 같은 높은 신분의 인물이었음을 상상하기에 부족함

---

10) 大塚初重은 古墳의 축조 및 부장 유물은 약 570~80년의 것으로 추정한다. Yomiuri Special 31 「吉野ケ里·藤ノ木·邪馬臺國」, p.109.

「후지노기」 고분 출토품

石棺내부
(2구의 시신은 부부합장)
(奈良縣立 橿原考古學硏究所附屬博物館 보존관리)

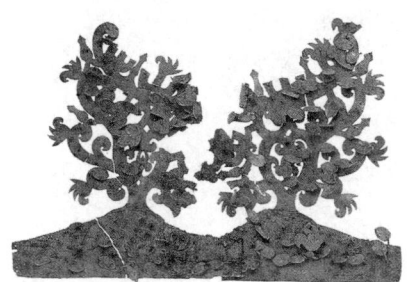

금동제관대(백제계 王冠)
(奈良縣立 橿原考古學硏究所附屬博物館 보존관리)

금동제신발(백제계)
(무령왕의 금동제 신발과 같은 것)
(奈良縣立 橿原考古學硏究所附屬博物館 보존관리)

이 없었다. 특히 여기서 나온 금동관과 금동이는 형태가 우아할 뿐 아니라, 모든 면에서 후나야마 고분 출토 유물과 가장 유사한 것으로 평가되었다.[11]

「후지노기(藤ノ木)」에서는 관모(冠帽) 가운데 외관(外冠)만이 나왔고, 후나야마에서처럼 금동관모는 보이지 않았다. 관대의 형식은 「광대식(廣帶式)」이며 앞 옆이 불룩 올랐다 해서 학계는 이를 「2개의 산(山)자형식」이라고 부른다. 관대에 부착한 2개의 입식장구는 좌·우에 고정되었다. 그 형태는 기본적으로 무령왕릉(陵) 출토의 화염식입식(火炎式立飾)과도 유사한 것이다. 관(冠)에는 아직도 크고 작은 영락들이 그대로 달려 실감이 난다. 관대에는 본래 구갑(龜甲) 문양이 들어갔을 것으로 보이는데, 심하게 부식되어 확인하기가 어렵다.

이와 더불어 출토된 금동이(履)는 2인분으로 밝혀졌다. 이들 금동이는 보존상태가 양호한 편이어서, 후나야마(船山)와 같은 구갑문양이 표면과 바닥에서 선명하게 드러났다. 그리고 영락이 그대로 부착되어 있어 보는 이로 하여금 생동감을 느끼게 하였다. 또 바닥에는 9개의 못('스파이크') 자리가 보여 전형적인 백제계의 금동이었던 것이다.

7) 기타

(1) 아리아기(有明)고분(長野縣)

이 고분에서는 금동제이와 같은 장신구(裝身具)는 보이지 않았다. 그러나

---

11) 猪熊兼勝(奈良文化財 硏究所) : 「冠 과 履는 한국의 출토例에서 본 바와 같이 백제의 영향이 크다는 것을 알았다」(Yomiuri Special 31, 「吉野ケ里·藤ノ木·邪馬臺國」, p.138).
　　大塚初重 : 「藤ノ木의 유물 특히 金銅製裝身具와 武器類는 伽倻와의 농후한 역사적 관계를 기초로 해서 생각하지 않으면 안된다고 생각한다(상게서, p. 109)」.

「후지노기(藤ノ木)」고분 출토 관대부식(付飾)인 「새모양(鳥形)보요(步搖)」보다 다소 큰 봉황(鳳凰)이 날개를 편 듯한 모습의 관식(冠飾)이 나와 당초에는 부장품으로 금동제관을 묻었다는 사실을 알게 되었다.

(2) 스스미노고쇼(「スズミノゴショ」)고분(靜岡縣)

고분에서 관모가 나왔는데, 그 주체부는 결손되었다. 다만 악상(鍔狀) 부분은 그대로 남았다. 외형 33㎝의 원형악(圓形鍔)에는 투조(透彫)된 당초문(唐草文)이 들어갔다. 외연(外緣)에는 7개의 방울(鈴)이 일정간격을 두고 붙어 있다.

(3) 후다고야마(二子山)고분(郡馬縣 前橋市 소재, 1937년 발굴)

이 고분에서 출토된 금동관(冠)은 형태가 양호하여 원형을 알아볼 수 있다. 그런데 관모는 없는 상태로 출토되었으나, 관(冠)의 입식은 일본 국내에서는 보기 드문 심엽형(心葉形)과 출(出)자형 문양을 섞어서 조합한 형식을 드러냈다. 이는 신라계관의 형상에 가깝다고 한다.

(4) 시다시바다니스(下芝谷ッ)고분(郡馬縣)

금동제관류는 보이지 않았으나, 1쌍의 금동제이(履)가 출토되었다. 그런데 이 금동제이(履)에는 다른 지역에서는 보이지 않는 청색유리玉이 암입(嵌入)되었고, 군데군데에 영락이 달려있다.

(5) 오오시다 나오지로(大下直次郎) 씨 소장 금동이(履)

김원룡(金元龍) 교수에 따르면, 오오시다 나오지로(大下直次郎·문화재 소장자) 씨는 개인적으로 다음과 같은 금동제이 한 쌍을 소장했다는 것이다. "표면과 하면(下面) 할 것 없이 모두 변화문(辨花文)을 선각(線刻)했는데, 특히 바닥에는 도합 9개의 팔변연문(八辨蓮文)을 주연부(周緣部)에 징처럼 배치하였다. 그리고 심방부(心房部)에 긴 못을 밖으로 내밀게 하여 특이한 이 금동이 표면의 단화문(團花文)에는 각 1매씩의 영락을 매달았다"[12]고 하였다.

이 신발의 출처가 어디인지는 자세히 알 수는 없다. 그러나 내용으로 보아 후나야마 출토품과 유사하거니와, 후술할 백제 지역 출토 금동제이(履)와 맥을 같이 하는 것으로 보인다.

4. 백제 지역 출토의 「관(冠)」과 「이(履)」

1) 나주(羅州) 신촌리(新村里) 9호분(전남 나주 반남면 소재, 1918년 발굴)

어떤 경유로 발굴했는지 그 배경을 자세히 알 수는 없다. 어떻든 1918년 일본인 다니이 사이찌(谷井濟一)가[13] 발굴한 이 고분에서는 여태 본 일이 없는 백제식 금동관 및 관모와 더불어 형태가 보이는 약간 부식된 금동제이(履·신발) 한 쌍이 나왔다.

완제품으로 보이는 관대에는 전면과 좌·우에 입식이 그대로 부착되어 상태가 양호한 편이었다. 백제식 관제(冠制)를 연구하는데 큰 몫을 할 것으로 보인다.[14] 한편 금동제이(履)는 후부가 부식되었으나, 선명한 다이아몬드형(菱形)문양에다 문양 마디 마디에 달렸던 영락의 흔적과 신발바닥에 부

---

12) 金元龍, 전게서, p.137.
13) 1918년 谷井濟一는 當局의 승인 하에 古墳을 발굴했지만, 그 결과를 밝힌 자세한 보고서는 내놓지 않았다.
14) 백제지역과 「倭」에서는 아직껏 이런 金銅製冠의 원형이 나온 일은 없어 학계 일부는 이를 「馬韓式 冠制」로 보는 견해도 있다. 그러나 冠의 제법이나 시대적 구분으로 보아 「百濟式冠制」의 대표적인 작품으로 보인다.

착된 못('스파이크')도 도합 9개씩이나 드러났다.

이때 출토된 관(冠)과 이(履)는 그동안 발굴한 수많은 유물 중에서 후나야마(船山)의 관(冠)과 이(履)에 가장 가까워 한눈에 양자 간의 특수한 관계를 감지할 수가 있었다.

출토품: 環頭大刀, 三枝槍, 弓, 箭筒金具, 鐵鏃(화살촉)
　　　　銅釧(팔지), 頸飾(목걸이)

2) 공주 송산리(宋山里) 5호분(충남 공주시 소재, 1971년 발굴)

1971년 공주박물관장 김양배(金良培)가 고분을 보수하는 작업 중에 실로 우연히 만난 무덤이 바로 무령왕릉이다. 「처녀분(處女墳)」(도굴 당하지 않은 묘)이었던 이 고분은 열었을 때 아치형을 이룬 연화(蓮花)문양 벽돌의 현실(玄室)과 천정이 드러났다. 이는 양(梁)나라 무덤의 디자인을 그대로 도입한 횡혈식 묘제였다.

이 고분에서는 우리나라 고고학 발굴 사상 유래를 볼 수 없는 지석(誌石)이 나왔는데, 이를 빌려 피장자가 백제대왕·사마왕(501~523)인 동시에 왕의 붕어(崩御) 후 대비(大妃)를 합장해 두 분을 모셨다는 사실도 알게 되었다. 이에 따라 한·일 고대사에서 미스터리로 취급되었던 특수한 역사 해석의 뚜렷한 실마리를 찾게 되었던 것이다.

현실 내부에 안치한 2개의 목관(木棺·金松으로 된 관)은 부식되어 형태를 알아볼 수 없었다. 그러나 바닥에 무수하게 널린 부장품은 제모양을 잃지 않았기 때문에 역사의 '수수께끼'에 명확한 해답을 들려 줄 것이다.

이 고분에서는 왕과 왕비의 것으로 보이는 불꽃무늬 금제입식관구(冠具)만 두 쌍이 나왔을 뿐 관대와 관모는 나오지 않았다. 왕의 입식관구에는 영락이 그대로 달렸으나, 왕비의 것에서는 그 흔적만을 확인할 수가 있었다.

그런데 발굴 당시 관식(冠飾) 주위에는 금제식구(飾具)의 잔해가 보였다는 발굴보고로 미루어 이는 관대와 관모의 잔해가 아닌가 생각된다.[15]

왕과 왕비의 금동제이(履) 쌍은 문자 그대로 우아한 모습을 그대로 간직하고 있었다. 이것은 국내외에서 출토된 수많은 금동이(履) 중에서 단연 으뜸가는 명품의 유물이었던 것이다. 신발의 바닥과 좌·우 양측 표면은 다른 출토품과 거의 마찬가지로 구갑문양이 들어갔고, 바닥에는 9개의 못('스파이크')이 박혔던 것으로 보인다.

그러나 이 금동제이(履)가 다른 출토품과 구분되는 특징은 구갑문양을 한 당초의 동판 위에 봉황을 투조(透彫)한 금동판을 한 장 더 붙였다는 것이다. 이는 바닥에서도 보이고, 그 문양에다 영락을 달기도 하였다. 이 같은 제조과정은 2배 이상의 공력(功力)이 소요되는 특수한 제법이어서, 백제왕(대왕)의 지체에 걸맞는 유물이기도 한 것이다.

출토품: ① 동경(銅鏡)　　　　② 대도(大刀)
　　　　方格規矩神獸文鏡　　環頭(單龍)大刀　1개
　　　　宜子孫獸帶鏡[16]　　　金銀粧刀子　　　4개
　　　　獸文鏡

---

15) 필자는 羅州 新村里 출토의 金銅冠과 같이 王과 王妃의 立飾冠具는 원래 金銅冠帶에 부착되었던 것으로 본다. 그러나 학계 일부는 『三國史記』 百濟本紀 古尒王 조의 기록과 같이 이 立飾冠具는 金冠에 부착한 것이 아니라 「비단모자」의 양 곁에 세우는 것이라고 한다.
　　金元龍 교수에 의하면 백제와 고구려의 王冠은 외관이 비슷했다고 한다(金元龍, 전게서, p. 352 참조).
16) 船山 출토의 「獸帶鏡」은 이 宜子孫獸帶鏡의 同范鏡인 後漢鏡이다.

③ 금은장신구(金銀裝身具)

金製耳飾[17], 金製頸飾, 金製三足釵

金・銀製釧, 金製銙帶, 金銀製腰佩

金製小珠, 管玉(琥珀, 琉璃製) 등

3) 익산 입점리(笠店里) 1호분(전북 익산시 소재, 1986년 발굴)

익산군(益山郡) 웅포면(熊浦面)의 한 야산에 자리잡은 이 고분(횡혈식)은 5세기 중반에 축조된 것으로 보인다. 마을의 한 학생(중학생)에게 발견되었다고 한다. 이미 도굴된 흔적이 보이는 이 고분의 석실에서는 금동관과 관모, 금동제이(履) 등 모두 48점의 귀중한 유물이 출토되었다. 그런데 출토 후 소홀하게 다루어 관대와 입식은 산산조각으로 부서져 형태를 알아볼 수 없게 되었다.

이때 발굴한 금동관모 후면에는 사행상(蛇行狀・뱀이 움직이는 모양)의 침금(針金)을 부착했는데, 그 끝은 반구상금구(半球狀金具)였다.[18] 이는 바로 후나야마 고분 출토의 관모(冠帽)와 꼭 같은 모양이어서, 주목을 끈다. 또한 금동제이(履)도 문양이 '다이아몬드형(菱形)'일 뿐 기본적으로는 후나야마 고분의 것과 흡사하다고 말할 수 있을 것이다.[19]

사실 입점리 고분 출토의 관(冠)과 이(履)는 그 모양세나 또는 제작기법이

---

17) 王의 金製耳飾은 船山의 것과 같은 것인데, 이들은 한 계열의 기술로 만든 것이다. 여기서도 王의 것은 많은 手工과 細工이 가해진 것으로 보여, 한・일 양국에서 출토된 金製耳飾으로는 최고의 것이라 하겠다.
18) 그동안 수많은 冠帽가 출토되었는데, 笠店里와 船山 출토품만이 모자 후면에 특수한 冠飾이 딸렸는데, 그 용도는 자세히 알 길이 없다. 다만 특수 목적을 위한 冠飾으로 보여, 그 시대의 어떤 「지체」를 표현하기 위한 것으로 여기고 있다.
19) 이 菱形('다이아몬드형') 문양은 船山 출토 金銅製冠飾(狹冠帶)에서 볼 수 있다.

후나야마 고분 출토의 것과 꼭 같은 것이다. 이들은 마치 쌍둥이라 해도 그리 잘못된 표현이 아닌지도 모른다.[20]

출토품: 金銅製冠飾   金製耳飾   馬具類 ― 雲珠, 轡, 銀製
　　　　立飾片 2점   琥珀, 頸飾   발걸이, 杏葉, 화살통, 꾸미개
　　　　帶輪片 1점   土器類 ― 須惠器, 靑磁四耳壺[21]

4) 나주(羅州) 복암리(伏岩里) 3호분(전남 나주시 소재, 1996년 발굴)

최근 국립문화재(文化財)연구소와 전남대(全南大)박물관은 복암리 고분군(群)을 조사하였다. 이 가운데 3호분(墳)에서는 그 형태가 보이는 금동제이 한 쌍과 유물 10여 점이 함께 출토되었다. 서기 6세기경에 축조한 것으로 보이는 이 고분은 발굴 이전에 이미 사람의 손길이 닿았던 것으로 추정되었는데, 특히 고분 안에는 4기의 '옹관묘'가 동시에 존재하여 학계의 비상한 관심을 모았다.[22]

이 복암리 3호분 금동제이는 신촌리(新村里) 9호분에 이은 나주 지역 두 번째 출토품이다. 이 같은 금동제이는 후나야마 고분과 무령왕릉, 입점리 고분 등에서 나온 유물처럼 표면과 바닥에 구갑문양을 선각(線刻)으로 새기고, 바닥에는 모두 9개의 못('스파이크')이 달렸던 것으로 보인다. 그리고 많은

---

20) 한편 미확인 자료이기는 하나, 慶南 陜川 반계제의 돌터널 무덤에서도 笠店里고분의 冠帽와 같은 "뒤편에 휘어진 긴 나팔모양의 장식"을 한 冠帽가 나왔다고 한다.
21) 武寧王陵에서도 이것과 같은 중국제 靑磁四耳壺가 출토했다.
22) 이 지역은 盆山 熊浦와 더불어 백제왕국의 남방 거점으로 보이나, 고고학계는 이 횡혈식 석실에 여러 개의 「옹관묘」가 동시에 존재하고 있다는 것을 이유로 5~6세기의 羅州지역은 아직도 馬韓시대의 존속으로 추정한다(崔夢龍 교수의 견해를 참작할 것 - 「반남면 고분군 발굴 보고서」).

익산 입점리고분 출토

금동제 관모
(후나야마고분 출토품과 같음)
국립전주박물관 소장

나주 신촌리고분 출토

금동관과 관모
(백제와 왜(倭) 출토품의 원형)
국립중앙박물관 소장(중박 200812-508)

금동이(菱形문양에 三葉꽃)
국립전주박물관 소장

금동이(菱形文樣에 四葉꽃)
국립중앙박물관 소장(중박 200812-508)

나주 복암리고분 출토

금동이(龜甲문양에 연화꽃)
국립문화재연구소 소장

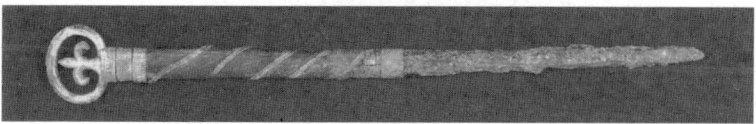

환두대도(三葉꽃)
국립문화재연구소 소장

영락을 금실(金絲)로 달아맨 흔적도 보인다.

    출토품: 銀製三葉環頭刀, 鐵製劍 轡, 雲珠, 杏葉, 鐙子片

          鐵製刀子形 화살촉, 뚜껑달린 잔

5. 후나야마(船山)의 피장자는 백제왕의 「후왕」

1) 후나야마의 부장품(副葬品)은 백제계 장신구의 표본

지금으로부터 120년전 에다(江田) 후나야마 고분에서는 2개의 금동제관과 한 쌍의 금동제이(履)와 더불어 여러 개의 청동경(後漢鏡), 대도(大刀), 옥을 비롯한 금·은 장신구와 마구류(馬具類) 등이 쏟아져 나왔다. 모두 고대의「왕」들만이 지닐 수 있는 이들 유물은 자그마치 92종류나 되어 세인들을 놀라게 하였다. 그리하여 고분의 피장자는 필경 한 시대에 이 지역을 통치한「왕」과 같은 인물이 아닌가 의심케하는 궁금증을 자아내게 되었다.

그러나 당시 일본 학계는 그저 '경악' 하고, '감탄' 했을 뿐 합리적인 해석을 내리지 못한 채 장기간 방치하였다. 학계는 20세기에 접어들어 비로소 해석을 시도하게 되었는데, 이때 역시 유물의 역사적인 고찰은 하지 않은 채 그저 대도명(大刀銘)에 보이는「大王世(대왕세)」의 해석을 빌려『일본서기』 신공기에 맞추는 일에만 매달렸다.

그 결과 고분의 주인공은 북규슈 지역에 존재했던 한 유력한 호족(豪族)에 불과한 인물로 '격하' 하고 대도명(大刀銘)에 보이는「대왕세(大王世)」는 다름 아닌 반정(反正·한세이)천황(406~410)의 치세라고 단정해 버렸다. 이는 당시의 천황이었던 반정천황이 대왕으로 호칭되었다는 엉뚱한 주장을 내놓았던 것이다.

그러나 후나야마 고분의 발굴 후 꼭 100년이 되는 1971년 충남 공주의 한 고분(무령왕릉)이 개봉되어 상황은 급반전(急反轉)하였다. 이때 세상에 처음 모습을 드러낸 유물들은 후나야마 부장품과 너무 흡사했던 것이다. 2개의 금동관입식(立飾)을 비롯 2쌍의 금동제이(履), 4장의 청동경(後漢鏡), 5자루의 대도(大刀), 금ㆍ은ㆍ보석류의 장신구와 미구류 등 자그마치 2천여 점에 이르른 유물은 후나야마 고분 피장자의 것과는 매우 유사하여 양자 간이 긴밀한 관계였다는 사실을 시사해 주었다.

東아시아 정치사회에서 관(冠)과 이(履)는 왕권의 상징을 대표하는 표지유물이었다. 그래서 후나야마 고분의 피장자도 생전에 금동관과 금동이(履)를 소유한 인물이 분명하였다. 그는 결코 한 지역의 호족이 아니라,[23] 그 지역(북규슈 일대)을 다스린 「왕」과 같은 인물로 보아야 했던 것이다.[24]

그는 무령왕이 생전에 지녔던 동경(獸帶鏡)과 금ㆍ은 장신구(金製耳飾 등), 환

---

23) 船山고분의 피장자를 直木孝次郞는 다음과 같이 말한다.
「船山고분의 호족은 大和정권에 종속되었지만, 동시에 한반도 남부의 양국 특히 신라와 밀접한 관계였다고 생각된다. 단적으로 말하면, 大和정권과 신라 또는 백제에 귀속되었던 것으로 생각한다.」
또한 원로학자 梅原末治도, 「本고분의 피장자는 당대 大和조정 治下의 한 일본인 豪者의 墳塋임이 분명한 것처럼 이는 우리 大和조정이 中國之朝의 초기부터 중기에 걸쳐 일본全土를 장악한 가운데 한반도에까지 일본과 같은 墓制를 쓰도록 한 것을 말해 주는 것이다. …… 피장자는 海外와 관계가 깊은 人士인데, 大和조정 治下에 있는 일본인 祖先의 한 호족이라고 할 수 있을 것」이라고 하였다(江田船山古墳編集委員會 編, 『江田船山古墳』, 1989, pp.7~8, 84~85).
24) 船山古墳의 피장자를 북한학자 金錫亨은 백제의 「蓋鹵大王」으로 해석하고, "이 무덤의 主人公은 백제 도래인이나 혹은 백제와 깊은 관계의 인물"로 보았다(李進熙, 「古代韓日變遷史 硏究와 武寧王陵」, 『百濟硏究』제13輯, 충남大學校, p.160).
한편 在日 사학자 李進熙도 "船山고분의 피장자는 大和정권과는 관계가 없는 것으로 보인다. 유물로 미루어 오히려 백제계 도래인이거나, 백제와 관계가 깊은 武人의 성격이 농후한 인물"로 보고 있다(李進熙, 「船山大刀銘の硏究上の諸問題」, 『靑丘學術論集』第一集, 東京 : 韓國文化硏究振興財團, 1991, p.90).

두대도(環頭大刀) 등 수많은 유물을 공유했던 것으로 미루어 백제왕가(王家)에 속하는 인물이었다. 그래서 백제왕의 「후왕(侯王)」의 한 사람으로 보아도 무방할 것이다.

2) 후나야마의 관모와 이(履)는 입점리의 것과 같은 것

그동안 왜(倭)와 백제지역에서 출토된 많은 왕관과 금동이(履)는 상호 간에 많은 공통점이 드러난다. 특히 후나야마 고분 출토 유물은 백제지역에서 출토된 유물과는 맥(脈)을 같이 하여 더욱 주목할 수밖에 없다. 그런데 입점리(笠店里)에서 출토한 관모는 후나야마 고분의 관모와 더불어 후면에 장식을 부착한 것으로 미루어 이 둘은 쌍둥이와 같은 것이라고 해도 과히 잘못된 표현은 아닌 것 같다. 그동안 많은 관(冠)류가 출토되었는데, 유독 두 관모만이 그 후면에 이상한 장식물을 부착하였다. 그 이유를 잘 알 수는 없으나, 이 같은 장식을 특별히 부착한 이유가 있을 것이다. 이는 어떤 신분상의 특성을 표시하기 위한 것이 아닌가 한다.

입점리 1호분의 피장자를 먼저 생각하면, 그가 왕관과 금동이(履)를 소유한 것으로 미루어 백제왕家의 한 구성원으로 보인다.25) 당시 백제는 지금의 익산지역(熊浦)에 도읍을 정한 일이 없기 때문에 그가 백제왕이 아닌 것만은 분명하다. 당시 백제의 도읍은 한성(漢城)이나 웅진(熊津)이 아니면, 지금의 부여(扶餘) 중 하나라는 사실은 역사의 기록과 무령왕릉 출토의 지석을 보아도 알 수 있는 일이다.

『양서(梁書)』 백제전에 따르면, 무령왕시대나, 그 이전 백제의 통치체제는

---

25) 全榮來 교수는 笠店里 출토 유물의 年代를 5세기 末로 比定한다(福岡縣 教育委員會編, 『九州における 古墳文化と 朝鮮半島』, 1989, p.121 참조).

「담로(檐魯)」라는 특유한 방식의 통치체제였는데, 당시 백제는 22개의 담로에 왕의 「자제·종족(子弟·宗族)」을 봉(封)했다고 한다.[26] 입점리 고분의 피장자는 백제왕으로부터 담로로 분봉(分封)된 왕의 「후왕」으로서의 백제왕의 「자제·종족」의 한 사람으로 볼 수도 있다. 따라서 입점리에서 남쪽으로 좀 먼 신촌리(新村里)고분의 피장자들도 같은 백제왕의 「후왕」의 한 사람이었을 것이다. 또한 후나야마 고분의 피장자 역시 백제 「담로」로 분봉된 후왕의 한 사람으로 보아도 무리가 없을 것 같다.[27]

그러므로 후나야마 고분의 피장자는 부여(扶餘)계의 여(餘) 씨 성에다 단자명 왕명을 가진 인물로서, 생전에는 「사마군(斯麻君)」이나 「축자군(筑紫君)」과 같은 군(君)자 이름도 가졌을 것이다. 또한 관군장군(冠軍將軍)을 비롯 보국장군(輔國將軍), 건무장군(建武將軍) 따위의 장군호도 지녔던 것으로 추정된다.

6. 맺는말

후나야마 고분을 발굴한 이후 일본학계는 환두대도명(大刀銘) 해석에만 집착하였다. 이에 따라 명문을 임의로 판독했을 뿐 아니라, 이를 부당하게 해

---

26) 『梁書』권 54, 諸夷 百濟조 : 「百濟 亦據有 遼西晉平二郡 地矣自置百濟郡... 號所治城曰固麻 謂邑曰檐魯 如中國之言郡縣也 其國有二十二 檐魯 皆以子弟宗族分據之」
27) 船山고분이 자리한 옛 「玉名郡(タマナ)」의 이름은 백제 「檐魯」의 訓讀으로 보이는데, 이 지역의 「地元人」들도 「タマナ(玉名)」의 호칭은 古代로부터 불렸던 地名이라고 말한다. 이로 미루어 이 지역은 원래가 「檐魯」라는 이름으로 시작한 것이다. 이 같은 「玉名(タマナ)」을 『日本書紀』의 한 기사에는 「玉杵名(タマキナ)」로 표기했는데, 이는 魂이 붙는 장소를 뜻하는 것이라고 한다. 또한 "호족과 같은 聖스러운 사람이 사는 신성한 장소"라는 뜻이라고도 하였다(角川文庫編, 『日本史探訪』Ⅰ, 1983, pp.187~188 참조).

석하는 오류를 범하게 되었다. 그래서 명문에 나오는 「大王世(대왕세)」를 반정(反正·한세이)천황의 치세(5세기 초)라고 했고, 근자에 와서는 웅약(雄略)천황의 치세(5세기 후반)로 바꾸는 등 고분의 피장자를 그저 천황(일본학계는 대왕으로 본다)에 봉사하는 한 '호족'이라는 점에만 매달렸다.

이는 황국사관(皇國史觀·고대일본이 한반도를 지배했다는 사관)의 틀에 꿰맞추기 위한 해석일 뿐 역사에 근거한 합리적 해석은 아니다. 피장자가 왕관을 비롯 금동이(履), 금은제혁대, 환두대도(큰칼) 등 엄청나게 많은 고귀한 부장품을 곁에 두었다는 사실은 그가 한 '호족'에 불과한 인물이 아니라, 한 지역을 통치한 「왕」과 같은 인물이었음을 말해 주는 것이다. 그는 백제왕(대왕)의 「후왕」을 말하는 대왕의 「자제·종족」의 한 사람으로 보아야 할 것이다.

오늘날 후나야마 고분의 피장자를 담로로 분봉한 백제왕의 「후왕」으로 보아야 할 이유는 대도명(銘) 해석으로나, 역사의 관행으로만 보더라도 가능성을 부정할 수 없을 것이다. 그러므로 후지노기(藤ノ木) 고분의 피장자는 관(冠)과 이(履)가 출토된 입점리 고분과 신촌리 고분 등 수많은 고분의 피장자들과 함께 모두가 당대의 백제 담로(檐魯)로 분봉된 백제왕의 「후왕」이거나, 이에 버금가는 '지체'의 인물이라고 보아도 크게 잘못된 시각은 아닐 것이다.

VII
일본 남향촌(南鄉村)의 「大王」명 말방울

- 감은사(感恩寺)터 출토 「大王방울」과 유사하다 -

두 大王명 馬鈴의 비교

일본 남향촌 神門神社
(백제 禎嘉王이 社神 근처에서 출토)

감은사 石塔
(東塔에서 출토)

남향촌 출토 大王銘 마령
[野村利行씨(宮崎市) 소장]

감은사터 출토 大王銘 마령
(조선일보, 1997.2.21)

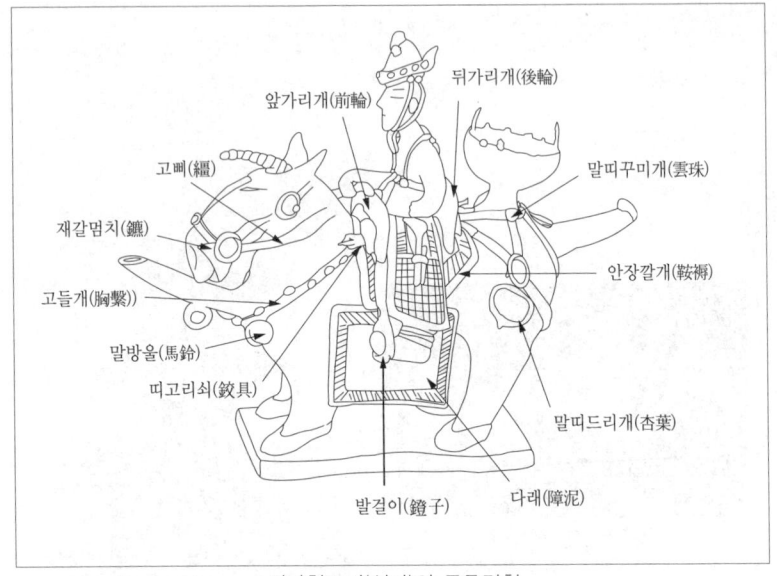

기마형토기(신라)의 馬具명칭

가야지역 출토 말방울
(조선일보, 1997.2.21)

「大王방울」(한국)
출처미상

1. 감은사 터에서「大王방울」출토*
－「문무(文武)대왕」을 위한 호국「동탁」?－

오늘날 국내에는「삼국시대」또는 그 이전 유물로서의 금석문(金石文)은 광개토왕비문(廣開土王碑文) 등 수 점에 불과하다. 그러나 명문에「大王(대왕)」자가 들어간 유물은 전무한 형편이어서, 감은사(感恩寺)터에서 나온 말방울에「大王」자 명문이 보인다는 소식은 참으로 반가운 일이었고, 또한 역사적인 의의가 커서 감격해 마지않았다.

지난 1997년 2월 21일자 조선일보(朝鮮日報)의 기사 "大王자 방울 국내 첫 발견"은 필자에게는 너무나 충격적인 기쁨이었다. 왜냐하면 우리나라에서「大王」자 명문의 말방울이 처음 나왔다는 사실이 기쁨으로 다가왔기 때문이었다. 당일 보도된 기사에 따르면, "지난 '96년 4월 보수작업을 위해 해체한 경주 감은사터 東탑에서 나왔다는 사람 얼굴 모양의 방울에서「大王(대왕)」이라는 글자를 최근 국립문화재연구소가 확인했다"는 것이다.

그리고 이 방울은 "앞뒤면을 비슷한 모양으로 주조한 다음 이를 서로 붙인 것인데, 길이 4.2cm에 두께 2.5cm 크기의 사람의 얼굴을 익살맞게 풍자"한 것이라고 했다. 이어 "툭 튀어난 두 눈에 비해 코와 입은 낮아 과장스레 대비"되어 "마치 '하회탈'이 연상되는 듯한 익살스러우면서도 온화한 웃음을 웃는다"고 덧붙였다.

기사에 유물이 경주 감은사터에서 나왔기 때문에 "이를 문무(文武)대왕과 관련한 것"으로 보고, "「大王방울」은 문무대왕의 호국의 뜻을 염원한 동탁

---

* 본고는 1997년 2월 21일부『朝鮮日報』기사에 대한 반박이다. 月刊『朝鮮』1997년 4월호는「感恩寺「大王방울」은 百濟에서 보낸 것」이라는 題로 본고를 소개했다.

(銅鐸)으로 보아야 할 것이다"라고 했다. 다시 말해 이 말방울의 제조지로서
는 경주로 제한하는 것 같고, 유물은 문무왕의 염원을 받드는 의례적인 것
으로 해석했던 것이다.

그러나 필자는 좀 다른 견해를 가지고 있다. 이「大王방울」은 한 시대의
대왕(大王)을 자처한 왕이 만들어 특히 경사스러운 날에 자신의 신하들에게
내린 일종의 하사품 마령(馬鈴)으로 보고자 한 것이다. 옛날의 큰 왕들은 나
라에 경사스러운 일이 생기면, 으레 좋은 말과 금빛 찬란한 마구(馬具)를 자
신의「후(侯)」들에게 나누어주는 관례를 베풀었다고 한다. 이때를 기념하기
위해 왕은 마령에다「大王」자를 써 넣어 신하들에게 하사했던 것이다.

2. 일본 남향촌의「大王방울」- 백제왕이 하사한 마령? -

그러므로 이런 종류의 마령은 경주(慶州)지역 이외에서도 나올 수가 있고,
또한 더 많은 마령이 나올 가능성도 없지 않은 것이다. 사실 이와 비슷한
모양의 大王명(銘) 마령은 일본 규슈(九州)의 산골마을 남향촌(南鄕村 · 난고손)
에서도 나와 한때 화제를 모은 적이 있다. 지금으로부터 약 15년전 남향촌
에서 출토된 것으로 보이는 이「大王방울」은 오랜 침묵을 깨고, 작년 여름
그 지역「서정창원(西正倉院)」개관 무렵 마령의 소유주가 남향촌에서 공개
하면서부터 비로소 세상에 알려진 것이다. 다소의 오해를 피하기 위해 이
를 공개하게 된 경유를 좀 설명할 필요가 있다.

수년 전 '남향촌' 미카도(神門)신사(백제왕족 정가왕 · 楨嘉王을 모신 신사)에서 뜻
밖에도 33개의 '고경(古鏡)' 을 비롯 '큰 마령' 과 '마탁(馬鐸)' 등이 나온 일이
있다. 이때 남향촌 당국은 이 유물을 연구보존 하기 위해서 이른바「서정
창원(西正倉院)」이라는 거대한 건물을 건립하고, 이를 1996년 5월 1일 완성

하여 세상에 알리게 되었다. 이 날 개관식행사는 '텔레비젼'과 '라디오' 중계로 전국적으로 보도되어서, 이로써 남향촌은 일약 전국에서 각광을 받은 "큰 역사마을"로 변모했던 것이다.

이러한 사실이 알려지면서부터 주변에서 서둘러 숨겼던 백제왕 전설이 하나 둘씩 고개를 들게 되었다. 남향촌에서 약 100km나 떨어진 「다노정」마을 한 신사의 궁사(宮司·신사의 책임자)는 자신들이 오래 소장한 문서에 백제왕의 도래 사실을 기록한 문서를 내놓아 이를 「백제왕전설」의 사실로 고증하였다. 또한 미야자기(宮崎)의 노무라(野村利行·50세) 씨는 감은사(感恩寺)터에서 나온 「大王방울」과 같은 명문이 들어간 「大王방울」을 세상에 공개하였다. 그는 "15년전 자신이 미카도(神門)신사 근처의 촌립병원을 개축하기 위해 그 옆에 자리한 묘목집에서 80년 된 나무 한 그루를 사서 뿌리를 캐던 중 깊이 80cm 땅 속에서 말방울 한 쌍을 발견했다"고 당시를 돌아보았다.

그가 내놓은 '마령'은 현재 서정창원(西正倉院) 소장 정가왕(楨嘉王)의 유물로 보이는 마령과 모양새가 비슷하다. 더구나 마령의 출토지가 신사 근처인 점으로 미루어 상호 관련성이 엿보인다. 무게 48g, 길이 5.2cm, 옆 4.5cm, 두께는 0.51~1.5cm 크기의 이 「大王」명 마령은 감은사터 출토 마령보다는 약간 적다는 감이 든다.

이 방울은 "양면에 「大王」이라는 글자 2자가 선명하다. 그리고 글자의 주위에는 풀무늬 문양을 둘렀고, 젖꼭지나 툭 튀어난 눈알 같기도 한 2개의 돌출부가 있다. 이를 접합한 기법이 정교한데, 방울을 흔들면 '치리' '치리' 한 건조한 소리가 나는 등 통상의 구형(球形) 방울과는 그 소리가 다르다"고 한다.

이러한 몇 가지 유사점을 빌려 본 남향촌의 「大王」명 마령은 감은사터 출토 大王방울과 비슷하다. 그래서 시대에 통용된 마령으로 보인다. 이에 따라 명문에 보이는 「大王」도 같은 계통의 인물로 보이는데, 이는 일응 백제

「대왕」이 아닌가 하는 생각이 든다. 왜냐하면 남향촌의 大王방울은 퍽 오래된 것으로 보였고, 또한 '진솔'한 느낌이 들었기 때문이다.

　남향촌(南鄉村) 출토 유품을 본 미야자기(宮崎)대학의 오구노(奧野正男) 교수는 "일본과 백제 땅에서 이 같은 방울의 출토는 드물다"면서 "이는 새로이 만든 것은 아니고, 「大王」은 백제에서 흔히 쓰는 글자였다"고 말했다는 것이다. 이와 함께 "이 물건은 참으로 놀랄 만한 충분한 가치가 있다"는 말로 격찬을 아끼지 않았다.

　그러나 '남향촌' 당국은 이 유물을 공개한 이후 나라(奈良)국립문화재연구소에 감정을 다시 의뢰한 일이 있다. 그 결과는 부정적이어서, 당국은 실망한 나머지 서정창원(西正倉院) 전시 계획을 포기하고 말았다. 사실 감정을 의뢰받은 나라국립문화재연구소는 이러한 유물을 보거나, 들은 일도 없기 때문에 이를 극히 간단하게 "중세(中世) 중국의 것"이라고 하였다. 더 이상의 문제 제기를 하지 못하도록 조치하였던 것이다(1997. 2. 28 자 조선일보 참조).

　그 정도의 감정을 한 나라국립문화재연구소 입장을 이해할 수도 있다. 왜냐하면 일본의 공적 감정 기관은 이 남향촌의 「大王」명 마령처럼 역사성에 민감할 수밖에 없는 큰 유물을 공정하게 감정할 위치가 아니었기 때문이다. 만약 공적기관에서 이 유물을 정당하게 감정하고, 6~7세기 또는 그 이전의 것이라고 공식적인 의견을 내놓았다고 가정해 보자. 이는 당장 민감한 반응을 일으켰을 것이다. 명문의 「大王」은 과연 누구인가라는 본질적인 문제에 봉착하고, 결국은 일본의 역사체계에 대한 중대한 도전이 되었을 것이다.

3. 감은사 터 출토 「大王방울」은 백제왕의 하사물

중국에서는 황제나 제황(帝皇)을 사실 「大王(대왕)」이라고는 부르지 않는다. 따라서 중국에서는 大王자 명문이 금속문으로는 잘 통용되지 않은 것으로 사료된다. 그간 필자는 많은 금석문을 보아왔지만, 중국에서 大王자 명문이 통용되었다는 말을 들은 바가 없다. 大王 또는 大王年(대왕년)과 같은 명문의 통용은 오직 백제에서만 보이고 특히 왜(倭)와 관계가 되었을 때 백제는 항상 大王 또는 大王年의 연대를 쓰도록 강요했던 것이다.

일본국보 「인물화상경(人物畵像鏡)」의 명문에 따르면, 사마왕(斯麻王 501~523)은 서기 503년 자신의 연대를 「大王年・癸未年」으로 표기했고, 또한 후나야마 고분의 은상감 철제 큰칼(大刀)에는 「□□□鹵大王世」라는 명문이 나온다. 필자의 견해대로 □□□을 「百濟蓋」로 본다면, 이는 「百濟蓋鹵大王世……」가 된다. 개로왕(蓋鹵王)의 「大王年」이 들어 있는 것이다. 연대가 470년경으로 보이는 이러한 명문은 오늘날 상상도 할 수 없는 일이다. 옛날에 「왜(倭)」에서는 백제를 부를 때 그저 「구다라(クダラ)」라고만 하는데, 이유는 바로 이런 역사적인 연유 때문이라고 한다.

옛날 한반도에 고구려, 백제, 신라, 가라 등 諸국이 군림한 이른바 삼국시대에 왕의 재위시 그를 대왕이라고 부를 수 있는 나라는 오직 백제뿐이었고, 다른 데서는 그 누구도 생존한 왕에게 대왕이라는 말을 쓰지 못 했을 것이다. 서기 521년 진동대장군(鎭東大將軍) 백제 사마왕은 양제(梁帝)에게 보낸 한 통의 상표문에서[1] 나라에는 22개의 담로가 있는데, 그 크기는 중

---

1) 521년 梁帝는 百濟國使로부터 상기 「上表文」을 접수하고 斯麻王에게 「寧東大將軍」을 除授한 것으로 보인다.

국의 군(郡)·현(縣)의 크기와 같다고 하였다. 그리고 거기에는 「자제·종족」으로 봉(封)했다면서, 자신은 지금 반파(叛波·성주), 사라(斯羅·경주), 침라(枕羅·제주) 등 9개의 작은 나라(방소국)를 거느렸다는 내용이 『양직공도(梁職貢圖)』 백제국사(使) 조에 기록되었다.

사마왕은 '백제중흥'을 꾀한 「대왕」에 기록되었다. 그의 강토는 바다 건너 저 멀리 왜(倭)와 중국 땅 「진평(晉平)」에까지 이르렀는데, 서기 523년 62세를 일기로 「붕(崩)」자를 남기고 세상을 떠났다. 이러한 역사적 사실을 고려할 때 기사에 보이는 것처럼 '감은사' 터 출토의 「大王방울」은 경주지역에서 만든 것이고, 또 거기에 「大王」자 명문이 들어갔기 때문에 이를 바로 문무(文武)대왕을 가리킨다는 해석은 논리의 비약일 수밖에 없다. 그래서 이 유물은 백제 땅에서도 만들 수 있는 것이고, 또한 백제왕이 이를 자신의 신하인 「후(侯)」들에게 하사한 유물로도 볼 수 있는 것이다.

백제는 일찍이 4세기 중엽부터 「왜」에 진출한 것으로 보이는데, 바로 천마(天馬)라는 좋은 말(馬)을 대량으로 가져갔기 때문이었을 것이다. 다시 말해 백제인에게 말은 아주 귀중한 병기와 다름이 없었다. 더구나 「왜」에서 말(馬)은 백제의 '통치수단'과 마찬가지였다고 한다. 그러므로 백제왕은 수시로 좋은 말과 마구를 자신의 신하에게 내렸는데, 수많은 고분에서 나오는 금동제 마구 모두가 이를 증명하는 것이다. 이에 따라 「대왕」명 마령(馬鈴)이 남향촌에 묻힌 까닭도 자연스럽게 읽을 수 있다.

VIII
『양직공도(梁職貢圖)』로 본 백제 무령왕의 강토

- 왕의 강토(疆土)는 참으로 크고도 넓은 땅 -

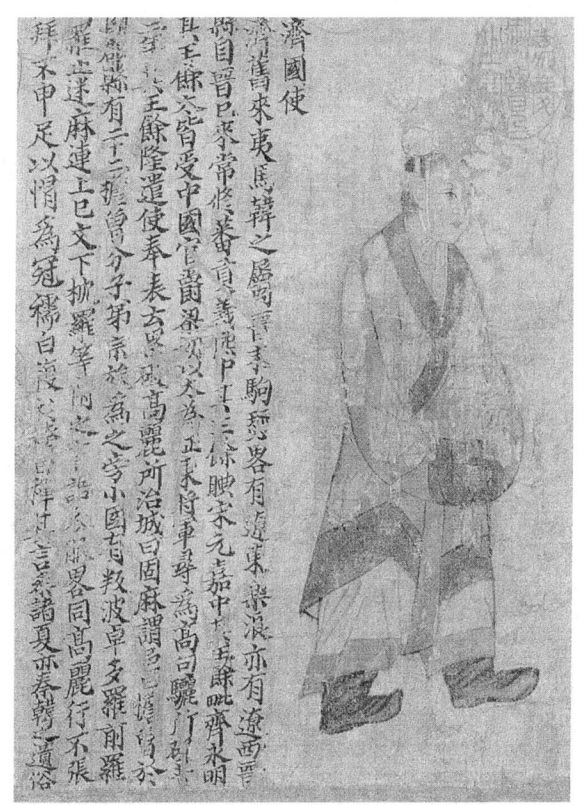

百濟使臣이 그려진 「梁職貢圖」

百濟國使

百濟舊來夷馬韓之屬 晉末駒驪畧有遼東 樂浪亦有遼西晉平縣 自晉巳來常修蕃貢 義熙中 其王餘腆 宋元嘉中其王餘毗 齊永明中其王餘太皆受中國官爵 梁初以太 除(爲)征東將軍 尋 爲高句驪所破 普通二年其王餘隆遣使奉表云 累破高麗 所治城曰固麻 謂邑曰檐魯 於中國 郡縣 有二十二檐魯 分子弟宗族爲之 旁小國有叛波・卓・多羅・前羅・新羅・止迷・麻 連・上己文・下枕羅等附之 言語衣服畧同高麗 行不張拱拜不申足 以帽爲冠 襦曰複衫 袴 曰褌 其言參諸夏 亦秦韓之遺俗

判讀銘文

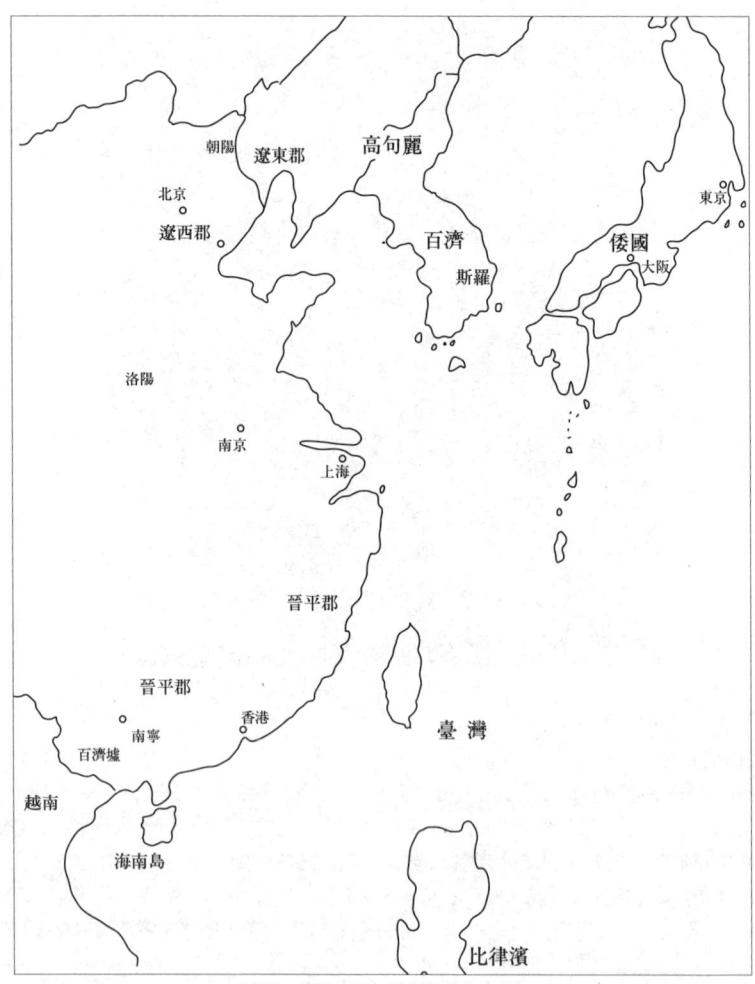

遼西·晉平郡의 방위(필자 추정)

1. 머리말*

우리는 중국에 전하는 사서(史書)를 빌려 우리의 상대(上代)에 일어난 여러 가지 역사를 종종 만난다. 우리나라 고대사의 기록이 턱도 없이 부족한 형편이고 보면, 중국의 사서는 역사의 숨통을 얼마만큼 열어준다. 중국 사서의 기록 모두가 맞는다고 말할 수는 없다. 그러나 사료 전체를 불신하기보다는 선별적으로 인정하는 자세가 필요할 것이다.

더구나 무령왕(武寧王·501~523년)시대를 중점적으로 소개한 것으로 보이는 『양직공도(梁職貢圖)』 백제국사(百濟國使)는 우리에게 던져주는 역사적인 교훈이 워낙 크기 때문에 아주 귀중한 사료로서 존중되어야 할 것이다.

지금 남경(南京) 박물원이 소장한 『양직공도』를 우리 학계에 소개한 분은 김원룡(金元龍) 교수이다. 그가 1961년 처음 학계에 소개했고, 이후 1970년 이홍직(李弘稙) 교수가 이를 논문(『梁職貢圖論考』)으로 발표하여 비로소 학계에 알려졌다고 한다. 그러나 어찌된 일인지 이후 『양직공도』의 관심과 연구는 불을 댕기지 못하였다. 그래서 오늘날은 그 존재조차 잃어버렸는지도 모른다.

2. 『양직공도』의 성립 배경

중국 남경 박물원이 소장한 『양직공도』는 양 무제(梁 武帝·502~549)의 재위 40주년을 기념하기 위해 만든 것이라고 한다. 무제(武帝)의 제7子인 원제

---

* 본고는 『韓國學報』 90輯(1998, 봄호)에 所載.

(元帝·蕭繹)가 형주자사(荊州刺史·湖北省江陵현)로 봉직할 때(526~536) 주로 그 지역을 찾은 외국사신(「蕃客入朝」)들의 용모와 매무새를 직접 그리고, 그 나라의 내력을 짤막하게 소개하는 해설까지 첨부하였다.[1]

문적상(文籍上)으로는 양 원제(梁 元帝·552~554년)가 편저한[2] 『양직공도』원본에는 백제를 포함한 35개국의 사신도(使臣圖)와 그 나라를 소개하는 해설이 첨가되었다고 하는데, 책의 모사(模寫)를 거듭하면서, 그 태반은 없어졌다고 한다. 더구나 제발(題跋)류도 전부 일실(逸失)되었다니, 안타까울 뿐이다. 그리하여 현재 남경(南京)박물원이 소장한 잔권(殘卷)인 이른바 『남경직공도(南京職貢圖)』(北宋 熙寧 10년·1077년의 모사본)[3]에는 백제와 왜(倭), 파사국(波斯國·페류샤)과 활국(滑國) 등 12개국의 일부분만이 남아 있는 상태이다.[4]

---

1) 榎 一雄 교수는 "本書의 完成은 大同 五年(539) 전후"로 추정한다(「梁職貢圖について」, 『東方學』26, 1963, p.2).
2) 榎 교수에 따르면 "元帝는 학문을 좋아한 것은 물론 문장을 잘 구사하는 가운데 繪畵에도 탁월한 천재의 인품을 지녔는데, 저서도 제법 많다"고 하였다(榎 一雄, 상계논문, 참조).
3) 현재 中國에는 이른바 『南京職貢圖』 외에 다른 2개의 「梁職貢圖」가 더 있다고 한다. 台灣의 古宮 博物院이 이를 소장하고 있다.
   ① 24국(26人) 「唐閻入本王會圖」 王肯堂
   ② 32국(35人) 「顧德謙摹梁天帝蕃容入朝圖」 顧德謙
   그런데 이것들은 使節의 肖像만 그려 있을 뿐 「해설」은 없다고 한다. 그러므로 이것들은 원본의 模寫本은 아닌 것으로 보이나, 여기에는 高句麗國使와 新羅國使의 모습이 뚜렷함으로 사료적 가치는 있다고 한다(李成市, 「『梁職貢圖』의 高句麗使節について」, 研究成果 報告書『東アジア史上의 國際關係と 文化交流』〔未發刊〕, 1986).
4) 『南京職貢圖』에는 아래 12개국만이 남아 있다.
   滑國使(아프카니스탄) 倭國使(왜국사)   呵跋檀國使(가발단사·滑國의 傍小國)
   波斯國使(페르시아)   宕昌國   胡密丹國使(호밀단국사·滑國의 傍小國)
   百濟國使(백제국사)   狼牙修國使(탕아수국사) 周古柯國使(주고가국사·滑國의 傍小國)
   龜玆國使(구차국사)   末國使(말국사)   白題國使(백제국사)
   그러나 원본에는 더 많은 나라가 있었다고 한다(榎 교수는 35개국으로 추정).
   高句麗(고구려)   白題國(백제국)   渴盤陀(갈반라)   建平蜑(건평정)   河南(하남) 등
   新羅(신라)   中天竺(중인도)   武興番(무흥번)   臨江蜑(임강만)

『남경직공도』에서는 고구려 사신(高句麗使臣)과 신라 사신(新羅使臣)이 보이지 않아 유감이기는 하나, 다행히 백제 사신(百濟使臣)은 확실하게 드러난다. 또한 7行 160여 자로 된「百濟國使(백제국사)」는 판독되어 백제사 연구에 필수적인 사료라고 하지 않을 수 없다. 판독한 명문은 아래와 같다.[5]

　　百濟舊來夷 馬韓之屬, 晋末駒麗畧有遼東 樂浪亦有遼西 晋平縣,
　　自晋己來常修蕃貢 義熙中其王餘腆, 宋元嘉中其王餘毗
　　齊永明中其王餘太, 皆受中國官爵, 梁初以太 除征東將軍
　　尋爲高句驪 所破, 普通二年 其王餘隆 遣使奉表云
　　累破高麗 號所治城曰固麻 謂邑檐魯 於中國郡縣 有二十二檐魯
　　分子弟宗族爲之 旁小國有叛波・卓・多羅・前羅・斯羅・止迷
　　麻連・上己文・下枕羅等附之, 言語衣服畧同高麗 行不張拱 拜不申足
　　以帽爲冠 襦曰複衫 袴曰褌 其言參諸夏 亦秦韓之遺俗

3.「백제국」의 출자(出自)에 관하여

『양직공도』백제국사(百濟國使) 조는 백제의 출자를 "구 동이족(東夷族)으로 마한(馬韓)에 속한 나라(百濟舊來夷 馬韓之屬)"가 백제라고 하였다. 그런데『양서(梁書)』백제전에서는 이를 더 자세하게 나누어 설명하고 있다.

　　于闐(호탄)　　師子國(사자국)　　高昌國(고상국)　　魯國(노국)
　　鄧至國(등지국)　　北天竺(북인도)　　天門蠻(천문만)　　丙丙(芮芮)

5) 李弘稙 교수는 "『梁職貢圖』의 百濟國使와『梁書』百濟傳은 전체의 구성에 있어 크게 다르지 않으나『職貢圖』에서만 볼 수 있는 몇 가지 중요한 기사가 있어 주목된다"고 한다(李弘稙,『韓國古代史의 硏究』, 서울: 新丘文化社, 1987, p.408).

百濟國其先 東夷有三韓國(한국) 一曰馬韓(마한) 二曰辰韓(진한) 三曰弁韓(변한) 弁韓辰韓各十二國 馬韓五十四國 百濟卽一也

이를테면 백제는 마한(馬韓) 소속 50여개 국 중의 하나인「박제(伯濟)」가 그 모체라는 것이다.[6]

이는『삼국지(三國志)』동이전(東夷傳)을 기초로 한 것으로 보인다. 여기의 「박제·伯濟」라는 소국은 기원(紀元) 전후 무렵 한수(漢水)유역에서 활동한 집단인 듯하다. 서기 3, 4세기경 마한의 여타 부족국가들을 병합하여[후점강대겸소국(後漸彊大兼小國)] 통일했고, 이후 변(弁)·진(辰)에 진출한 다음 이를 제압한 것으로 보인다.

백제의 고대국가체제 형성은 고이왕(古爾王·234~286)대 이후의 일이다. 특히 북방의 낙랑(樂浪)과 대방(帶方)이 소멸한 서기 4세기 이후의 일일 것이다. 근초고왕(近肖古王·346~375)은 백제의 '정복군주'였다. 그는「대방고지(帶方故地)」를 점령하고, 여세를 몰아 대동강(大同江) 유역으로 진출하였다. 그리고 고구려와의 싸움에서 고국원왕(故國原王·331~371)을 평양성(平壤城)에서 사살하는 등 큰 전과를 올렸다. 이에 따라 그의 강토(彊土)는 오늘의 황해도(黃海道) 이북으로 확대되었다.

---

6)『三國志』東夷傳 韓 조는 馬韓의 구성국으로, 伯濟國(백제국), 乾馬國(건마국), 莫盧國(막로국), 不彌國(불미국), 月支國(월지국), 卑彌國(비미국), 速盧不斯國(속로불사국) 등 50여국을 들고 있다. 그리고 弁辰은 24개국인데(12개국은 辰韓에 속함), 斯盧國(사로국), 弁辰樂奴(변진낙노), 弁辰安邪國(변진안사국), 不斯國(불사국), 弁辰拘邪國(변진구사국), 弁辰瀆盧國(변진독로국) 등이 여기에 속해 있다.
그런데 "辰韓王은 馬韓 사람을 써서 농사를 지어 代마다 서로 계속하고 있는데 辰韓의 王은 자기 스스로는 王 노릇을 하지 못한다"고 한다. 다시 말해 馬韓 사람이「辰王」을 세워 대를 이어가면서 하고 있다는 뜻이 된다(『後漢書』韓傳에는 "馬韓이 제일 큰데 그 종족 중에서 사람을 뽑아 세워서 辰王을 삼고 月支國에 도읍했다"고 하는 구절이 있다).

그러나 이후 고구려는 광개토왕(廣開土王·392~413)과 장수왕(長壽王·413~491)의 줄기찬 '남진정책'으로 말미암아 백제와의 전쟁은 불가피하게 되었다. 이에 따른 백제의 국력 소모는 막심한 것이었다고 한다. 마침내 475년 장수왕(長壽王)의 군사들은 한성(漢城)의 아차성(阿且城)에서 개로왕(蓋鹵王·455년~475)과 그의 아들을 참수하게 되니, 고구려는 백 년의 한을 풀게 되었다.

4. 백제의 해외영토 ; 요서(遼西)·진평군(晋平郡)

백제와 고구려는 낙랑(樂浪)과 대방(帶方) 고지(故地)를 두고 치열한 각축전을 벌였다. 그리고 다른 한쪽에서는 경쟁적으로 해외영토 확보에 나섰다고 한다. 그 결과 양국은 상당한 성과를 올렸다는 기록이 사서(史書)에 나온다. 중국 남조(南朝)계의 사서인 『송서(宋書)』를 비롯 『양서(梁書)』와 『남사(南史)』 등에는 백제와 고구려가 진세(晉世·서기 4백년 전후)에 요서(遼西)와 요동(遼東)지역에 진출한 사실을 기록하였다. 이들은 그 지역을 오랜 세월 경영한 것으로 되어 있다.

이 같은 사실을 최초로 기록한 『송서』 백제전에는 「高句麗略有遼東 百濟略有遼西 百濟治所謂之晋平郡晋平縣」이라고 하였다. 그러니까 「백제는 요서(遼西)를 경락하여 치지하고, 백제가 통치한 지역은 진평군(晋平郡) 진평현(晋平縣)」이었다는 것이다. 문장 해석상 좀 모호한 점이 보이기는 하나, 이는 『송서』가 당시에 일어난 역사적 사실을 기록한 것은 분명하다. 그래서 백제와 고구려가 遼東과 遼西지역에 진출한 것만은 부정할 수 없는 사실인 것 같다.

그러나 『양직공도』 백제국사(百濟國使) 조는 「晋末 駒麗畧有遼東 樂浪[7] 亦有 遼西·晋平縣」이라고 썼다. 이때 양 지역을 향한 양국('樂浪'은 백제와 같은 것임)의 진출 시기는 「진말(晉末)」이라고 하였다. 이 사실은 그야말로 획기적인 것이었다. 대체로 진출의 시기는 4세기 말 또는 5세기 초로 볼 수 있기 때문에 양국의 이 지역 진출을 확인하는데 큰 도움이 될 것이다. 또한 『양직공도』는 백제는 요서(遼西)와 진평(晉平) 두 군(郡)을 차지하고, 거기에다 백제군(百濟郡)을 설치하였다고 썼으니, 『송서』의 기록보다 더욱 확실한 것으로 볼 수 있다.[8]

일찍이 선각자 신채호(申采浩) 선생은 그의 저서(『朝鮮上古史』)에서 이 시기에 백제 근구수왕(近仇首王)은 요서(遼西)지방에 진출했다고 주장하여 눈길을 끌었다. 그는 백제의 요서 진출을 다음과 같이 기술하였다.

> 근구수왕이 기원 375년에 즉위하여 재위 10년 동안에 고구려에 대하여는 겨우 한 번 평양(平壤) 침입이 있었으나 바다를 건너 지나(支那)대륙을 경략하여 선비(鮮卑) 모용씨(慕容氏)의 연(燕)과 부씨(符氏)의 진(秦)을 정벌하여 지금의 요서·산동(山東)·강소(江蘇)·절강(浙江) 등지를 경략하여 넓은 땅을 장만하였다[9]

---

7) 李弘稙 교수는 高句麗의 遼東領有는 인정되나 百濟의 遼西·晉平 공략을 기록한 『梁職貢圖』에는 이를 「樂浪」이 영유한 것으로 썼기 때문에 선뜻 인정하기는 어렵다고 하였다(李弘稙, 전게서, pp.402~403 참조).
그러나 『梁職貢圖』를 기초로 편찬한 『梁書』 百濟傳에는 「百濟亦據有遼西·晉平二郡地矣」라고 기록되어 「樂浪」의 표기는 사실상 문제될 것이 없는 것 같다. 당시의 관례로는 「百濟」와 「樂浪」을 별 문제 없이 상호 호용했던 것이 아닌가 생각된다. 近肖古王 27년(372년) 百濟使가 晉에 入朝했을 때 晉帝는 近肖古王에게 「鎭東將軍 領樂浪太守 百濟王」을 제수한 일이 있다.
8) 아래 史書에도 百濟의 遼西·晉平에 관한 기사가 있다.
① 『梁書』, 卷54, 列傳48, 百濟조: 晉時 句麗既略有遼東, 百濟亦据有遼西, 晉平郡矣, 自置百濟郡
② 『南齊書』, 卷79, 列傳69, 百濟조: 晉時 句麗既略有遼東, 百濟亦据有遼西, 晉平二郡矣, 自置百濟郡
③ 『旧唐書』, 南扶餘傳: 百濟扶夫余之別種, 東北新羅, 西渡海越州, 南渡海至倭…北高麗…

이 같은 신채호(申采浩)의 주장은 이후 학계의 여러 중진들(金庠基, 金哲埈, 文定昌, 井上秀雄, 芳賀 登 등)이 백제의 요서(遼西) 진출을 사실로 보는 논고를 내놓아 지지를 받게 되었다.[10] 그러나 학계의 '주류'는 우리 사서인『삼국사기(三國史記)』가 이 사실을 인정하지 않고 또한 중국 측 북조(北朝)계 사서 대부분이 이 사실을 무시하기 때문에 백제의「요서(遼西)영유설」은 받아들일 수 없다는 입장이다.[11]

그러나 다음의 몇 가지 기사는 비록 단편적이기는 하나, 이를 빌려 백제의 요서(遼西)·진평(晉平) 영유 사실을 이를 부정하기는 어려울 것이다.

---

9) 申采浩,『朝鮮上古史』, 서울: 東西文化社, 1977.
   한편, 신라인 崔致遠(富城郡太守)은 서기 866년 唐朝의「大師侍中狀」에게 상소문을 보냈는데「高麗百濟全盛之時, 强兵百萬, 南侵 吳·越, 北撓, 幽·燕·齊·魯」라고 하였다. 이는 백제의 遼西·晉平 진출사실을 주장한 것이다(『三國史記』列傳, 제6 崔致遠傳 참조).
10) 金庠基,「百濟의 遼西經營에 대하여」,『白山學報』3호, 1967; 金哲埈,「百濟社會와 그 文化」,『韓國古代社會研究』, 1975; 井上秀雄, 古代朝鮮, 日本放送出版協會, 1972; 李玟洙,「百濟의 遼西經略에 대한 考察」,『韓社大論文集』, 1980; 신형식, 백제의 대외관계, 주류성, 2005는 모두 百濟의 遼西 경영을 인정한다. 芳賀 登,「日本에 있어서의 百濟史 研究의 意義」,『馬韓百濟文化』제7輯, 1984.
11) 百濟의「遼西經營」을 부정하는 입장:
    韓鎭書,「地理考」,『海東繹史』續編 第八卷, 1823.
    和田博德,「百濟의 遼西領有說에 대하여」,『史學』25卷 1號, 1951.
    池內 宏,『日本上代史의 一研究』, 東京: 近藤書店, 1947.
    한편, 百濟의「遼西經營」을 인정하지 않는 입장:
    李弘稙, 전게서.
    金廷鶴,『百濟と 倭國』, 文興出版, 1981.
    李明揆,「百濟의 對外關係에 관한 一試論」,『史學研究』37, 1983.
    俞元載,「百濟略有遼西기사의 分析」,『百濟研究』20輯, 1989.
    李道學,『백제장군 흑치상지 평전』, 주류성, 1996.

① 458년 개로왕(蓋鹵王)은 아래 3인의 장군호를 제수(除授)했는데, 이들 모두는 요서지역의「백제태수(百濟太守)」로 보인다.

용양장군(龍驤將軍) 목금(沐衿) 영삭장군(寧朔將軍) 균귀(麋貴) 건무장군(建武將軍) 우서(于西)

② 동성왕(東城王)은 490년과 495년 아랫사람들에 대한 장군호를 남제(南齊)로부터 전수(傳授)했는데, 이들 역시 요서지역의「백제태수(百濟太守)」들로 보인다.

용양장군(龍驤將軍) 대방태수(帶方太守·高達)   용양장군(龍驤將軍) 낙랑태수(樂浪太守·慕遣)
광무장군(廣武將軍) 청하태수(淸河太守·會邁)   건무장군(建武將軍) 성양태수(城陽太守·王茂)
건위장군(建威將軍) 광릉태수(廣陵太守·陽茂)   진무장군(振武將軍) 조선태수(朝鮮太守·張塞)

③『남제서(南齊書)』백제전은 490년 백제와 위(魏)나라는 서로의 국경지대에서 큰 싸움을 벌였다 했고, 이 싸움에서 백제는 위(魏)를 격파하고 승리했다[12]고 썼다.

是歲 魏虜又發 騎數十萬 攻百濟 入其界. 牟大(모대·東城)遣將 沙法名(사법명), 贊首流(찬수류), 解禮昆(해례곤), 木干那(목간나) 率衆襲擊虜軍 大破之

④『통전(通典)』권 185 백제전은 663년 백제 멸망시 요서지역의「百濟郡(백제군)」은 돌궐(突厥)과 말갈(靺鞨·옛날이름 覆駕)에 의해 소멸되었다고 한다.

---

12)『資治通鑑』권 136에 의하면 전쟁은 488년(齊 永明 6년)에 일어났다고 하는데, 이것이 맞는 것 같다.『三國史記』百濟本紀 東城王 10년(488년)조도「魏遣兵來伐 爲我所敗」로 기록해 百濟의 遼西 領有를 간접적으로 시인했다.

城傍余象 後漸寡弱 散投突厥(돌궐)及躆駕(각가)

其王扶餘崇(부여숭) 竟不敢還舊國... 扶餘氏(부여씨)君長墜絶

위에 나온 몇 가지 기사들은 요서(遼西)나 잔평(晉平)에 「백제군(百濟郡)」이 머물었다는 『양직공도』의 기록을 확실하게 뒷받침하는 것이라고 말할 수 있을 것이다.13) 이렇듯 많은 내용들이 모진 역사의 '풍파' 속에서도 지워지지 않은 채 그대로 그 명맥을 이었다는 사실은 확실한 역사적 증거이자, '역사'를 찾을 수 있다는 강한 신념과 용기를 우리에게 안겨 주는 것이다.

그러면 과연 역사상의 요서(遼西)는 어디에 위치했느냐는 물음에 직면한다. 그 해답은 어렵지만은 않을 것이다. 왜냐하면 상술한 백제「태수(太守)」들의 부임지는 대체로 요서(遼西)지역의 여러 고을을 지칭하는 것으로 보이고, 또한 요서라는 지명의 역사성으로 미루어 오늘의 요하(遼河) 이서(以西) 지역을 가리키는 것으로 이해되어야 할 것이다. 그러므로 이 지역에 존재했다는 「百濟郡」을 추정하는 문제도 이 범위에서 해결할 가능성이 엿보인다.

그런데 서기 801년에 성립한 『통전』(北宋版)에 따르면, 「요서군(遼西郡)」의 위치를 「今 柳城－北平之間」이라고 하였다. 그러나 유성(柳城)이나, 북평(北平)은 당(唐)대의 지명이었기 때문에 이를 확인하기가 쉽지 않다. 이 점을 중

---

13) 한편, 이 전쟁에 대해 신형식 교수는 「동성왕 10년(488) 위(魏)의 침공은 백제의 친남제(親南齊)정책에 대한 불만의 보복일 가능성이 크다」고 한다(신형식, 『백제의 대외관계』, 주류성, 2005 참조). 같은 시대 고구려는 北朝系 王朝에 작호를 요청했는데 이때 제수된 작호는 고구려의 「遼東」영유 사실을 인정하고 있다.
燕(397년), 平州牧 遼東・帶方 二國王(廣開土王)
위(435년), 도독 요해제군사 정동장군 영호동이중랑장 요동군개국공 고구려왕(장수왕)
周(577년), 開府儀 征東大將軍 遼東郡開國公 遼東王(平原王)

국사회과학원의 진기원(陳基元) 교수는 지금의 조양시(朝陽市)가 「유성(柳城)」이라 하였다. 정확하게는 요녕성(遼寧省) 조양시인 것이다. 또한 「북평군(北平郡)」은 역사적 기록에 따르면, 현재의 하남성(河南省) 낙양시(洛陽市)를 말하는 것이라고 주장한다.14)

그러나 백제의 「진평군(晉平郡)」은 그간 비정되거나, 또는 추정되지도 않았다. 이 때문에 그 위치가 어디인지는 알 길이 막연하다. 이렇듯 진평군은 역사상의 기록으로만 여겼는데, 최근 중국 중앙민족대학의 황유복(黃有福・조선족 학자) 교수는 「진평군」을 지도상으로 확인시켜 우리를 놀라게 하였다. 황(黃) 교수는 남송(南宋)의 사서를 근거로 백제가 설치한 「진평군」은 지금의 요서(遼西)지역이 아니라, 광서성(廣西省)의 「장족자치구(壯族自治區)」라고 밝혀 세인을 놀라게 하였다.15)

「광서자치구(廣西自治區)」의 백제향(百濟鄕)에는 원래 산동반도(山東半島)에서 내려온 장족(壯族)의 생활 터전이었다고 한다. 그들의 조상은 아주 오래전

---

14) 일본의 坂田 隆氏는 「百濟郡의 소재지를 현재의 지명으로 말하면 唐代의 柳城郡은 지금의 遼寧省의 서부, 朝陽 부근이고, 唐代의 北平郡은 河北省 동부, 灤縣 근변이다」라고 한다(坂田 隆, 『古代の韓と日本』, 東京 : 新泉社, 1996, p.13).
15) 黃有福 교수는 제5차 朝鮮學國際學術심포지엄(大阪, 1997. 7)에서 발표한 논문(「백제의 中國…진출과 晉平郡의 위치에 대하여」)에서, 백제가 晉平郡을 설치했던 시기는 南朝의 宋나라 때라고 주장한다(『中國 古今地名大辭典』, 晉平縣條 - 「南朝宋置 南齊因之 今當 在廣西境」).
『宋書』, 卷38, 志28, 州郡4에 따르면 廣州 郁林郡 소속 晉平縣이 있는데 吳나라 때의 長平縣을 晉武帝 太康 元年에 晉平縣으로 그 이름을 바꾸었다고 한다. 그런데 『中國地圖集』(1995년판)에는 宋나라가 설치했던 晉平縣 경내에 지금까지 百濟라는 지명이 살아 남아 있다고 한다. 현 廣西省 壯族自治區 邕寧縣 소속 「百濟鄕」이 그것이다.
『中國歷史地名大辭典』(劉鈞仁 편저, 1980년)도 "晉平은 縣의 이름인데 晉나라가 설치하고 廣州鬱林郡에 소속시켰고 南宋과 南齊도 그대로 하였다. 지금은 없어졌는데 의당 廣西 경계에 있었다"고 한다. 한편 復但大學편『中國歷史地名辭典』에는 晉平郡은 468년 지금의 福州에 설치되었으며, 471년 晉安郡으로 개명되었으며, 陳代에는 다시 建安郡으로 개명되었다고 한다. 그리고 唐代에는 이것이 폐지되었다.

에 내려왔으나, 전쟁 때문인지 혹은 장사를 하러 왔는지는 잘 알 수 없다고 하였다. 이 지역의 중심지는 「백제허(百濟墟)」16)(백제성터 라는 뜻)라고 부르는 조그마한 마을이다. 백제허 사람들은 옛날의 향수를 그대로 간직한 듯 아직도 백제식 생활양식을 그대로 답습하고 있다. 지명도 그저 백제허라고 쓰고, 이를 「대백제(大百濟)」라고 부른다고 하였다.17)

5. 백제의 9개 「방소국(旁小國)」18)
: 반파·사라·하침라 등 9개국

1) 『양직공도』 백제국사 조에는 백제에 편입된 것으로 보이는 9개 「방소국」의 이름이 나온다. 이는 어느 다른 사서에서도 찾아 볼 수 없는 희귀(希貴)한 기사이다. 9개의 「방소국(旁小國)」은 반파(叛波), 탁(卓), 다라(多羅), 사라(斯羅), 지미(止迷), 마련(麻連), 상기문(上己文), 하침라(下枕羅) 등이다.

그런데 우리 측 사서에서는 이런 이름이나 또는 이와 비슷한 이름조차 찾아 볼 수가 없기 때문에 이 기사가 진실에 입각한 것인지조차 의심케 한다. 그러나 내용이 왜곡되었기는 하나, 『일본서기』 기사 중에는 종종 상기

---

16) 「百濟墟」는 廣西省의 중심도시인 南寧(난닝)으로부터 서남방으로 약 100km 떨어진 자리에 위치했으니, 中·越 국경에서 그리 멀지 않다.
17) 「壯族」들은 「百濟墟」라고 쓰면서 이를 읽을 때는 「대백제·大百濟」라고 불렀다. 이는 마치 일본에서 「百濟」라고 쓰고 「구다라·クダラ」라고 읽는 것과 脈을 같이 하는 것으로 보인다(蘇鎭轍, 金石文으로 본 百濟 武寧王의 世界, 원광대학교 출판국, 1994년, pp.48~49 참조).
18) 여기 나오는 「旁小國」의 개념이 무엇인지는 자세히 알 수 없으나, 소견으로는 「封國」과 「自主國」의 중간쯤 되는 「旁小國」의 王은 外交權이 없는 것으로 보인다. 中國에서는 「附庸國」의 개념으로도 쓰고 있다.

「방소국(旁小國)」의 이름과 비슷한 지명이 나온다. 그래서 이를 토대로 해서 비정하면, 그 위치를 추정할 수 있을 것이다.

2) 백제의「방소국(旁小國)」의 위치 비정

(1) 叛波國(반파국)

반파국은 상당히 큰 나라로 보인다. 그러나 우리 측 사서에는 아무런 기록이 없기 때문에 어디에 위치한 나라인지 찾을 길이 막연하다. 그러나 『일본서기』 계체기(繼体紀)에는 「伴跛國(반파국)」이라는 반파국의 일본말(日音) 표기가 나온다. 그래서 이를 바탕으로 반파국의 위치를 비정할 수 있을 것으로 보인다. 일본의 쓰다소기지(津田左右吉)나 이마니시(今西 龍)는 이를 경북 산청군(山淸郡)과 고령(高靈)지방으로 보고 있다.

그러나 이홍직(李弘稙) 교수는 "5 가야(五伽倻) 중 성산가야(星山伽倻 · 一名 碧珍伽倻)의 古지명은 「본파(本坡)」이므로" 이는 반파국의 이름과 부합되는 것으로 보고, 오늘의 경북 성주(星州) 지방에 위치한 나라로 비정하였다.[19]

(2) 卓(탁)

탁국 역시 우리 측 사서에는 그 이름이 없다. 그러나 『일본서기』 신공기(神功紀)에는 「卓淳國(탁순국)」이라는 이름이 나와 이를 탁국과 같은 것으로 볼 수 있다. 탁국은 변진가야(弁辰伽倻)의 한 나라로 이병도(李丙燾) 교수는 그 위치를 부산 동래(東萊)에 비정했고, 이홍직(李弘稙) 교수는 현재의 대구(大邱)지역이라고 주장한다.[20]

---

19) 李弘稙, 전게서, p.439.

(3) 多羅(다라)

이 다라 역시 『일본서기』 신공기(神功紀)에는 그 이름이 나오지만, 우리 측 사서에서는 좀처럼 볼 수가 없다. 경남 합천(陜川)의 古지명은 「다라(多良)」 또는 「대야(大耶)」라고 하는데, 이는 다라의 변화된 표기로 볼 수 있을 것이다.

(4) 前羅(전라)

「방소국」 9개국 중에서 가장 비정하기 어려운 나라는 전라국일 것이다. 전라는 우리 측 사서에서도 그 이름을 볼 수 없을 뿐 아니라, 『일본서기』 에도 그 이름이 나오지 않는다. 그러므로 이를 비정할 길이 없다. 다만 전라는 5가야(五伽倻) 중의 한 나라가 아닌가 생각된다.[21] 그러나 전영래(全榮來) 교수는 전라와 아라(阿羅)는 같은 나라의 별기(別記)로 볼 수 있다고 하였다. 따라서 그는 전라를 오늘의 함안(咸安)으로 비정한다.[22]

(5) 斯羅(사라)

사라는 신라의 옛 나라 이름이다. 오래 전부터 경주(慶州) 지역에 도읍하였다. 사라가 신라와 같은 나라라는 사실은 여러 사서에 기록되었다. 특히 『양서(梁書)』 신라전에 따르면, 「魏時 曰斯盧(사로) 宋時 曰新羅(신라), 又曰斯羅(사라)」라고 신라의 다른 이름을 모두 수록하고 있다.[23]

---

20) 李丙燾, 『韓國古代史硏究』, 서울 : 博英社, 1976, p.574.
  李弘稙, 전게서, p.416. 일본학계도 「卓淳」을 현재의 大邱에 비정한다. 그 이유는 大邱의 古地名은 「達句火(伐)」인 바, 이것은 그 발음이 「卓淳」과 비슷하다고 한다.
21) 李弘稙 교수는 "이 國名은 종래에도 보지 못한 것"이라고 하면서, 慶山의 押督은 종래 '압독'이나, '앞달'의 뜻이다. 이는 「達句伐」(大邱)의 남방 또는 전방에 위치한 데서 비롯한 명칭이라면, 前羅도 그러한 뜻으로 생각할 수 있다고 하였다(李弘稙, 전게서, pp. 416~417).
22) 山中 裕・森田 悌(編), 『論爭・日本古代史』, 東京 : 河出書房新社, 1991, p.321.

이와 같이 신라가 무령왕대 또는 그 이전부터 백제의「방소국」이었다는 사실은 극히 중요한 일이다. 이는『양직공도』백제국사 조가 아니고서는 알 수 없었던 일이다.[24]

(6) 止迷(지미)・麻連(지미・마련)

이 두 나라는 우리 측 사서에 그 이름이 보이지 않는다. 또한『일본서기』에도 비슷한 이름이 없는 터라, 이를 비정 내지 추정을 할 길이 없다. 이홍직(李弘稙) 교수는 止迷(지미)의 미(迷)자는 약간 분명치 않으나, 체(逮)자와 같다고도 하였다.[25]

그러나 전영래(全榮來) 교수는 止迷는『일본서기』흠명기(欽明紀)에 보이는 "졸마(卒馬)"와『위지(魏志)』의 "주조마국(走漕馬國)"에 비정했고, 麻連(마련)은『위지(魏志)』의 '미리미' 동국("彌離彌"凍國)인 밀양(密陽)의 고호(古號) "推火(밀불)"에

---

23) 『三國史記』는 新羅의 국명을 徐耶伐, 또는 斯羅, 斯盧 등으로 표기하고 있다. 또한『日本書紀』欽明紀에는 新羅와 斯羅를 같이 쓰고 있다.
24) 그러나 李弘稙 교수는 이 부분에 관한『梁職貢圖』의 사료적 가치를 부정한다. 그는 "新羅의 본거지까지 百濟가「旁小國」으로 영유하였다는 것은 너무나 터무니 없는 이야기가 돼 납득하기 어렵다"고 한다. 百濟의「旁小國」으로 기록된 斯羅는 사실은 그렇지 않을 가능성이 크며 이것은 百濟가 "외교상으로 能堪하며 그 국위를 과시"하기 위한 수작일 것으로 본다고 한다(李弘稙, 전게서, p.417). 그리고 연민수 박사도 斯羅의 百濟 旁小國에 대하여 그것은 "梁나라에 파견된 百濟國 사신에 의한 완전한 정보 조작이다.....그리고 新羅를 삽입시킨 것은 신라와의 대항의식의 표출로 생각된다"고 한다(『고대한일관계사』, 혜안, 1998, p.175).
그러나『梁書』諸夷傳 新羅 조에 의하면 신라는 본시 "적어서 자기 스스로는 使臣을 보내지 못한다"고 했다. "普通 2년(521년) 王募泰(法興王)는 처음 使臣을 보냈는데 이 使臣은 백제 使臣을 따라 와서 方物을 바쳤다"고 한다. 그러므로 新羅(斯羅)는 武寧王代 또는 그 이전부터 이미 백제의「旁小國」으로 편입된 것으로 보아야 할 것이다. 한편『隋書』권 81 列傳 新羅도 "其王本百濟人 自海逃入新羅 遂王其國...其先附庸 於百濟"라고 해 新羅는 百濟의「旁小國」임을 인정한다.『北史』권 94 列傳 新羅도 "...初附庸于百濟... 因襲百濟, 附庸於迦羅國焉"이라고 했다.
25) 李弘稙, 전게서, p.417.

가깝다고 하였다.[26]

(7) 上己文(상기문)

『일본서기』계체기(継体紀)에는 "반파국(伴跛國)이 신의 나라인 기문(己汶)의 땅을 빼앗았다"라는 기사가 보인다. 「己汶」이라는 나라 이름은 「己文」과 같은 이름인데, 지금의 하동(河東·古지명은 帶沙) 지방에 위치한 소국이다. 上己文(상기문)은 거기에서 더 위(북쪽)에 위치했던 나라가 아닌가 생각한다. 그러나 이병선(李炳銑) 교수는 「己汶」을 오늘의 전남 거문도(巨文島)로 비정했고 전영래(全榮來) 교수는 남원(南原)에 비정하였다.[27]

(8) 下枕羅(하침라)

이홍직(李弘稙) 교수는 "枕羅(침라)는 우선 탐라(耽羅), 탐모라(耽牟羅) 등 여러 가지로 표현되었던 제주도(濟州道)의 古지명을 생각"할 수 있다고 하였다. 그리고 『일본서기』에 나오는 「南蛮枕彌多禮(남만침미다례)」·「枕彌多禮(침미다례)」 등과도 관련이 있을 것으로 보았다. 「枕彌多禮」는 전남 강진(康津)에 위치한 옛 국명인데, 下枕羅(하침라)는 거기에서 더 아래(南쪽)에 자랬던 지명으로 추정해 볼 수도 있다.

---

26) 全榮來, 「百濟 南方境域의 變遷」, 『千寬宇先生還曆記念 韓國史學論叢』, 正音文化社, 1985, p.147.
27) 李炳銑, 『任那國と對馬』, 東京: 東洋書院, 1992.
　　全榮來, 상게논문, p.147.

6. 해양강국(彊國) : 대백제(大百濟)

1) 백제국사(百濟國使)의 활동범위

『양직공도』의 중요성과 이에 대한 우리의 지대한 관심은 말할 것도 없이 거기에는 백제국사의 모습 등 이른바 동이전(東夷傳)에 나오는 나라의 사신들의 모습이 있기 때문이다. 현재 대만에 있는 이른바 『고궁직공도(古宮職貢圖)』에는 고구려사신과 신라사신의 모습이 포함되어 있다고 하니 이 또한 중요한 사료로 보아야 할 것이다.

『양직공도』에 묘사된 백제사신의 모습은 원제(元帝) 자신이 직접 그렸다고 하는데 그의 필치는 뛰어나 마치 실물을 대하는 것과 같은 느낌마저 갖게 된다. 여기에 보이는 백제사신의 조복(朝服) 또는 관복에 대해서 이홍직(李弘稙) 교수는 다음과 같이 말한다.[28]

> 사신(使臣)은 약간 좌향 방향으로 나란히 하고 서 있다. 단아(端雅)한 용모에 관(冠)을 쓰는 左衽의 대수포를 무릎을 약간 덮을 만큼 착용하고 그 밑에 태구(太口)의 바지 포(袍)를 입은 것이 보이며 발에는 검은 신을 신고 양수는 포(袍)에 가려서 보이지 않지만은 모아 있다.

이와 같은 복장을 하고 당시 백제인들은 東아시아의 여러 지역에 진출해 활발한 외교활동과 교역을 한 것으로 보인다. 『양직공도』에 보이는 이 백제사신의 모습은 다름아닌 무령왕으로서는 마지막 견사(遣使)가 된 521년 양(梁) 京(建康·지금의 南京)에 입조한 사신의 모습이었을 것이다. 『양서』 신라전

---

28) 李弘稙, 전게서, p.420.

은 이때 신라사신의 입조는 처음 있는 일로서, 그는 백제사신의 안내를 받고 온 것이라고 한다.29)

이와 같이 백제는「방소국(旁小國)」의 사신을 대동하는 것은 물론 때로는「봉국(封國)」인 倭의 사신도 대동하고 외교무대에서 활발하게 활동한 것으로 보인다. 기록에 의하면 백제는 양(梁)나라는 물론 저멀리 남방의 부남(扶南·캄보디아와 월남 남부), 곤륜(昆崙·동남아시아 일대)30) 등지에까지 진출해 활동을 하였다고 한다. 물론 이 지역의 사람들도 백제를 찾아 예의를 갖추었다고 하며, 양(梁)나라에서도 백제 조정을 방문하는 등 무령왕대를 전후한 백제인들의 대외 활동은 실로 괄목할 만한 것이었다고 할 수 있을 것이다.31)

2)「22 담로(檐魯)」와「흑치상지」묘지명

『삼국사기』열전(列傳) 중에는 백제장군 흑치상지(黑齒常之)에 관한 설화가 나온다. 그는 백제 멸망기에 용맹을 떨친 한 장수(將帥·達率兼風達郡將)였다고 적었다. 그리고 노왕[老王·의자왕(義慈王)]은 현재 사비성(泗沘城)에서 당(唐)나라 군사에게 억류되어 생사의 갈림길을 맞았는데, 그는 임촌성(任存城)에서 3만의 군사를 모아 우세한 적군(唐軍)과 끝까지 용맹스럽게 싸워 당(唐)군에 큰 피해를 입혔다는 내용도 나온다.

---

29) 『梁書』신라전「其國小 不能自通使聘, 普通二年 王募秦始遣使 使隨百濟 奉獻方物」
30) 백제가 남방제국과 왕래를 하였다는 사실을『일본서기』는 기록하고 있다.
    ①『일본서기』欽明紀 4년(543년)조 - 倭가 扶南과 교역하였다.
    ②『일본서기』欽明紀 15년(554년)조 - 백제가 倭에 보낸 물품 가운데는 氍毲(양탄자)도 있다.
    ③『일본서기』皇極紀 1년(642년)조 - 백제는 昆崙에서 온 사신을 바다에 던져 죽였다.
31) 『隋書』백제조에는 백제에는 "신라인, 고구려인, 倭人들 뿐만 아니라 중국인들까지도 거주하고 있다"고 한다. 또한『舊唐書』백제조에서는 "백제의 국경은 서쪽으로는 바다를 건너 越州에 이르렀고, 남쪽으로는 바다 건너 왜국에 이르렀다"고 한다.

이 열전을 읽은 많은 사람들은 누구나 한 번은 이상한 생각과 감회를 느꼈을 것이다. 이유는 그의 남다른 용맹과 망국을 걱정한 충정보다는 기록으로 남은 그의 성씨「黑齒(흑치)」의 유래 때문이었는 지도 모른다. 옛부터 사람들은 저 먼 남방의 토인들 가운데는 이빨이 검은 인종이 산다는 말을 들어 왔는데[32],「흑치상지(黑齒常之)」의 이름은 바로 그런 사람들과 직접 관련한 것으로 보는[33] 의문이 들었을 것이다.

그런데 1929년 중국 망산(芒山)의 한 고분에서는 뜻밖에도 흑치상지의 묘지석이 나왔다. 그로부터 50년이 지난 1986년 중국의 이희필(李希泌)은『곡석정로장당묘지(曲石精盧藏唐墓誌)』에서 그 탁본을 소개하여 비로소 세상이 알게 되었다. 그리하여 백제장군 흑치상지는 죽은 후에 세상의 광명을 다시 보게 된 것이다.[34]

묘지석은 그 상태가 매우 양호하여 그 명문은 모두 판독이 가능하다. 묘지명(銘)은 모두 천여 자에 이르는 방대한 편이다. 이 가운데 우리의 관심을 끄는 부분은 그의 가계 내력을 적은 것이다. 묘지명(銘)에는 흑치상지의 증조부까지의 내력을 담았는데, 무엇보다 중요한 것은 자신은 '백제인'이자, 백제왕가(扶餘氏)의 일원이라는 내용이다. 묘지석에 적은 그의 가계(家系)는 다음과 같다.

---

32) 高麗儒臣 鄭夢周의 詩句가운데에는 "齒에 물들이는 것은 일찍이 越의 습속이었다"고 해 중국의 南部지역을 가리키는 越에서는 '치아'를 물들이는 습속이 있음을 보여준다(李道學,『흑치상지 평전』, 주류성, 1996, p.40 참조).
33)『三國志』東夷傳(一名 魏志 倭人傳)에는「倭國」의 남쪽에는「裸國」,「侏儒國」과「黑齒國」이 있다고 한다. 그리고「黑齒國」으로 가는 길은 倭國에서 수 천 里나 떨어졌고, 뱃길로는 1년 이상의 세월이 걸린다고 하였다.
34) 李道學, 전게서, pp.15~16 참조.
만약 이 墓誌石이 세상에 나오지 않았다고 가정한다면, 우리는「黑齒常之」의 숨은 비밀을 영원히 풀지 못했을 뿐 아니라, 百濟史에 숨은 비밀도 밝혀내지 못했을 것이다.

府君諱常之 字桓元 百濟人也, 其先出自扶餘氏 (부군휘상지 자화원백제연야, 기선출자
　　　　　　　　　　　　　　　　　　　　　　부여씨)

封於黑齒, 子孫因以爲氏焉, 其家世相承爲達率 (봉어흑치, 자손인이위씨언, 기가세상
　　　　　　　　　　　　　　　　　　　　　　승위달솔)

曾祖諱文大, 祖諱德顯 考諱沙次 竝官至達率 (증조휘문대, 조휘덕현 고휘사차 병관지
　　　　　　　　　　　　　　　　　　　　　달솔)

　이같이 흑치상지의 가계는 백제왕가의 일원이었다. 그의 증조부 문대(文大·6세기 중엽의 인물로 추정)는 백제의 달솔(達率)로 흑치국(黑齒國)에 분봉되었던 것이다. 그들은 왕의 「자제·종족」으로서 봉(封)한다는 「22 담로(檐魯)」 중의 하나인 「흑치국」[35]에 분봉되어 거기서 「왕」과 같은 위에 오르는 것으로 보인다. 그 후 문대(文大)의 자손들은 대(代)를 이어 왕위를 계승했고, 언제인지 알 수 없는 뒷날에 그들은 「흑치(黑齒)」를 자신들의 성씨로 삼은 것으로 보인다.

　이러한 견해가 나왔지만, 의문은 여전히 풀리지 않는다. 백제는 어떤 경로를 거쳐 먼 남방의 땅에 진출할 수 있었던 것인가? 다시 말해 그들이 바

---

35) 「黑齒國」이 어디에 위치하였는지는 기록의 결여로 알 길이 없다. 그러나 黑齒의 호칭은 南洋人의 습성에서 비롯한 것으로 보인다. 그들은 치아를 보호하기 위해 '틸랑'이라는 열매를 씹는다고 하는데, 이에 따라 이빨이 검게 물든다고 한다. 「黑齒國」은 그들이 모여 사는 지역을 말하는 것으로 동남아시아에 자리한 것만은 틀림없는 것 같다.
　江蘇省 社會科學 硏究院 硏究所長 許輝는 「黑齒國」은 南洋群島 일대를 가리키는 것이라고 하나, 南京 박물원 역사연구소장 張民은 "초기에 黑齒는 楊子江 유역에 살다가 漢나라 때 일부는 남쪽 浙江省 과 동남아시아 쪽으로 떠난데 이어 다른 일부는 바다 건너 동쪽으로 이동했다"고 추정하였다. 또한 臺灣의 梁嘉彬 교수는 그 위치를 지금의 '필리핀' 일원으로 비정하고 있다.

다를 건너는 해양(海洋) 능력에 의문이 생긴다. 그런데 서기 5, 6세기경 백제의 조선능력과 항해술은 우리의 상상을 초월하는 수준이었을 것으로 전문가들은 말한다. 백제는 이때 이미 100명 이상이나 승선이 가능한 대형 범선(쌍돛배)을 만들어 '연안 항로(沿岸航路)'가 아닌 '원근해 항로(遠近海航路)'를 따라 곧 바로 양(梁)나라는 물론 그 인근지역에까지 진출할 수 있었다고 한다.36)

3) 「영동대장군 백제 사마왕」·「붕(崩)」

1971년 송산리(宋山里)고분에서 나온 한 장의 지석에는 「寧東大將軍 百濟 斯麻王」이 계유년(癸卯年·523년) 5월 7일 붕어(崩御)하시었다는 기록이 적혀있다. 이는 백제 25대 무령왕37)이 남긴 중요한 기록이어서, 많은 것을 시사한다.

보통(普通) 2년(521년)은 사마왕 자신이 60세 환갑을 맞이했고, 또한 재위 20주년이라는 경사스러운 해였던 것이다. 그리하여 그는 양경(梁京·建康)에 큰 사절단을 보내게 되었는데38) 이때 양제(梁帝)는 王에게 「영동대장군(寧東

---

36) 尹明喆, 『말타고 高句麗를 가다』(서울: 청노루, 1996) 참조.
또한 李道學 박사는 백제의 '교역루트'는 제주도→북규슈→오키나와→대만→필리핀군도→인도차이나반도→인도에 이른다고 하였다(李道學, 전게서, p.51).
37) 백제 제25대 王은 「武寧」으로 더 잘 알려졌는데, 이는 斯麻王의 시호로 王의 사후에 만들어진 것이다. 그리고 누가 언제 만든 이름인지는 잘 알 수 없으나 필자의 소견으로는 「武寧」의 뒷자인 「寧」자는 王이 521년 梁帝로부터 제수된 「寧東大將軍」의 작호 중의 앞자인 「寧」자로 보인다. 그리고 「武」는 斯麻王의 소년시절 斯麻君으로서 재위한 「倭王 武」의 이름으로 보인다. 필자는 전부터 「倭王 武」는 斯麻王의 소년시절의 王號이고, 또한 「倭王 興」은 昆支君(『일본서기』에는 軍君으로 되어 있다)의 王號로 추정한 바가 있다(蘇鎭轍, 전게서, pp.105, 107, 134 참조).
38) 금번의 使節 방문 때 「倭國」 使臣이 동반되었는지는 알 수 없으나, 斯羅國使臣은 동반한 것으로 『梁書』新羅傳는 기록하고 있다.

大將軍)」이라는 작호를 제수하였다. 이때 제수된 작호「영동대장군」은 백제왕으로서는 처음 받는 영광스러운 일이었다. 백제가 당시 '강국'이 되었다고 천명한 것처럼 무령왕의 '위엄'과 '위신'에 걸맞는 것이라고 하겠다.

보통(普通) 2년 백제사신이 대동한 상표문(「양직공도」는 이를 인용한 것으로 보임)에 따르면, 백제는 對고구려 관계에서「여러 차례의 전쟁을 승리로 이끌고, 백제는 다시 강국이 되었다(累破句麗 今始與通好, 而百濟更爲彊國)」라고 천명하였다. 이는 고구려군의 한성(漢城) 침공(475년) 이래 그들에게 빼앗긴 땅을 모두 회복하고, 죽은 부왕(개로왕)과 형의 '원한'을 풀었다는 것을 의미하는 내용이었다. 이로 미루어 무령왕의 강토는 北으로는 임진강 이북에서 고구려와 접했고, 南으로는 제주도(下枕羅)에, 그리고 東으로는 성주(星州·叛波)와 경주(斯羅)에까지 미쳤다. 오늘날 남한 크기에 버금가는 영역이었던 것이다.

그러나 왕의 강토는 참으로 방대하여 바다 건너 倭 열도(本州의 관서·관동지방까지)로부터 대륙의 요서(遼西)·진평군(晉平郡)에 이르렀다. 그리고 거기에서도 더 남방의 나라 흑치국에 다달았다.[39] 이는 마치 하나의 제국(帝國)과도 같은 것이었다. 그래서 이 방대한 영역을 경영하기 위해서 백제는 22담로(檐魯)[40]를 설치하면서, 거기에 왕의「자제·종족」을 분봉했다는 기록

---

39) 鄭福田 主編,『中國將師全傳』卷中(北京 : 工商出版社, 1997)에 의하면 黑齒常之의 出自에 관해 그는「百濟(今廣東欽縣西北) 西部人」이라고 한다. 이로 미루어 볼 때 그의 고향은 晉平郡의 故土인 百濟郡으로서 黑齒國의 도읍지도 이 근처에 있었던 것으로 추정된다.

40)『梁職貢圖』百濟國使조에는「檐魯」의 크기에 대해 그것은 중국의「郡, 縣」의 크기와 같다고 한다. 그러므로 그것으로써 비정한다면, 큰 邑城을 뜻하는「檐魯」는 상당히 큰 영역으로 보이며 그러한「檐魯」가 22개나 된다는 것은 방대한 영토를 상정하게 된다. 日本 최대의 유물이 나왔다고 하는「船山古墳」은 九州 熊本縣 玉名市에 위치하고 있는데, 그 지명「玉名(다마나)」는 옛날부터 불러오는 이름으로 이것은「檐魯」의 발음에서 유래된 것으로 보인다. 오늘날 한국과 일본 그리고 중국에는 발음상「檐魯」로 볼 수 있는 이름이 여러 군데 있는데 그것들은 모두 옛 백제의「檐魯」와 관련해

이 『양직공도』에 나온다.

　'백제중흥'의 꿈을 이룬 사마왕은 523년 62세의 나이로 수명하였는데, 이때 그의 사관(史官)들은 그의 죽음에 붕(崩)자를 써서 세인을 놀라게 하였다. 중국의 천자의 죽음에나 쓰는 이 표기를 그에게 썼다고 하는 것은 대단한 존칭이었다. 이는 그가 생전에 방대한 영역을 통치한 왕중의 왕인「대왕」이었기 때문에 가능했을 것이다.

7. 맺는말

　서기 530년대 양 원제(梁 元帝) 소역(蕭繹)은 『양직공도』를 편찬했는데, 오늘날 이 책은 아주 귀중한 사서(史書)로서 평가되고 있다. 여기에는 세계 도처에서 온 수 많은 사신들의 면모가 진솔하게 묘사되었거니와, 또한 그들 나라에 관한 해설까지 담겨 있다. 그래서 귀중한 사료가 분명하다.

　서기 6세기 초 작품이지만, 이렇듯 다양한 인종을 한 권의 책으로 소개한 일은 아직까지 그 유래가 없을 것이다. 저 먼 나라「파사국」의 사신이 보이는가 하면, 백제와 倭 등「동이(東夷)」의 사신도(使臣圖)가 들어가 마치 아시아 諸민족의 생활상을 한 눈에 보는 듯하다. 그래서『양직공도』가 인류문화에 기여한 공은 높이 평가되어야 하는 것은 물론 우리에게는 더욱더 귀중한 가치를 제시하는 사서라고 할 수 있을 것이다. 왜냐하면『양직공도』백제국사조 에는 다른 어떤 사서에서도 찾아 볼 수 없는 새로운 사실들이 기록되었기 때문이다. 백제사(百濟史)의 복원을 서두르고 있는 우리에게는 필

서 생각해도 무방할 것으로 본다.

수불가결한 사료가 아닐 수 없다.

그동안 우리 측 사서에 묘사된 백제는 너무도 '왜소' 하고, 또한 '축소' 되어 그 '실체'를 정확하게 파악할 수가 없었다. 사실 백제의 '실체'는 큰 '역사의 장벽'에 가려 서서히 역사의 뒤안길로 사라져 가는 판이었다. 그러나 『양직공도』 백제국사조는 이를 아니라고 당당하게 말한다. 무령왕의 세계는 결코 '연약'하고 '왜소'한 나라가 아니라 참으로 크고도 넓은 나라였다고. 왕의 강토는 바다 건너 먼 나라 倭 열도로부터 대륙의 땅 요서(遼西)와 진평(晋平)을 거쳐 남방의 나라「흑치국(黑齒國)」에 이르는 방대한 영역이었음을 밝힌다. 그리고 본국에다도 9개의「방소국」을 거느린 큰 나라이어서, 하나의「제국」을 방불케한 나라가 백제였던 것이다.

이러한 사실을 증거 하는 듯 송산리(宋山里)의 무령왕릉(陵)에서 나온 한 장의 지석과 여기저기에 산재하는 수많은 유품들은 오늘을 사는 후대(後代)들에게 말없는 옛 영화(榮華)를 들추어 고(告)하지 않은가?

IX
『수서(隋書)』의 백제 부용국·탐모라국은 어디?
— 그것은 제주도가 아닌 대만(台湾)이다 —

『수서』 권81 열전(百濟傳)

『삼국사기』 권제27 백제본기 제5(威德)조

『수서』 鮃牟羅國의 방위(필자추정)

流球(대만)의 捕鹿圖(淸代의 그림)

1. 머리말*

『송서(宋書)』에 처음 언급한 이후 역대 남조(南朝)의 사서에는 백제가 대륙에 진출했다는 기사가 나온다. 즉 백제는 요서(遼西)와 진평(晉平) 2지역에 「백제군(郡)」을 설치하고, 이를 다스렸다는 것이다. 더욱이 『양직공도』는 그 진출의 시기를 진말(晉末)이라고 적어 신빙성을 더 높여주고 있다.

그런데 『수서(隋書)』 백제전에는 백제 부용국(附庸國)과 담모라국(躭牟羅國)의 기록이 보이는데, 이는 결코 가볍게 넘겨서는 않될 것이다. 우리학계는 그 동안 이 기록을 자세히 검토하지 않은 것 같다. 그저 제주도(濟州島)의 옛 이름인 탐모라(耽牟羅) 또는 탐라(耽羅)와 비슷하다는 이유로 제주도를 가리키는 것으로만 생각한 채 「담모라국」을 외면했던 것이다. 그러나 이는 중대한 실수였다. 『수서』의 본문을 더 자세하게 검토할 수밖에 없다.

2. 『수서(隋書)』 권81, 열전(列傳) 백제전

1) 『수서』의 명문

「平陳之歲. 有一戰船 漂至 海東 躭牟羅國 其船得還. 經于百濟.

昌資送之甚厚. 幷遣使奉表賀平陳 ······

其南海行三月. 有躭牟羅國. 南北千餘里. 東西數百里. 土多麞鹿.

附庸於百濟 百濟自西行三日至貊云」

---

* 본고는 檀國大學校 石宙善紀念博物館 編, 『博物館 紀要』 14 考古·歷史學分野, 1999. 11 에 所載.

이 명문을 볼 때 「담모라국(躭牟羅國)」은 아득히 먼 데에 자리한 백제 부용국·附庸國[1]이라는 사실을 알 수가 있다. 그래서 제주도(躭羅)가 아닌 것만은 분명하다.[2]

2) 『삼국사기』의 『수서』 기록 전제는 불충분

『백제본기』 위덕(威德) 36년 조

「隋平陳. 有一戰船 漂至 躭牟羅國. 其船得還.

經于國界. 王資送之甚厚. 幷遣使奉表賀平陳.

……

自今已以後. 不須年別入貢. 朕亦不遣使往. 王宜知之」

이와 같이 『삼국사기』는 『수서』 기록을 전제(轉載·옮겨 쓰는 것)하면서, 원문의 중요한 부분을 생략하였다. 그리고 원문의 표기를 자의(恣意·마음대로

---

1) 여기의 附庸國의 개념은 확실치 않으나, 岡田弘英(東京外國語大 名譽敎授)는 지금의 보호국과 같은 개념으로 본다고 하였다(岡田弘英, 『倭國 東アジア世界の中で』, 中公新書, 1992).

2) 명문은 다음과 같이 해석할 수 있다.
「陳나라의 내란 시(583~589년) 나라가 어지러울 때 한 戰船이 표류하여 「東海(현재의 黃海를 가리킴: 역자주)」의 「躭牟羅國」에 기착하였다. 이 戰船은 이후 백제를 거쳐 다시 귀환했는데, 이때(589년) 百濟王(余昌)은 배에 물자와 平陳祝賀使節을 보내 후의를 표하였다. ……
(그런데) 이 戰船이 표지한 「躭牟羅國」은 백제땅에서 「南海行三月」이나 되는 먼 지역에 자리했고, 거기는 백제附庸國이다. 「躭牟羅國」은 남북이 千餘里에 이르고, 동서는 數百里가 되는 크기(상대적으로 남북이 동서보다 훨씬 긴 섬으로)인데, 거기는 노루가 많이 있다.」

하는 것)로 변경하는 등 원문에 충실하지 못한 점이 보인다.[3]

특히 『수서』에 나오는 「담모라국(躭牟羅國)」 위치와 크기는 생략되었기 때문에 「담모라국」을 제주도와 같은 지역으로 혼동하기 쉽다.[4] 그 결과 대부분의 해석자들은 589년 수(隋)나라가 진(陳)나라를 칠 때 수(隋)나라의 전선(戰船) 한 척이 표류하여 지금의 제주도(옛이름-耽牟羅·탐모라)에 도달했는데, 그 배는 이후에 다시 수(隋)나라에 귀환한 것으로 해석하는 경우가 많은 것 같다.[5]

3. 「담모라국(躭牟羅國)」은 어디인가?

1) 역사 해석자들의 견해는 제주도(濟州島)로 일치

일본의 저명한 역사연구가나 한국의 고대사 연구가들 중에는 이를 제주도로 보고 있다. 그리고 『삼국사기』의 기록도 그렇게 볼 수밖에 없기 때문에 우리 학계도 별로 관심을 기울이지 않은 것 같다. 따라서 학계가 별단의 견해를 표명한 사례를 찾아보기도 힘든 실정이다.

---

[3] 『隋書』의 표기:　　　　　　　　　『三國史記』의 표기:
漂至海東 躭牟羅國　　　　　　　　漂至 躭牟羅國
平陳之歲, 經于百濟　　　　　　　　隋平陳, 經于國界
自今以後, 其南行三月…至貊云　　　(自今己以後, 省略함)

[4] 『耽羅巡歷圖』(南宦博物)에는 濟州島를 新羅時代에는 「耽羅」로 불렸으나, 百濟時代에는 「耽牟羅」로 불렸다고 한다(韓國精神文化硏究院, 『古典資料叢書 第一輯, 耽羅巡歷圖』, 1979).

[5] 『三國史記』의 원문을 번역한 金鐘權도 「한 戰船이 耽牟羅國(耽羅 곧 濟州)으로 漂至」하였다고 해석한다(金富軾著, 金鐘權譯, 完譯·原文 『삼국사기』, 서울 : 名文堂, 1988. 8, p.440).
그런데 『北史』 百濟조에는 『수서』의 기사내용이 그대로 수록되었다.

(1) 진순신(陳舜臣・일본의 역사작가)의 해석

진순신은 그의 저서 『中國の歷史』 제7권에서 「탐모라국(躭牟羅國)」을 제주도로 보았다.

「수(隋)나라가 남조에 진(陳)을 쳤을 때 한 군선(軍船)이 현재의 제주도에 표착한 사건이 있었다. 백제로서는 참으로 호기였다. 표착한 전선이 환국할 때 여러 가지 편의를 제공하면서, 수(隋)나라가 진(陳)나라를 평정한 것을 축하하는 사절을 파견하였다.」[6]

(2) 최동(崔棟・고대사 연구가)의 해석

최동 역시 「담모라국」을 제주도로 보았으나, 표류한 전선은 진(陳)나라의 것이라고 주장한다.

「신흥한 수(隋)나라가 진(陳)나라를 평정하고, 진(陳)의 파손된 전선이 제주도에 표류한 것을 위시하여 심상치 않은 사태가 발생하였다.」[7]

(3) 문정창(文定昌・고대사 연구가)의 해석

(위덕왕대에)「진(陳)나라와 싸운 수(隋)나라의 군선 한 척이 제주도에 표착했는데, 백제는 이를 후하게 대우하고 돌려보냈기 때문에 수(隋) 문제(文帝)는 크게 만족하였다.」[8]

---

6) 陳舜臣, 『中國の歷史』 第七卷, 隋唐の興亡, 東京: 平凡社, 1981, p.17.
　그는 계속해서 「百濟使者의 임무는 단순한 축하만을 위한 것은 아니었을것이다. 長安이라는 대륙 깊숙히 위치한 隋나라에게 한반도의 정세를 설명하고, 고구려 토벌을 속삭이지나 않았나 생각된다」고 하였다.
7) 崔棟, 『朝鮮上古 民族史』, 서울: 東國文化史, 1966.
8) 文定昌, 『百濟史』 다물총서 3, 서울: 人間社, 1988.

(4) 김선욱(金善煜 · 忠南大 교수)의 해석

「소속과 출발지 및 경로 등을 알 수 없는 수선(隋船)이 제주도까지 표류해온 일이 있었다.」「이는 아마도 수(隋)의 문제(文帝) 개황(開皇) 8년(588)에 벌진조(伐陳詔)를 내려 미리 전선을 건조 중인 양소(揚素)로 수군을 거느리고 영한(永安)을 출발토록」한 것이니,「양소(揚素) 수군소속의 전선이 양자강구(揚子江口)를 빠져나와 서해를 거쳐 제주도에까지 표류해 왔을 가능성이 있다.」[9]

(5) 도리고에(鳥越憲三郎 · 大阪敎育大學 명예교수)의 해석
도리고에(교수)는 『삼국사기』 위덕왕(威德王) 36년조의 기사를 읽고, 한 전선이 탐라국(耽羅國 · 지금의 제주도)에 이르렀다고 하였다.

「진(陳)나라를 평정한 수(隋)나라가 중원을 통일하던 해에 한 척의 전선이 탐라국(耽羅國 · 제주도)에 표책했는데, 백제왕은 이를 수(隋)나라에 반송했다는 것이다. 그는 탐라국(耽羅國)이 백제의 속국이기 때문에 가능했던 것이다.」[10]

(6) 문경현(文暻鉉 · 慶北大 명예교수)의 해석
문경현 교수도 이 기사를 隋나라의 전선이 제주도에 표착(漂着 · 표류해서 도착)한 것으로 보는 것 같다.

「이 주호국(州胡國)이 언제부터 탐모라국(耽牟羅國)으로 호칭되었는지 알 수 없으

---

9) 金善煜,「百濟의 隋唐關係小考」,『百濟硏究』제15집(1984. 12), pp.115~116.
10) 鳥越憲三郎,『古代 朝鮮 と倭族』中公新書 1085, 1992년, PP. 100~101.

나」…「중국 측 기록상으로는 593년 탐모라(耽牟羅·탐라·枕羅)국이 국제무대에 나타났다.」[11]

(7) 김성호(金聖昊·고대사 연구가)의 해석
김성호도 『수서』의 담모라국(躭牟羅國)을 제주도로 생각한 것 같다.

「『수서』 백제전에 탐라(耽羅)가 탐모라(耽牟羅)로 기재된 것은 이때까지 초기 지명이 사용되었음을 의미한다.」[12]

2)「담모라국(躭牟羅國)」은 대만인가?

학계나 해석자들이「담모라국」을 제주도에 비정하는 데에는 문제가 있다고 본다.[13] 왜냐하면 『수서』의 기록을 충실히 따르자면(『삼국사기』는 그 기록에 있어서 중요한 부분을 누락하였다),「담모라국」을 제주도에 비정할 수는 없을 것이다. 이는 오히려 대만(台湾)으로 보는 것이 타당하다고 생각된다.

① 『수서』에 기록된「담모라국」의 크기는「남북 천여리(南北千餘里)」이고「동서 수백리(東西數百里)」나 되는 상당히 큰 섬으로 묘사되었다. 이는 분명 제주도의 크기와는 다르다. 그래서 대만의 크기에 버금가는 것으로 보아야 할 것이다.

대만의 지형은 제주도와 같이 계란모양을 했고, 남북으로 긴 섬이다. 그리고 남북의 직선거리는 960여 里(380여 km)에 이르고, 동서의 폭은 360여 里

---

11) 文暻鉉, 『新羅硏究』, 도서출판 참, 2000 참조. 李道學과 兪元載도 躭牟羅國을 오늘의 濟州島로 보고있다.
12) 김성호, 『중국 진출 백제인의 해상활동 천오백년』 2, 맑은소리, 1996.
13) 『隋書』 百濟傳의 本文에는「國西南人島居者 一五所. 皆有城邑」이라고 한점으로 미루어 濟州島 (耽羅)는 여기「一五所」에 포함되었을 것으로 보았다.

(140여 km)나 된다고 하였다. 이만한 크기는 『수서』에서 언급된 기록과 거의 일치하는 것으로 보인다.[14] 또한 그 나라(담모라국)에는 노루가 많다고 하였으니(土多麈鹿), 옛날 대만에는 참으로 노루가 많았다고 한다.[15]

② 또한 『수서』는 담모라국의 위치는 백제로부터 「남해행 3개월(南海行三月)」이라고 했다.[16] 이는 분명 백제로부터 수 천 리나 떨어져 있는 먼 남방의 나라를 지칭한 것으로 보이고, 이는 제주도가 아닌 것만은 분명하다. 대만 정도의 먼 거리였다면, 그 정도의 항해 시간은 소요되지 않나 생각된다.[17]

그러므로 『수서』는 이 전선은 후일 백제를 경우(經于百濟)하여 다시 수(隋)나라로 갔다고 했다(그러나 『삼국사기』는 그저 「경어국계(經于國界)」라고 적어 전선이 제주도에서 수(隋)나라로 직행한 것 같은 인상을 주고 있다).

③ 『수서』는 한 전선이 해동(海東)의 「담모라국」에 표착했다고 적었다. 이로 미루어 「담모라국」은 제주도가 아닌 대만에 해당하는 것으로 보아야 할

---

14) 濟州島는 동서가 남북보다도 더 긴 섬이다. 마치 계란을 옆으로 논 것과 같은 모양새이다. 동서는 200여里(80여 km)이고, 남북은 90여里(35여 km)에 불과하다. 그래서 「躭牟羅國」보다는 훨씬 작은 규모의 섬이다.
李道學은 「其南海行 3月」을 誤記로 보기 때문에 「濟州島의 너비에 대한 방위가 실제와 뒤바뀌어진 사실이 주목된다」고 하였다.
15) 『後漢書』東夷傳 倭조에는 夷州(台湾)에 관한 기사가 있다.
「四方이 산과 골짜기로 둘러싸였고, 사람들은 머리를 빡빡깍고 鹿角으로 창을 만들어 전쟁에 쓰고 있다.」
台湾의 서안에는 鹿港이라는 항구가 있다. 鹿港은 오래된 항구도시인데, 옛날에는 노루가죽과 약초, 건어물, 젓갈 등을 거래하는 등 노루와 관계가 있는 이름으로 보인다.
16) 俞元載 교수는 「躭牟羅國」을 濟州島로 보는 것 같다. 따라서 그는 여기의 「南海行三月」은 「南海行三日의 誤字인 것 같다」고 하였다(『中國正史百濟傳研究』忠南大 博士學位論文, p.77참조). 한편 李道學도 「其南海行 3日」이 맞는 것 같다고 하였다.
17) 240년경에 「帶方郡」 관리들이 남긴 기록에 의하면(一名 魏志倭人伝), 당시 「倭國」의 남쪽은 侏儒國이고, 거기서 더 남쪽에는 裸國과 黑齒國이 있다. 그런데 거기까지 가려면 뱃길로 족히 1년은 걸린다고 했다.

것이다. 당시 중국에서는 오늘의 황해(黃海)를 동해로 지칭했는데, 「해동(海東)」은 '바다의 동쪽'을 구체적으로 가르킨 「동해(東海)」의 동쪽인 대만에 표지(漂至·표류해서 도착)한 것으로 보아야 할 것이다.[18]

이 전선은 오늘날의 「東支那海」 해상에서 태풍을 만나 표류한 것으로 보이는데, 이같은 경우 배는 제주도까지 갈 수 없고, 또한 이 지역의 해류의 흐름으로 보아 배는 제주도 쪽으로는 표류하지 않았을 것으로 보인다.[19]

4. 이 전선(戰船)은 백제의 것?

전술한 것처럼 「담모라국(躭牟羅國)」에 표류한 전선을 『삼국사기』의 편자

---

18) 『三國志』 吳書에는 東支那海上에서 태풍으로 조난하였을 때 배는 대만 지방으로 표류할 수밖에 없다는 기록이 나온다. 「亶洲(대만이나 東海의 섬?)는 바다 가운데 있는데, 거기 사람들은 때로는 會稽에 와서 포목을 사간다. 會稽의 東治縣(福州) 사람들이 배로 또는 태풍에 조우해서 流移해서 亶洲에 닿는다.」
『일본서기』 齊明紀 7년 5월조 (661)의 한 기사에는 東支那 해상에서 태풍을 만난 배는 지금의 台灣에 표지한다는 것을 시사하는 내용이 보인다. 遣唐 유학생 伊吉連博德에 의하면 「그는 659년 入唐한 다음 661년 4월 지금의 抗州湾에서 배로 귀국하는 도중 바다에서 태풍을 만난 듯(?) 배는 9일간의 표류 끝에 耽羅島에 표착했다」고 적었다. 「섬사람들과 교류가 이루어졌던 여기서 阿波枝라는 王子 등 9인을 배에 태워 일본으로 귀환했다」는 이야기도 나온다. 이때 耽羅島는 우리의 濟州島가 아닌 것만은 분명하다. 왜냐하면 거서 9일간의 표류로 제주도까지는 갈 수 없을것이다. 중국측 古書에 의하면 복건성(福建省)의 회계(會稽)에서 夷州에 항해하는데 5일 정도 걸린다고 했다. 배가 표지한 곳은 지금의 대만(대만 · 夷州)을 가리키는 것으로 보인다.
19) 1600년 초 한 화란상선(선장 : 하멜)이 일본 長崎의 앞 바다에서 태풍을 만나 濟州島에 표지했는데, 이것이 우리 역사상의 기록으로는 첫 海難 케이스가 아닌가 생각된다. 그것도 '戰船'인 隋船이 漂流했다면, 왜 우리 역사는 이 사실을 왜면하고 있는지 묻고 싶다. 이 사실은 중국正史에 기록되었고, 또한 『삼국사기』는 이를 인용하였다. 그리고 학계다수도 이를 濟州島라고 생각했다면 당연히 이 사실은 우리 역사가 기록했어야 옳았을 것이다.

와 학계인사들은 모두 수(隋)나라의 것으로 보는 것이다. 그러나 이는 잘못된 추정일 수도 있다. 왜냐하면 당시 수(隋)나라에는 규모가 큰 '해군'이 존재하지 않았고, 진(陳)나라 패망 후 비로소 동해안(지금의 東支那海)에 진출했던 것이다. 그러므로 이 전선을 수(隋)나라의 것으로 추정하는 것은 무리한 듯하다. 그러나 백제는 서기 5세기~6세기경에 이미 이 지역[중국 강남(江南)지역]에서 활발한 해상활동을 벌여온 '해양국가'였다. 그래서 이 배를 백제의 것으로 보아도 큰 무리는 없을 것 같다.[20]

1) 『송서』나 『양서』에 이어 『양직공도』에는 백제의 해외 영역을 설명한 기록이 나온다. 백제는 진말(晋末·서기 400년 전후경)에 「요서(遼西)·진평(晋平)」에 진출하여 거기에 「백제국(百濟郡)」을 설치했다고 적었다.[21]

그런데 「진평군(晋平郡)」이 어딘가를 그동안 알 길이 전혀 없었다. 그저 하나의 역사적인 기록에 불과한 것으로만 인식되었을 뿐이었다. 그러나 『중국역사지명사전(中國歷史地名辭典)』[복단대학역사지리연구편(復旦大學 歷史地理研究編)]

---

20) 百濟는 오랜 세월에 걸쳐 중국에서 말하는 「東海」에다 강력한 해군력을 유지한 것으로 보인다.
① 『資産通鑑』과 『南齊書』의 기록에는 488년~490년 백제는 北魏와 치른 지상전에서 北魏軍을 물리치고 승리를 거두었다는 내용이 나온다. 이는 간접적으로 百濟의 강력한 海上세력의 존재를 입증하는 것이다.
『南齊書』 백제전 「是歲魏虜又發騎數十萬, 攻百濟入其界, 牟大遣將沙法名, 贊首流, 解禮昆, 木干那, 率(衆)襲擊虜軍大破之」
② 『일본서기』는 東城王이 즉위할 때(478년) 筑紫國의 병사 5백명을 동반하고 본국에 귀환했다고 적었다. 이는 백제가 큰 수군을 거느리지 않고서는 불가능한 일이다.
③ 『隋書』(백제전)에 의하면 당시 백제의 泗沘城에는 新羅人, 高句麗人, 倭人과 漢人 등 여러 외국인들이 살고 있다고 적었는데, 이는 백제가 해양국가가 아니고서는 불가능한 일이었을 것이다.
④ 『일본서기』 皇極紀 1년(642년) 조에는 「백제는 昆崙에서 온 사신을 바다에 던져 죽였다」는 기록이 나온다. 이는 백제의 배를 이용하여 崑崙의 사신을 데리고 왔음을 의미한다.
21) 蘇鎭轍, 「『梁職貢圖』로 본 百濟武寧王의 疆土」, 『韓國學報』 90輯, 1998 봄호, 참조.

에는 「진평군은 태시(泰始) 4년(468년) 지금의 복건성(福建省) 복주시(福州市)에 설치되었으나 471년 진안군(晉安郡)으로 개명되었다」는 내용이 보인다.[22]

이렇듯 백제는 오랜 세월 이 지역(중국 江南지역)에서 활동한 것으로 보이기 때문에 이는 비교적 강력한 해상세력(전선과 병력 등)을 유지하지 않고서는 불가능한 일이었을 것이다.[23] 『수서』가 「담모라국」(대만)을 백제 부용국(附庸國)이라고 기록한 것도 이런 맥락에서 이해할 수 있는 일이다. 흑치상지(黑齒常之 · 629~689)의 묘지에는 백제가 6세기 중반경(?) 흑치국(黑齒國)에 진출했다는 내용이 보인다.[24]

2) 『삼국사기』 열전 최치원(崔致遠)조에는 최치원(870년생)이 부성군태수(富城郡太守 · 893년)로 있을 때 조정에 올린 한 '상표문'에는, 「高麗 · 百濟 全盛之時, 强兵百萬, 南侵吳 · 越, 北撓, 幽 · 燕 · 齊 · 魯, 爲中國巨蠹」이라고 쓴 대목이 나온다. 이는 백제가 오(吳) · 월(越)지역에 진출한 사실을 말하는 것이다. 『당서(唐書)』나 『구당서(舊唐書)』에도 백제의 나라 경계를 「서도해 지월주(西渡海至越州)」라고 적어 백제의 절강성(浙江省) 소흥(紹興)지방 진출사실을 인정하고 있다.[25]

---

22) 그러나 「晉安郡」은 陳나라 때 「建安郡」으로 개명되었으나, 唐나라 때 이를 폐지하였다고 한다.
23) 그런데 『中國歷史地名大辭典』(劉鈞仁編)은 晉平郡의 위치를 더 남쪽으로 추정하고 있다. 「晉平은 縣의 이름인데, 晉나라가 설치하여 廣州鬱林郡에 소속시킨데 이어 南宋과 南齊도 그대로 하였다……. 그러므로 廣西自治區내에 蒼梧縣 일대가 이에 해당한다.」
오늘날 廣西壯族自治區내에는 옛 「百濟郡」의 존재를 확인이나 하는 듯 지도에는 「百濟」의 지명이 그대로 표기되었다.
24) 최근 출간한 『中國將帥全傳』 卷中(鄭福田共編)에는 다음과 같은 중요한 기사가 있다. 「黑齒常之(?~689년), 唐高宗 武則天后時名將, 百濟(今廣東欽縣西北) 西部人」이라는 대목으로 미루어 黑齒常之는 現廣西壯族自治區내의 「百濟鄕」지역에서 출생한 것으로 보인다. 따라서 黑齒國의 도읍지도 여기에 위치했던 것으로 추정된다.

3) 「담모라국」에 표지했다는 전선은 다수의 해석자들이 수(隋)나라가 진(陳)나라를 공격할 때(589년) 동원한 수(隋)나라의 병선(兵船)이 어쩌다 제주도까지 표류한 것으로 본다. 이 전선을 수(隋)나라의 것으로 볼 수 있는 근거는 어디에도 보이지 않고, 589년 진(陳)나라 멸망 시 동해안 지역(東海)에는 수(隋)나라의 병선은 거의 존재하지 않았다.[26]

『수서』가 전선의 표류 사실을 유독 '백제조'에 기록한 까닭은 그 배의 주체가 백제였기 때문일 것이다. 사실 이 시기(陳의 내란기·583~589)에 백제는 이 지역을 자주 왕래한 것으로 보이는데,[27] 왜 그랬는지 그 이유를 잘 알 수는 없다. 그러나 당시 급변하는 지역정세를 놓고 볼 때, 이와 전혀 무관하지는 않은 것으로 보인다.

4) 『수서』의 기록은 이 전선이 「담모라국」을 떠나 백제를 경유해서 「평진(平陳)축하사절」과 많은 물자를 싣고 589년 수경(隋京·長安)으로 향했다고

---

25) 「夷州」(대만)에 사는 先史人들은 일부 종족만이 바다 건너 「會稽」(지금의 紹興)지역을 왕래하며, 중국의 문물을 배웠다고 한다. 「躭牟羅國」(대만?)이 한때 백제 附庸國이 된 것도 그러한 역사적 배경에서 이루어진 것은 아닌가 생각해 본다. 『隨書』(流求國傳)에 의하면 그 곳은 「建安郡(현재의 福建省)의 東쪽水行五日」이라고 하니 그리 먼 곳은 아닌 듯 싶다.
한편 李道學 교수에 의하면 「耽羅는 後漢 때 이미 중국의 江南인 會稽 지금의 紹興市, 곧 越州지역과 항로를 개척했다」고 한다(이도학, 『백제장군 흑치상지평전』, 주류성, 1996, p.48).
26) 581년 長安에서 천하를 잡은 北周는 나라이름을 隋로 고치고 주변을 평정하였다. 원래 內陸세력인 隋는 589년 陳을 공격할 때 長江의 서쪽에서부터 동쪽으로 진격해 마침내 建康을 점령하였다. 그러므로 이 전쟁에서는 海戰은 거의 없었던 것으로 보인다.
27) 威德王代 백제는 隋와 陳에 여러 차례 사신을 보냈다.
  581년 - 隋나라의 출범을 축하하는 사신을 파견
  582년 - 隋나라에 다시 사신을 파견
  584년 - 陳나라에 사신을 파견(陳나라는 內亂中)
  586년 - 陳나라에 사신을 파견
  589년 - 隋나라에 사신을 파견(祝賀平陳)

적었다. 이로 미루어 이 배는 수(隋)나라의 것이 아닌 것만은 분명한 것 같다. 왜냐하면, 만약 이 배가 수(隋)나 진(陳)나라의 소유였다면, 그같은 급박한 시기에 수개월이나 걸려 굳이 백제를 경유한 다음 백제 사신들을 데리고 자국으로 갈 이유는 없가 것이다.

　대륙의 정세가 급변했던 580년대에 백제 위덕왕(威德王)은 사신들을 진경(陳京)과 수경(隋京)에 번갈아 보낸 것으로 기록했는데, 이때 사신들은 모두 자국선(百濟船)편으로 왕래한 것으로 보인다.

5. 맺는말

　『삼국사기』의 편자는 『수서』 백제조를 전재(轉載)하는 과정에서 큰 실수(?)를 범한 것 같다. 이는 원문 중 「담모라국(躭牟羅國)」의 실체를 보여주는 중요한 기록을 생략했다는 점에서 잘 드러난다. 이에 따라 우리는 「탐모라국」의 본체를 볼 수 없게 되었다. 그러므로 『삼국사기』의 『수서』 기록만을 읽은 독자들은 자연히 『수서』의 「담모라국」을 제주도의 옛 지명(耽羅·耽牟羅)과 혼동하기에 이르렀고, 이를 오늘의 제주도로 인식하게 된다. 그러나 『수서』의 내용을 자세히 검토하면, 이는 제주도를 말하는 것이 아니라 오늘의 대만(台灣)지역을 가리키는 것으로 보아야 할 것이다.

　『양직공도』 백제국사조(530년대의 편저)는 무령왕(武寧王)대의 백제를 다루었는데, 이때 백제는 22개나 되는 담로(檐魯)를 두어 모두 왕의 「자제·종친」으로서 봉(封)했다고 적었다. 『수서』의 「담모라국」도 이런 담로지역의 하나가 아닌가 생각된다. 백제는 자고로 새로 획득한 영토를 담로라고도 불렀는데, 『수서』의 「담모라국」이나 제주도의 탐모라(耽牟羅·耽羅) 등은 모두 이같은 담로계 지명에서 유래된 것으로 보인다. 또한 일본의 세도(瀬戸)내해

의 아와지시마(淡路島・アワジシマ)나 구마모도(熊本)현 다마나시(玉名市・タマナシ)도 그 지명은 담로계의 발음에서 유래한 것으로 볼 수 있다. 따라서 옛날에 이들 지역에는 백제의 「담로」가 존재했을 가능성이 있을 것이다.[28]

이같은 몇 가지 단편적인 사실을 빌려 백제가 한때 오늘의 대만 지역을 자신들의 부용국(附庸國)으로 거느렸다는 『수서』의 기록을 부정하기는 어려울 것이다. 전성기의 백제는 참으로 큰 '해양국가'로서 멀리는 동남 아시아(黑齒國지역)에까지 진출한 것으로 보인다.[29] 백제는 이미 역사에서 사라진 지 오래지만, 중국 광서 장족자치구(廣西壯族自治區)의 「백제허・百濟墟」 사람들은 그 나라를 부를 때 아직도 「대백제・大百濟」라는 말로 우러러 보고 있다. 또한 일본 사람들도 백제를 그저 「구다라(クダラ)」라고만 부르는 까닭을 이제야 조금은 알 수 있을 것 같다.

백제는 이 지역(중국 江南지역)에서 활발한 해상활동을 한 것으로 보이는데, 그 배경에는 『위지왜인전(魏志倭人傳)』에서 본 대마도(對馬島)・이기(壹岐)・왜국(倭國)・나국(裸國)・흑치국(黑齒國)으로 연결되는 '동남 아시아 항로'를 백제는 이미 확보했다는 사실이 깔렸을 것이다.

---

28) 金聖昊(古代史 연구자)는 「躭牟羅」의 어원으로 台灣省 台北市의 「淡水港」과 高雄縣의 「淡水社」를 들고, 이는 檐魯계 바름으로 볼수 있다고 한다(김성호, 『중국진출 백제인의 해상 활동 1500년』, 서울: 맑은 소리사, 1996, p.89).

29) 역대 南朝는 海洋지향이 아니었기 때문에 台灣과 같은 섬에는 별다른 관심을 표하지 않은 것 같다. 따라서 중국측 史書에는 台灣에 관한 기록이 그리 많은 편은 아니다. 陳나라 이전에 이 땅은 「夷州」라고 하였으며, 陳나라 때는 「流求」라고 했다. 그 후 隋나라 때는 「流求國」이라 하였다. 중국 측 史書에 기록된 대륙王朝의 台灣 침공은 『隋書』(流求國傳)이 처음이다. 隋煬帝는 大業6년(610년) 함대(사령관 陳稜)와 수병 1만 명을 파견하였는데 그 목적은 조공을 받기 위해서였다. 그런데 이들 함대가 해안에(현재의 鹿港근처?) 접근했을때, 원주민들은 예년과 같이 商船隊(무역선)가 온 줄 알고 모두 동물의 가죽(노루가죽으로 추정됨)과 곡물류 등을 들고 마중나왔다고 하는 것으로 보아, 이전에 백제 船團이 이곳을 往來했을 가능성을 시사해준다.

X
일본 「기도라(龜虎)」고분 피장자, 그는 누구인가?

陵山里벽화고분과 기도라고분벽화의 대비

陵山里벽화고분(모형)

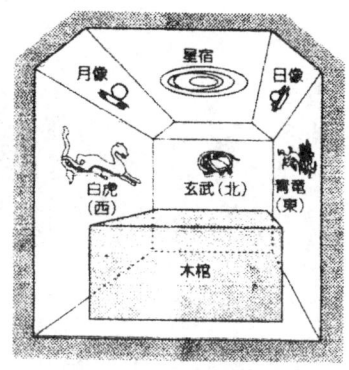

기도라고분(모형)
(『月刊 文化財』, 1998.5)

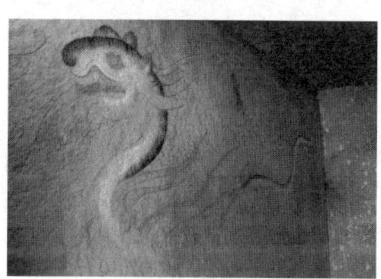

陵山里 白虎
[고분(모형) 내부 벽]

기도라 白虎(西壁)
(日本 文化廳 보존관리)

陵山里 天井
[고분(모형) 내부 천정]

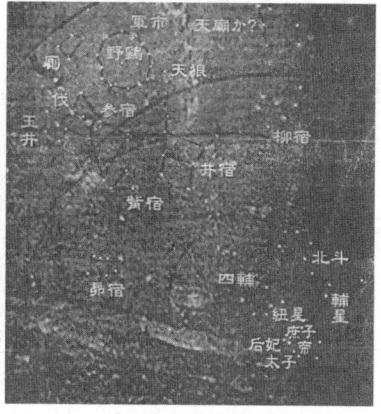

기도라 天井(성수도)
(日本 文化廳 보존관리)

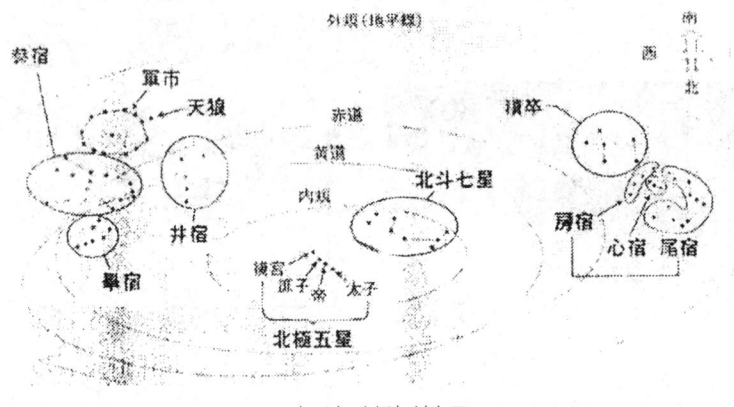

기도라고분의 성수도

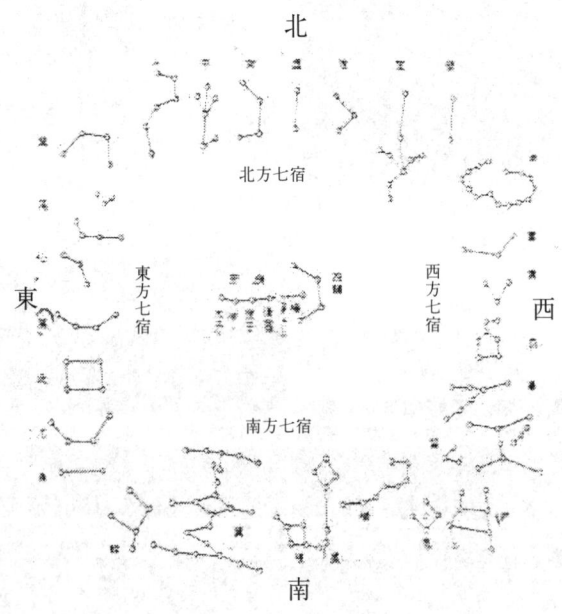

고송총고분의 성수도

일본 「기도라(龜虎)」고분 피장자, 그는 누구인가? 219

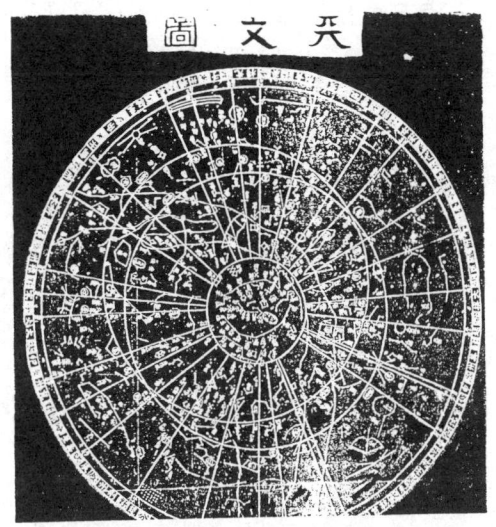

南宋淳祐天文圖(1247년 제작) 탁본

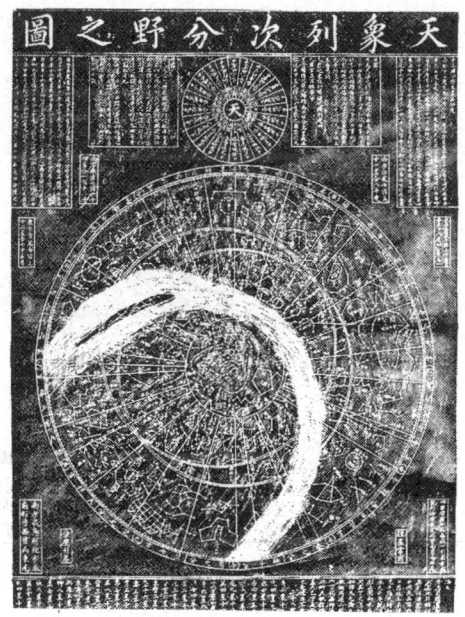

李朝天象列次分野之圖(1395년 제작)

구분	陵山里 東下塚 (1920년 발굴)	柿木洞1號(公州) (1966년 발굴)	기도라 (1998년 발굴)	藤ノ木 (1989년 발굴)	船山 古墳 1873년 발굴)
石材	花崗岩 切石	花崗岩 切石	凝灰岩 切石	花崗岩, 凝灰岩	阿蘇溶岩 切石
石室 規模	長 3.5m 幅 1.5m 高 1.9m	長 2.7m 幅 1.2m 高 1.5m	長(?) 幅 1.0m 高 1.1m	長 2.3m 幅 1.2m 高 1.4m	長 2.2m 幅 1.1m 高 1.45
切石 個數	床石(塼) 天井 1 壁각 2 奧壁 1 문 1	床石 3 天井 3 壁각 2 奧壁 1 문 1	床石 (?) 天井 4 壁각 3奧壁 1 문 1	巨石多數	床石 2(?) 天井 2 壁각 1 奧壁 1 문 1
天井	平天井式	折天井(家形)式	折天井式	平天井式	折天井(家形)式
內部朱色	有	有	有(朱線도有)	有	有
備考	木棺 6C中 축조	木棺 7C中(?) 축조	木棺 7C末 축조	石棺(合葬) 6C中 축조 獸帶鏡	木棺(?) 5C末 축조 獸帶鏡

기도라고분과 陵山里東下塚석실의 비교

	기도라 (1998년 발굴)	高松塚 (1972년 발굴)	마루고山 (1977년 발굴)
石材	凝灰岩 切石	凝灰岩 切石	凝灰岩 切石
石室規模	長? 幅 1.0m 高 1.1m	長 2.6m 幅 1.0m 高 1.1m	長 2.7m 幅 1.3m 高 1.4m
切石個數	床石(?) 天井 4 奧壁 1 문 1	床石 3 天井 4 奧壁 1 문 1	床石 4 天井 4 奧壁 1 문 1
天井	折天井式	平天井式	折天井(家形)式
內部朱色	有(朱線도有)	有	有
備考	木棺, 副葬品無 7C末 축조	木棺, 葡萄海獸鏡 7C末 축조	木棺, 金銅裝大刀 등 7C末 축조

檜隈의 석실묘

1. 머리말*

　1971년 공주 송산리(宋山里)의 한 왕릉(王陵・그동안 산 언덕으로만 생각했던 곳)에서는 東아시아의 역사를 새로 써야 할 만큼 귀중한 유물들이 쏟아져 나와 세상을 놀라게 한 일이 있었다. 그로부터 1년 후인 1972년에는 일본의 아스카(明日香)村에 자리한 고송총(高松塚・다가마쓰노쓰가) 고분(그동안 한 언덕으로만 생각했던 곳)에서도 찬란한 고분벽화(古墳壁畵)가 나와 또 한번 세상을 놀라게 하였다.

　그런데 1998년 봄 아스카村에 있는 또 다른 한 고분에서는 고송총(高松塚)고분의 벽화를 능가하는 내용의 유물이 나와 학계를 바짝 긴장시켰다. 그 이유는 「기도라(龜虎)」 고분의 천문도(天文圖)는 같은 종류의 것으로는 세계 최고(最古)의 자료로 평가되기에 전혀 손색이 없었기 때문이었다.

　이같은 벽화를 도대체 누가 그렸고, 이 벽화와 더불어 영원히 무덤 속에서 잠이 든 피장자(被葬者)는 과연 누구인지를 이제는 그 답을 찾아야 할 때가 되었다.

2. 고분(古墳)의 발굴

1) 발굴경위

　「기도라」고분[1]의 제1차 발굴조사는 1983년 시도된 바가 있었다. 이때 조

---

* 본고는 『한국민족학연구』 5, 2001, 단국대학교, 한국민족학연구소에 所載.
1) 「기도라(キトラ)」古墳의 명칭은 이 古墳 벽화의 玄武와 白虎에서 유래된 것으로 보이나, 지역주민의 말에는 이 古墳의 소재지인 「北浦」의 小字에서 유래된 것이라는 주장

사는 이미 도굴되어 생긴 공구(孔口)에다 45도 각도로 '파이바스코프'를 투입하여 내부를 관찰하는 방식이었다. '파이바스코프'에는 석실(石室·石槨) 내부 북벽에서 4신수(神獸)의 하나인 현무(玄武)가 확인되지만, 작업은 기계의 고장으로 작업을 부득이 중단하게 되었다.

그로부터 15년이 경과한 지난 1998년 3월초 제2차 발굴이 시도되었다. 이번에는 초소형 '카메라'를 같은 공구에서 수평으로 투입하여 내부를 고루고루 촬영하는데 성공하였다. 그 결과 이 고분은 고송총 고분과 같은 초특급 벽화고분으로 확인되었고, 4신수의 벽화는 이미 본 북벽의 '현무'와 더불어 동벽의 청룡(靑龍)과 서벽의 백호(白虎)를 추가로 드러났다.

그리고 천정에는 별자리 그림(성수도·星宿圖)이 자리잡았는데, 이는 고송총 고분과는 다른 양식으로 그린 그림이었다. 이 별자리 그림에는 4개의 정교한 원(圓)이 들어 있다는 사실도 알게 되었다.

이 고분은 오래전부터 도굴되어 내부에는 부장품이 별로 없었지만, 사람 뼈 조각과 목관(木棺)의 잔해는 확인할 수가 있었다. 그리고 석실의 바닥(床)에서는 동경(銅鏡)처럼 생긴 둥근 모양의 돌출부분도 희미하게 보였다고 한다.

2) 구조(횡혈식 석실묘)

「기도라」고분은 전형적인 백제후기의 횡혈식(橫穴式) 석실묘(石室墓)였다. 부여(扶余)의 능산리(陵山里) 고분군에서 볼 수 있는 양식이다. 내부의 석실(石槨)은 분구(墳丘)의 중앙에 위치했고, 의회암절석(凝灰岩切石)을 맞추어 축조한 형태였다. 석관(石棺) 모양으로 축조한 석실에는 천정(天井) 가까이서 안으로 꺾

도 있다.

인 이른바「절천장식(折天井式)」을 갖춘 횡구식(橫口式) 석곽(石槨·石室)이다.

현재로는 석실 내부의 상석(床石)은 볼 수가 없어 불분명하나, 뒷면(奧壁)은 한 장의 절석(切石)을 썼고, 옆벽(동·서)은 각 3매의 절석을 써서 축조하였다. 그리고 천정은 4매의 절석으로 축조되었다. 이같이 석실내부구조는 대체로 고송총 고분과 흡사하기 때문에 이들 이 두 고분은 쌍둥이 고분이라고 해도 틀린 말은 아닌 것 같다.

3) 위치[히노구마(檜隈)지역]

「기도라」고분은 나라현(奈良縣) 고시군(高市郡)[2] 아스카村의 아배산록(阿部山鹿)에 자리하고 있다. 30년전(1972년)에 찬란한 '고분벽화'가 나와 세상을 깜짝 놀라게 했던 고송총(高松塚)고분에서 남쪽으로 약 1km 떨어져 있다.[3]

이 지역은 옛적부터「이마기군(今來郡)」·「히노구마(檜隈·ヒノクマ)」로 알려진 곳이기도 하다. 이른바 아스카(飛鳥·アスカ)시대에는 동한직씨(東漢直氏·야마도노아다이·일본서는 백제계 도래인을 뜻함)계의 생활터전으로 기록한 것으로 미루어 바로 동한직씨(東漢直氏)계의 '서산(先山)'과도 같은 자리여서, 백제왕족들이 묻힌 고분군이라 할 수 있다.

「기도라」고분이 위치한 히노구마(檜隈)는 고대일본(倭)의 첫 율령(律令)사회로 알려진 후지하라(藤原)경내의 중심점인 주작(朱雀)대로에서 볼 때 그 연장

---

2) 高市郡(옛 檜隈)에는『일본서기』에 기록된「東漢」(야마도노아야)의 祖上인 阿知使主를 모신 阿知神社가 있다(阿知使主는 百濟王子로 보이는 인물이다).
3) 1972년 檜隈지역에서 高松塚벽화가 나왔을 때 上田正昭(京都大 명예교수)는 아래와 같이 논평하였다.
「이 檜隈의 땅은 東漢氏의 본거로서 … 백제계를 주로하는 東漢氏의 도래문화가 번창한 지역이다. 그 땅에 高松塚이 축조되고, 내부에 그같은 훌륭한 極彩色의 벽화가 나왔다. 피장자의 외침은 지금까지 왜곡된 朝鮮人觀, 朝鮮史觀 즉 歸化人史觀, 征服史觀을 바로잡을 물증이 될 것이다」(上田正昭,「今來文化의 面影」,『歷史讀本』, 1972. 8, p.57).

선상에 있다. 따라서 이 지역은 고대사회에서는 가장 「성(聖)스러운 땅」이 었거니와, 『일본서기』 계통의 천무(天武)·지통(持統)천황릉과 문무(文武·분부) 천황릉도 여기 자리잡았다니, 이 지역의 중요성을 새삼 실감하게 된다.[4]

3. 「기도라」의 4신수(四神獸)와 성수도(星宿圖)

「기도라」의 4신수(四神獸)와 성수도(星宿圖·별자리 그림)는 우주의 생성과 그 운동법칙을 나타내는 고대 중국의 음양과 오행(五行)사상에서 유래한 것이다. 그 제작 기법은 너무 정교하여 고송총(高松塚)고분의 것을 능가하는 것으로 평가하고 있다.[5]

「기도라」고분의 성수도는 중앙에 북극오성(北極五星)을 배치한 다음 외측의 원내에는 동서남북[춘(春)·하(夏)·추(秋)·동(冬)]의 4방위로 나눠 7수(宿)씩 모두 28수의 성좌(星座)를 표현하고 있다.

특히「기도라」의 '성수도'에는 천체의 운행을 표시하는 3중(重)의 동심원 (同心圓·내규, 적도, 왜규)과 태양의 움직임을 표시하는 황도(黃道) 등 4개의 원 (圓)을 그렸다. 적도(赤道)와 황도가 마주치는 춘분(春分)과 추분(秋分)점도 표

---

4) 天武·持統陵과 文武陵은 檜隈의 중심에 위치하고 있는데, 이로 미루어 보아 그들은 東漢계 인물(百濟王系 인물)로 보아야 할것이다. 왜냐하면 우리의 관행은 한 씨족의 「先山」에는 타씨족의 인물은 절대로 같이 묻힐 수 없기 때문이다.
그러나 上原 和(成城大 명예교수)는 「백제의 망명자가 이주한 것은 近江인데, 親新羅派의 天武·持統朝의 飛鳥에 百濟王族이 온다는 것은 있을 수 없다」고 주장하였다(月刊 『文化財』, 1998. 5, p.31).
5) 天井에 그린 별에 이어 四方 벽에 四神獸를 그린 까닭은 석실내의 死者를 둘러싼 한 우주를 구현하려는 사상을 표현하기 위한 것이다. 『史記』는 秦始皇帝의 墓 天井에도 별을 그렸다는 내용을 기록하고 있다.

시되었다. 외규(外規)에 가까운 동쪽 경사부에 그린 일륜(日輪)에 이어 서쪽에는 월륜(月輪)을 그렸다. 그 아래 수직벽에는 동벽에 '청용', 서벽에 '백호', 북벽에 '현무', 남벽에는 '주작'을 각각 그렸다. 이들 4신수는 각각 7개 성좌씩 모두 28 성좌를 상징한다.

이같이 「기도라」고분의 성수도에는 내규(內規), 외규, '적도' 및 '황도' 등 4개의 원이 들어가 있다. 이 성수도는 세계 최고(最古)의 천문도라고 말할 수 있을 것이다. 지금까지 세계 최고의 것으로 꼽았던 중국 소주(蘇州) 공자묘(孔子廟)역의 「남송 순우 천문도(南宋淳祐天文圖)」(石刻)는 1247년에 제작한 것6)이고 보면, 「기도라」의 성수도는 이보다도 수백년이나 앞서 천문학계가 지대한 관심을 집중할 수밖에 없다.7)

---

6) 天文학계에서는 「南宋淳祐天文圖」다음에 오래된 것으로 朝鮮時代에 제작한(1395년작) 「天象列次分野之圖」를 들고 있다. 그런데 서울대 朴昌範 교수는 이 작품이(天象列次分野之圖) 세계 最古의 天文圖일 것이라고 주장한다. 그 이유는 「天象列次分野之圖」는 서기 1세기경에 고구려에서 만든 원판을 기초로 해서 만든 것이기 때문이라고 한다(中央日報, 1998. 9. 15).

7) 宮島一彦 교수의 「기도라」고분의 성숙도 논평: 「정확한 점이나 寫實性에는 문제가 있고, 당초에 생각했던 것과 같은 정확성은 없는 것으로 보이나 … 이렇게 오래된 것은 西洋에도 없기 때문에 세계 星圖史·天文學史의 대발견일 것이다. 그러나 赤道에 대한 黃道의 위치는 오리온座 부근의 同定이 맡는다고 하면, 同心圓의 직선비가 불정확하여 天文지식이 없는 職人이 그린 것이 아닌가 생각된다」(月刊『文化財』, 1998. 5, pp.31~32).
天文학자 중에는 「기도라」의 천문도는 「南宋淳祐天文圖」에서 사용한 원판과 거의 같은 것을 사용한 것으로 보는 견해도 있다. 중국에서는 BC 1~2세기부터 4重의 원이 들어간 천문도를 그리기 시작했다고 하는데, 그러한 천문도가 한반도에 전해진 것은 서기 5세기~6세기경이라고 한다.

4. 고분의 피장자(被葬者)는 누구?

1) 피장자는「황족(皇族)」

(1) 나오기 고지로(直木孝次良・甲子園短大 교수)

「천지(天智)의 손자인 가쓰라야(葛野)왕과 천무(天武)의 황자 가운데 하나인 유개(弓削) 황자일 가능성이 있다.」「우대신(右大臣)으로서 지통(持統), 문무(文武) 양 천황을 보좌한 아배노미로시(阿部御主人)를 최유력 후보로 본다.」[8]

(2) 가와가미(河上邦彦・奈良縣立考古學硏究所조사연구 부장)

「천무(天武)천황의 황자 중의 누구인가를 추측한다」[9]

(3) 아바시 요시노리(網干善敎・關西大 교수)

「고송총(高松塚・다가마쓰노쓰가)이나 기도라의 묘주는 황족일 것이다.」[10]

---

8) 月刊『文化財』, 1998. 5, p. 11.
　　한편 直木孝次郎은 이 성숙도가 일본(倭)에 오게된 것은「신라가 天武천황이 天文을 좋아하는 것으로 알기 때문에 唐이나 고구려로부터 입수한 성숙도를 天武에게 헌상했을 가능성이 크다」고 터무니없는 주장을 한다(直木孝次郎,「キトラ古墳の造營と被葬者」,『東アジアの古代文化』, 1998 秋・97號, p.8 참조).
　　그러나 勝部明生(龍谷大 교수)는「기도라」에는 高松塚과 같은 인물상이 없는 데다 부장품도 불분명해 四神이나 星座만 가지고 피장자를 論하기는 어려울 것이라고 하였다(東京新聞, 1998. 3. 7, 참조).
9) 月刊『文化財』, 1998. 5, p.11.

(4) 우에다 마사아기(上田正昭・京都大 명예교수)

「기도라 고분은 고송총(高松塚) 고분과 근접해있다는 사실이 중요하다. 천무(天武)・지통(持統)계의 왕족이 묻혀있다고 해도 무방할 것 같다.」[11]

(5) 스가야 후미노리(菅谷文則・滋賀縣立大교수)

「아스카경(飛鳥京) 남릉묘구(南陵墓區)라고 한다면, 여기 매장된 사람의 신분은 정해질 것이다. 그래서 외국인(도래인)은 아니고, 천지(天智)나 천무(天武)의 황자를 상상할 수 있다.」

(6) 우에하라 가스(上原 和・成城大 명예교수)

「親신라파의 천무(天武)・지통조(持統朝)하에서 아스카(飛鳥)에 백제의 왕족이 온다는 것은 있을 수 없다.」

(7) 시라이시 오우이지로(白石太一郞・國立民俗博物館 부관장)

「703년에 타계한 아배어주인(阿部御主人)으로 보는 설이 정당하다고 본다.」「율령(律令)지배의 정점에 섰던 귀족의 묘일 가능성이 높다.」

---

10) 月刊 『文化財』 1998. 5, p. 11.
  추정이유로는 「天武천황의 正月儀式에는 천황의 左右에 玄武, 白虎, 靑龍, 朱雀의 四神과 日月像의 깃발이 걸렸다」고 한다.
11) 朝日新聞(東京), 1998. 3. 7.

2) 피장자는 도래인(渡來人)

(1) 와다 아쓰무(和田 率·京都敎育大 교수)

「고시군(高市郡)에서 세력을 과시한 도래계 가족 동한직씨(東漢氏)일족의 묘가 아니겠는가」[12]

(2) 센다 미노루(千田 稔·國際日本文化센타 교수)

「정밀한 성수(星宿)이 나오는 것으로 보아 피장자는 백제왕족일 가능성이 크다. 그는 별밑에서 잠자는 신하가 아니라 '태자'이다. 벽화를 그리는 전통을 지닌 한반도의 왕가의 묘로 생각한다. 백제왕 선광(善光)이나 그의 자제 창성(昌成)의 묘로 생각한다.」[13]

(3) 호리다 게이지(堀田啓一·高野山大 교수)

「피장자의 이름을 대기는 불가능하지만, 히노구마(檜隈)에 소재한 데다 동한직씨(東漢氏)의 본거지인 점으로 보아 이 지역을 왕래하는 도래인을 통할하는 本宗家의 인물로 보인다」[14]

---

12) 月刊 『文化財』, 1998. 5, p.11. 千田 稔, 「キトラ古墳と渡來文化」, 『東アジアの古代文化』 97號, 참조.
13) 月刊 『文化財』, 1998. 5, p.11.
14) 長崎新聞, 共同通信, 1998. 3. 10.

(4) 오가사와라(小笠原好彦・滋賀大 교수), 미야지마(宮島一彦・同志社大 조교수)

「기도라 고분의 성숙도는 고구려에서 만든 원본을 토대로 그린 것으로 생각한다.」
「난파궁(難波宮・나니와궁)이나 남산성(南山城)에 고구려 사절의 숙박소가 있고, …일본과 고구려의 관계는 깊다.」[15]

(5) 이노구마 가네가쓰(猪熊兼勝・기도라 古墳 學術調査團단장)

「아스카(飛鳥)지방 서남부의 히노구마(檜隈)라고 부른 지역에는 도래인이 다수가 살고 있었다. 중국이나 한반도로 부터 받은 영향의 색채가 농후하고, 벽화를 그린 작자도 도래(渡來)계 인물로 보인다. 피장자는 국제성이 풍부한 도래계 인물일 가능성이 크다.」[16]

5. 피장자는 백제왕족(侯王)이다

1) 「기도라」고분은 백제 후기의 묘제

「기도라」고분의 원류는 「능산리 벽화고분(陵山里壁畵古墳)」에서 찾을 수가 있다. 「기도라」고분의 축조양식과 그 내부 구조 등은 사비(泗沘)시대의 백제왕릉인 「능산리 벽화 고분」(一名 능산리 東下塚)과 대단히 흡사한 점이 보인

---

15) 그러나 宮島 교수는 「피장자에 관해서 상상을 하는 것은 즐거운 일이나, 현 단계에서 학문적으로 論하는 것은 무리한 일이다」라고 한다(宮島一彦, 「キトラ古墳天文圖と東アジアの天文學」, 『東アジアの古代文化』, 1998 秋・97號, pp.58~69).
16) 日本經濟新聞(東京), 1998. 3. 7.

다. 그러므로 호리다(堀田啓一·高野山大 교수)는 「기도라」의 석곽(石槨)구조는 「백제 후기의 고분에서 일반적으로 채용한 형식」이라고 말한다.

> 「백제 최후의 도읍인 사비(泗沘)의 왕릉에도 이 절천정식석실(折天井式石室·능산리 東上塚)이 드러나는데, 4신수(四神獸)의 벽화고분(동하총·東下塚)도 있다. 고분의 석곽구조는 백제의 것과 밀접한 관계가 엿보여 주목된다.」[17]

「기도라」나 고송총(高松塚)이 그 석실(石槨) 내부를 여러 장의 판석(板石)으로 구성되었지만, 성왕(聖王)의 능(陵)으로 추정(?)되는 이 「능산리 벽화고분」은 장방형(長方形·矩形) 석실이다. 그리고 4벽(壁)과 천장은 모두 마연(磨研)한 편마석(片磨石)인데, 한 장의 석판으로 벽을 쌓았다. 이와 더불어 바닥(床)에는 돌 대신 장방형의 벽돌(塼)을 깔았다. 이같은 「능산리 벽화고분」은 대왕릉 다운 위엄과 위용을 갖추었다고 할 수 있을 것이다.

이러한 횡혈식 석실묘는 백제왕가의 오래된 양식으로 웅진(熊津)시대나 사비(泗沘)시대의 왕묘는 예외없이 이 방식을 취하고 있는 것이다.[18]

2) 「기도라」의 벽화는 「능산리 벽화고분」 계통

① 1972년 고송총 고분에서 벽화가 발굴되었을 때 학계 다수의 견해는

---

17) 月刊 『文化財』, 1998. 5, p.25.
18) 宋山里 1호분과 高靈벽화고분은 모두 長方形(矩形) 石室로 구성되었는데, 벽면은 割石으로 쌓아올린 다음 겉에다 灰칠을 했고, 天井은 한 장의 花岡岩으로 덮었다.
그런데 公州의 柿木洞 1호분(王陵여부는 불명)은 陵山里 벽화고분과 같은 형태의 石室을 갖추어 주목되는 바이다. 또한 益山 雙陵도 그 중 大王墓로 알려진 큰 무덤의 내부는 長方形 石室로 구성되었고, 「陵山里 벽화고분」과 같이 花岡岩 片石 각 1枚로 四方의 벽을 만들었다(金元龍, 『韓國美術史』, 서울: 汎文社, 1968, p.90 참조).

벽화고분은 고구려 묘제(墓制)만이 갖는 전통으로 보았다. 그래서 고송총의 벽화는 고구려의 영향을 크게 받았을 것으로 추정했다. 그리고 그 피장자는 당연히 고구려계 도래인일 것으로 생각했던 것이다.

그러나 고분벽화에 관한한 백제왕 묘제에도 다를 바가 없다. 백제에서도 오래 전부터 벽화를 그린 전통을 유지해온 것이 사실이다. 4신수 벽화는 「능산리 벽화고분」(서기 6세기 후반)보다도 연대가 선행되는 송산리(宋山里) 제6호분(서기 6세기 중반 축조)에서도 볼 수가 있다. 그런데 송산리 제6호분은 현실(玄室)이 무령왕릉과 같은 전축분(塼築墳)으로 축조되었기 때문에 여기에 그림을 그린다는 것은 불가능한 일로 보였다. 그러나 벽에다 진흙을 바르고 그 위에다 4신수와 일월운문(日月雲文)을 그렸으니, 당시 백제인들의 4신수(四神獸)에 대한 강한 믿음을 엿볼 수가 있다.[19]

「능산리 벽화고분」에서는 4신도(四神圖)와 연화운문(蓮花雲文)은 화강암을 곱게 손질하고, 그 위에다 직접 그림을 그린 것이다. 그래서 「기도라」나 고송총 고분의 그림보다도 훨씬 복잡하고, 고도의 기법이 요구되었을 것으로 보인다. 지금은 동(東)벽의 백호(白虎)와 천정의 연화운문(蓮花雲文)에 이어 일상(日像)과 월상(月像) 등만이 남았지만, 그림은 아직도 선명한 색체를 그대로 유지하고 있다.

---

19) 宋山里5호분(武寧王陵)도 6호분처럼 중국 南朝의 최신 모델인 塼築墳인데, 거기에는 四神獸벽화가 없는 것으로 알려졌다. 왜 벽화가 없는 이유를 잘 알 수는 없지만, 塼築墳에 벽화를 그리기에는 적합치가 않아 이를 생략한 것으로 보인다(學術院編, 『韓國美術事典』, 서울: 예술원, 1991, p.334 참조).
그런데 1971년에 발굴된 5호분에서는 모두 4매의 銅鏡이 나와 고고학계의 귀중한 자료로 되었는데, 그중 「宜子孫 獸帶鏡」 내용을 분석한 결과 거기에는 당대의 道敎사상인 四神獸와 7星宿를 축소한 것이 들어간 것으로 보아 5호墳은 벽화를 그리는 대신 동경을 대용한 것으로 보인다. 이 獸帶鏡의 표면에는 가죽끈이 달려 피장자는 생전처럼 사후에도 실제 사용한 것을 상징하였다(이와 같은 獸帶鏡은 船山古墳과 仁德陵에서도 출토되었다. 최근 「藤ノ木」에서도 출토되어 주목을 받고 있다).

② 백제왕묘에서는 아직까지 정교한 성수도가 나오지 않은 것은 사실이다. 그러나 이 성수도가 백제인과 무관하다는 논리는 비약이라고 생각한다.[20] 「기도라」의 성수도는 물론 고송총 고분의 경우도 모두가 백제인(또는 백제계 도래인)의 손길이 닿은 그림이라는 생각이 필자의 견해이다. 이 점은 여러 역사 기록이 증명하고 있다.

6세기 초부터 倭에는 각 분야에 걸친 선진문물이 백제로부터 유입되는데, 그 중 「기도라」나 고송총 고분의 천문도(天文圖)와 같은 천체기상에 관한 지식을 가진 여러 「박사(博士)」들이 도래했다는 사실은 『일본서기』의 기록과 최근의 천황(平成)의 발언을 빌려서도 이를 확인할 수가 있다.[21]

6세기 초 백제는 오경박사(五經博士 · 513년), 력박사(曆博士), 역박사(易博士)와 의박사(醫博士 · 554년) 등 고대사회의 '전문경영자'들과 고승(高僧 · 실제로는 이

---

20) 1998년 5월 31일 「기도라古墳學術調查團」의 猪熊兼勝과 宮島一彦은 「하늘의 北極을 중심으로 內規와 外規의 직경을 계측하고, 三重의 同心圓의 직경은 각기 18cm, 44cm, 66cm로 밝혔다. 星座의 움직임의 통계적 오차의 차이에서 관측된 기도라 星宿圖의 제작연대는 기원전후경(BC 100~AD 100년)으로 보인다」고 한다. 그리고 約 600개의 별의 위치나 하늘의 北極을 기준으로 三重의 同心圓의 비율 등을 분석한 결과 「星座의 관측 지점은 北緯 38度~39度로서 한반도 북부의 고구려의 수도 平壤 근처일 가능성이 크다」고 하였다[讀賣新聞(東京), 1998. 5, pp.31. 月刊『文化財』, 1998. 5, pp.31~32 참조].
그러나 이는 정당한 해석으로 보기는 어렵다. 왜냐하면 우선, 어떻게 해서 이 天文圖가 그려진 시기를 「기원전후경」이라고 하는지가 불분명하다. 또한 이 그림을 北緯 38度~39度의 위치에서 그렸다고 하면서 이를 平壤의 밤하늘 즉 고구려의 밤하늘이라고 추정한 것은 억측에 불과하다고 본다. 사실 기원전후 1세기의 平壤은 고구려의 도읍이 아니고, 樂浪의 도읍으로 보아야 할 것이다. 고구려가 集安에서 平壤城으로 온 것은 서기 5세기 초의 일이다.
21) 平成天皇의 발언요지(朝鮮日報, 1998. 10. 8)
「귀국의 문화는 우리나라에 큰 영향을 미쳤습니다. 『일본서기』에는 경전에 밝은 백제의 王仁博士가 일본에 건너와 應神천황의 太子인 兎道稚郞子를 가르쳐 전적에 통달하게 되었다고 기록하였다.」 또한 「백제의 五經博士, 醫博士, 曆博士 등도 일본에 왔으며, 또 佛敎(545년)도 전래되었다.」

들도 국가경영자이다)들을 왜경(倭京)에 「당번제(當番制)」로 보내 주류토록 하였다. 이들 모두는 천문에 관한 고도의 지식을 가진 자들로서 「기도라」나 고송총 고분의 천문도와 같은 고도로 발달된 천체기상도를 가지고 갔을 가능성이 크다고 보아야 할 것이다. 또한 이를 실생활화 하는 데도 이용했을 것으로 보아야 한다.

특히 544년 백제의 천문학자 왕보손(王普孫)은 왜경(倭京)에서 천체관측법과 력법(曆法)을 전해 주었다고 한다. 또한 602년에는 당대 최고의 천문학자인 고승 관륵(觀勒)[22]은 천체 관측으로 길흉(吉凶)을 점쳐 천체 위기회피(危機回避)의 군정술(軍政術·遁甲) 등을 가르쳐 주었다는 것이다. 그러므로 「기도라」의 '천문도'는 당시의 백제나 倭에서는 실생활의 한 방편으로 이용되었을 것으로 보인다. 그래서 「당시 백제의 천문 지식은 우리의 상상을 초월하는 수준의 것」이라고 한영우 교수(서울대)는 말한다.[23]

---

22) ① 1993년 일본의 著名한 天文학자 古川麒一良(東京大 교수)는 새로운 「小行星」을 발견했는데, 그는 백제高僧 觀勒의 이름을 따 「KANLOKU」라 명명하였다. 이것은 백제가 고대 일본(倭)에 천문학을 전수해준 것을 기념하기 위한 것이라고 한다.
② 觀勒에 대한 上田正昭의 논평: 「天武朝의 陰陽師에 이어 持統朝에는 陰陽博士가 활약한다. 이미 觀勒은 세상을 떠났지만, 이 시대에도 그의 존재는 극히 중요한 인물이었을 것이다(月刊『文化財』, 1998. 5, p.29)」.
③ 觀勒에 대한 山尾幸久의 논평: 「觀勒은 602년 중국 隋의 曆과 天文地理 遁甲方術을 다룬 본격적인 서적을 가지고와 교수 한 사람으로 .... 7세기 말의 僧侶들과 더불어 陰陽師들에게 元祖로서 알려진 뜻있는 이름이다(讀賣新聞, 1998. 3. 12)」.
④ 菅谷文則의 평가: 「천문도는 飛鳥池 유적(明日香村) 출토의 木簡에 觀勒이 가지고 왔다고 써 있다.」
23) 한영우 교수(서울대)에 의하면, 「백제는 이미 1년을 365.2467일로 계산하고, 한달을 29일과 30.58일로 계산할 정도로 천문학의 수준이 높았다」고 했고, 또한 「그림분야에서는 因斯羅我 가 463년에 일본에 건너가 일본의 회화발전에 기여하였다」는 것이다(한영우, 『우리역사』 제1권 고대·고려, 경세원, 1998, p.115).
또한 『周書』 異域傳 百濟조는 「(百濟人) 모두 고서와 사서를 즐기고 있으며... 또 陰陽과 五行을 터득한 가운데 宋의 元嘉曆을 써서 寅月을 歲首로 하고 있다」고 한다.

3) 「기도라」의 피장자는 목관(木棺)을 썼다

 금번 조사에서 「기도라」 고분도 고송총 고분처럼 여러 차례나 '도굴' 되어 부장품이 거의 없다는 사실을 알게 되었다. 다만 석곽(石槨) 내에서는 사람뼈 조각과 목관의 잔해가 남아 있었다고 한다. 이는 고송총(高松塚)도 마찬가지이나, 거기서는 해수포도경(海獸葡萄鏡) 한 장이 더 나왔다.[24]

 고송총 고분이나 「기도라」의 피장자가 누구인지는 잘 알 수 없으나, 그들은 모두 사후(死後)에 목관을 쓸 수 있는 신분의 소유자라는 사실을 알게 되었다. 이 목관적송은 백제왕실의 묘제로서 무령왕릉에서 본 바와 같이 사마왕(斯麻王)은 세상을 떠난 다음 소나무 관(棺)을 쓰고 묻혔던 것이다.

 1971년 송산리의 무령왕릉 현실(玄室)에서는 여러 조각의 목관의 잔해가 나왔는데, 그 관제(棺材)를 조사한 결과 일본에서만 야생하는 적송(赤松·一名 高野まき, 또는 金松)이라는 사실을 알게 되었다. 그러니까 왕은 사후에 쓸 관재를 일부러 먼 왜에서 가지고 왔던 것이다.

 왜 이렇게 복잡하게 관재를 먼 倭에서 가지고 와야 했는지 그 이유가 궁금하나, 그럴 만한 충분한 이유가 있는 것이다. 백제왕실이 왕릉에 목관(松棺)만을 고집하는 이유는 『예기(禮記)』의 율법(律法)에 따르기 때문이다. 『예기』에 의하면 천자는 사후에는 「天王(천왕)」이라 불러야 하며, 그의 관(棺)은 반드시 소나무 관재를 쓰도록 하였다. 그러므로 무령왕릉에서 금송(金松)의 관재가 나오고, 또한 지석에는 「崩(붕)」자를 써 그의 죽음을 표기했던 이유가 비로소 드러난다.[25]

---

24) 일본 九州 南鄕村의 槙嘉王(神門神社의 御神体)의 경우도 1990년 神門神社의 社庫에서는 약 30매의 銅鏡이 나왔는데, 그 중에는 海獸葡萄鏡도 있었다. 백제멸망 후 倭로 망명한 槙嘉王 일가는 처음 近畿지방으로 갔다가 후일 이곳 南九州로 이주한 다음 死後에는 神으로 추앙되었다고 한다(南鄕村編, 『小さな村の大きな挑戰』, 宮崎市: 鑛脈社, 1994).

따라서 무령왕과 같은 관재(高野まき)를 쓴 것으로 보이는 「기도라」의 피장자는 백제왕의 가까운 종친(후왕·君으로 호칭됨)으로 보아야 한다. 따라서 그 자신도 사마왕처럼 여러 개(4, 5매)의 동경을 가졌을 것이다. 또한 몇 개의 대도(大刀)와 함께 금동제 왕관에다 금동신발은 물론 금(金)·은(銀)·옥(玉) 등 다수의 장식구도 지녔을 것으로 보인다.

6. 맺는말

「기도라」고분은 그 구조나 내용이 전형적인 백제후기의 묘제인「능산리(陵山里) 벽화고분」과 꼭 같은 것이라고 할 수 있을 것이다. 횡구식(橫口式) 석실(石槨)에다 4신수와 일월상(日月像)을 그렸고, 별자리 그림은 찬란하기 그지없다. 시신을 목관(松棺)에 모셨으니, 이는 백제왕가의 마지막 의식이 아니고 무엇이겠는가?

이런 점 몇 가지를 들추어 보면, 「기도라」고분의 피장자는 『일본서기』계의 「황족(皇族)」이나 「천황」이 아닌 것만은 분명할 것이다. 그는 어쩌면 지다(千田 稔) 교수의 말처럼 「백제왕 선광(善光)이나 그의 자제 창성(昌成)」일지도 모르겠으나, 적어도 그는 백제왕(대왕)에 종속된 왕족의 한사람임에는 틀림없다는 생각이 든다. 왜냐하면 모름지기 한 왕가의 전통은 그가 속한 왕계의 묘제만을 고집하는 것은 동서고금을 통해서 보편적인 현상이기 때문

---

25) 『禮記』喪大記 제22
    君松椁   君大棺八寸屬六寸椑四寸   君裏棺用朱雜鬠
    大夫栢椁   上大夫棺八寸屬六寸   大夫裏棺用玄綠用牛骨鬠
            下大夫棺六寸屬四寸
    士雜木椁   士官六寸   士不綠

이다.

 한편「기도라」의 성수도는 정교한 별자리 그림이라는 점에서 학계에 큰 충격을 안겨준다. 서기 7세기 후반에 축조된 고분에서 그렇듯 훌륭한 그림이 나온다. 더구나 그림을 백제인이 그렸다고 단언한다면, 오늘날 이 사실을 믿을 사람은 그리 많지 않을 것이다. 그동안 우리는 백제를 그저 '연약'하고 '왜소' 한 나라로만 인식하여왔는데, 그렇게만 볼 것은 아니다.

 수많은 사서는 백제는 참으로 큰 '해양국가' 였다고 기록하고 있지 않는가? 백제는 5세기 초 대륙의 땅(요서·진평)에 진출했다는 기록이 『송서(宋書)』와 『양서(梁書)』 등 '남조' 의 여러 사서에 나오는데, 이들 백제인은 이후에도 계속 세력을 넓혀 한때는 「담모라국(聃牟羅國)」(오늘의 대만)과 중국의 서남부(광서·廣西)지역을 거쳐 흑치국(黑齒國)에까지 이르렀다고 한다. 그런데 이런 일이 가능했던 것은 말할 것도 없이 백제의 고도로 발달한 천문지식을 응용한 항해술의 결과로 보아야 할 것이다.

 『위지왜인전(魏志倭人傳)』에 의하면(240년경), 倭에서 흑치국에 가려면 뱃길로 1년의 세월이 걸린다고 하였다. 이렇듯 장기간 항해하는데 따른 유일한 길잡이는 '별자리' 하나뿐인 것이다. '별자리' 를 보는 확실한 지식이 없이는 단 하루의 항해도 할 수 없는 것이 당시의 실정이었다. 그래서「기도라」의 성수도에서 본 것처럼 백제인들은 별자리를 인식하는 풍부한 천문지식을 가지고 있었고 또한 이를 일상 생활에서도 활용하였을 것이다.

XI
중국 광서(廣西) 백제향 탐방기
- 흑치상지(黑齒常之)의 고향을 가다 -

중국 광서(廣西) 백제향 탐방記 239

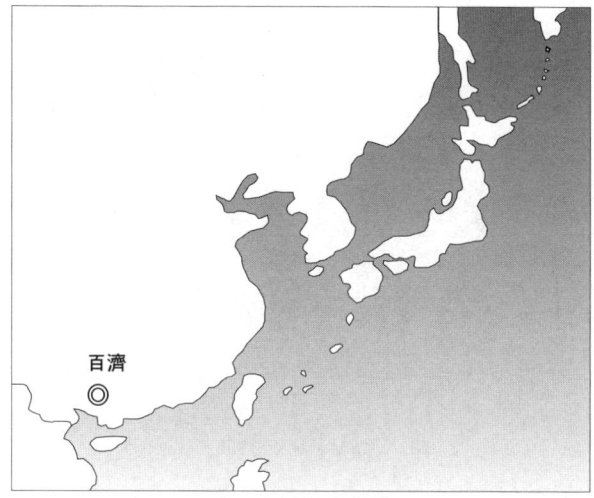

廣西 百濟鄉의 방위

「廣西 壯族自治區 邕寧縣 百濟鄉」의 지도

百濟稅務所의 간판

百濟鄕(面) 사무소 앞의 필자

「百濟墟(邑)」의 거리 이름 「百濟街」

百济圩 Bǎijìxū [Daejbakcae]
在邕宁县驻地东南。系百济乡、百济村公所驻地。约于清光绪五年(公元1879年)建圩。daej为壮语haw(圩)的方言;"百"是壮语bak的谐音、意为口;"济"是壮语cae的谐音、指犁头。因圩处地形似犁头口、做名。有171户、1100人、壮族为多、少数汉族。为乡政治、经济、文化中心。壮族은 百濟를 「大百濟·Daejbakcae」로 부른다

1. 머리말*

오래전부터 중국 광서(廣西)지역의 지도상에는「百濟(백제)」라고 표기한 지명이 기재되어 있었다. 이 지역 주민들은 수백년 동안 그 땅의 이름을「백제허(百濟墟)」라고 불러왔지만, 우리는 그런 사실을 전혀 모르는 채 오늘에 이르렀다. 그러나 수 년전 모방송사의 한 프로그램에서[1] 이 지역의 역사를 처음 보도함으로써 비로소 중국 속의 백제를 알게 되었다.[2]

그동안 우리와 일본의 사서(史書)는 대부분이 백제의 '실체'를 축소하였다. 이같은 역사에 익숙한 사람들에게 백제는 참으로 큰 나라였고, 먼 남방까지 진출한 해양왕국이었음을 강조했다면, 이를 곧이들을 사람은 그리 많지 않을 것이다.[3]

그러나 중국 대륙의 최남단 해남도(海南島)에서 그리 멀지 않은 한 산간 마을에서는 아직까지 옛「대백제(大百濟)」의 향수를 한 몸에 안은 채 살아가는 한 무리의 중국 소수민족인 '장족(壯族)'이 있다.[4]

송(宋)나라 이후의 남조(南朝)의 사서에는 의례히 백제의 대륙진출 기사가 기록되었다. 그러니까 백제는 진말(晋末 · 서기 400년 전후경)에 요서군(遼西郡)과

---

* 본고는『白山學報』제64호(2002. 12.)에 所載.
1) 김성호, 중국진출 백제인의 해상 활동 천오백년 2, (1996) 참조.
2) 廣西지역의 '백제' 마을 사람들은 주로 '장족(壯族)'들이다. 이들은 1500년이라는 긴 세월을 두고, 옛적「백제」의 영화를 오늘날까지 이어온 사람들이다.「廣西壯族自治區 邕寧縣 百濟鄉 百濟墟(광서장족자치구 옹령현 백제향 백제허)」는 바로 이들의 생활 터전이 기도하다.
3)『일본서기』에 의하면「백제」는 倭王이라는 천황에게 해마다 조공을 받쳐 왔으며 또한 그들의 王子들은 천황에 '인질'로 와 일본에서 어린 세월을 보냈다고 한다.
4) 한 주민(壯族)의 말에 의하면, 이 지역 '장족'들은 오래전에 山東(산동) 반도의 백마강(白馬江) 지역에서 온 것 같다고 하였다. 그리고 이들의 조상이 여기에 오게된 이유는 전쟁 때문이었다는 이야기와 더불어 장사를 하러 왔다는 말도 있다고 하였다.

진평군(晋平郡)에 진출하여 백제군(百濟郡)을 설치하고, 이를 다스렸다고 한다 (『梁書』백제조「晋時句麗旣略有 遼東, 百濟亦 据有 遼西·晋平郡 矣, 自置 百濟郡」). 그러므로 당시의 백제는 덩치가 큰 '해양세력'을 유지한 것으로 보인다. 이 광서(廣西) 지역의 百濟墟(백제허)도 백제가 실제 '진출'한 자리로 보이거니와, 진평군의 통치 영역에 속하는 '백제군'의 한 도읍지로 추정된다.[5]

2.「옹령현 백제향(邕寧縣 百濟鄕)」으로 가는 길

필자가 백제허(百濟墟)를 진평군·백제군의 옛 도읍지로 추정하는 이유는 무엇보다도 백제허라는 지명 자체에 두었다. '허(墟)'의 '사전'적 의미는 성터(城跡) 또는 유적지이다. 이는 '백제군(百濟郡)'의 옛 도읍지가 아니고서는 생길 수 없는 지명인 것이다. 그러므로 백제허는 東아시아 고대사의 '미스터리'를 풀 수 있는 중요한 실마리를 간직하고 있는 것으로 보인다. 사실 필자가 오래 전부터 이 지역을 꼭 한 번 찾아가 거기 사는 사람들을 만나보고 싶었던 심정도 그러한 이유 때문이었다. 필자는 지난달 초(10월 초) 계림(桂林)을 거쳐 동행할 사람(통역)을 대동하고 백제허로 들어갔다. 단신(單身)으로는 여행을 할 수 없는 오지(奧地)마을이었던 것이다.

필자는 계림(桂林)에서 고속버스 편으로 광서(廣西) 장족자치구[壯族自治區(省)]의 수도인 남령(南寧·난닝)을 거쳐 근교에 자리한 옹령(邕寧·옹닝)에 도착한 다음 거처를 잡았다. 桂林－南寧 간의 거리는 약 500km인데, 5시간 정도의

---

5) 中國古今地名大辭典 晋平縣조「南朝宋置 南齊因地 今當在廣西境」; 中國歷史地理大辭典 (1980)「晋平은 縣의 이름인데 … 의당 廣西경계에 있었다.」

운행시간이 소요되었다. 버스는 비교적 새(新)차여서 여행은 순탄한 편이었다. 차내의 안내문에는 우리나라(한국)의 대우(大宇) 자동차가 만들었다는 표지판이 보여 한편으로는 반갑기도 했다. 중국의 고속도로는 비교적 잘 정리되었는데, 통행하는 차량이 거의 없기 때문에 운전속도는 제법 빨랐다. 차도(車道) 연변에는 한참 자라는 '사탕수수'가 꽉 들어찬 밭이 펼쳐졌다. 중국 남부 지방의 풍요로운 농촌 풍경이 인상적이었다.

남령(南寧)의 외곽도시인 옹령(邕寧)에서 하루 밤을 지내고, 다음날 아침 일찍이 '백제향(百濟鄕)' 행 마을버스에 몸을 실었다. 아침날씨는 화창하고 선선한 편이었다. 그러나 '열대지대'라서 하루에도 한두 차례씩은 '스콜 squall'이 온다는 말을 듣고, 미리 비(雨)를 대비한 차림을 갖추어 길을 떠났다. 이 지역 주민들의 생활도 볼 겸 나는 '마을버스'에 몸을 실었는데, 차체가 워낙 고물이라서 외국인이 여행하기에는 적합치 않은 편이었다. 그러나 최근에는 도로가 포장되어 교통 사정이 좋아졌기 때문에 운행시간은 퍽 단축되었다. 百濟墟까지의 거리는 약 150㎞인데, 종전에는 3, 4시간 걸렸다고 한다. 그런데 그 절반인 1시간 30분 정도를 달려 목적지에 도착할 수 있었다.

3. 「百濟」 기명의 간판을 온통 뒤집어쓴 마을

필자가 방문한 백제허(百濟墟)는 인구가 약 1,300명 정도의 작은 농촌 마을이었다(百濟鄕의 총인구는 33,000명이다). 주민의 대부분은 '장족·壯族' 들이다. 이들은 오랜 세월을 「백제」의 역사를 간직하고 살아온 중국의 소수민족이다. '백제허'는 오지마을이어서, 주민들의 생활여건은 아주 '열악'한 편이고, 외지인의 왕래도 거의 없는 탓에 여행자가 묵을 만한 숙박시설은 전무

(全無)하였다. 그래서 식사를 제대로 할 만한 식당도 눈에 뛰지 않았다. 그러나 이 마을에도 소위 근대화와 개발의 바람이 불어 닥쳐 거리는 말끔히 포장되었고, 하수(下水)공사 등 여러 가지 지반공사가 한창이었다.

마을에 들어서니, 유지로 보이는 한 청년이 다가와서 외지에서 온 우리 일행을 근처의 한 골목길로 안내했다. 그를 따라간 데는 '백제허'에서 제일 번화하다는 골목인데, 이름은 「백제가(百濟街)」라고 하였다. 골목 양쪽에는 제법 깨끗한 벽돌집이 즐비하여 한눈에 보기에도 사람들의 생활수준이 다른 주민들보다는 좋은 편이라는 생각이 들었다.

이 마을에서는 '향·鄕'[우리의 면(面)에 해당]의 이름도 백제이고, 마을의 이름도 백제이다. 그리고 마을의 유일한 골목길의 이름까지도 백제가라고 하니, 그야말로 백제(百濟)라는 이름을 뒤집어쓴 셈이다. 이밖에도 많은 간판이 눈에 띄었는데, 모두 百濟(백제)라는 이름이 들어간 것뿐이었다. 「邕寧縣地方稅務局 百濟稅務所(백제세무소)」, 「邕寧縣 百濟鄕人民政府(백제향 인민정부)」 등의 지방정부의 간판과, 「百濟文化院(백제문화원)」, 「百濟旅社(백제여행사)」 등에서도 모두 백제라는 이름을 내세우고 있다. 이렇듯 많은 백제라는 이름을 표기한 간판을 어디서도 본 일이 없다.

얼마전 일본 규슈(九州) 미야사끼(宮崎)현의 난고손(南鄕村·남향촌)이라는 한 작은 산간마을을 방문한 일이 있었다. 마을의 전설에 따르면, 백제 멸망후 백제를 탈출한 한 망명 왕족이 여기 와서 살았다고 하는데, 옛날에는 「백제왕 신사」도 여기 있었다고 한다. 이 마을에서도 백제 이름이 들어간 간판은 여기저기에서 볼 수가 있었다. 마을에 들어서면, 보이는 것이 「百濟の里(백제 마을)」라는 대형 입(立)간판이 보였고, 마을 회관으로 보이는 길가의 큰집 이름은 「百濟館(백제관)」이었다. 그리고 「百濟茶室(백제다실)」과 심지어 「百濟書店(백제서점)」 등이 눈에 들어왔다. 그러나 이 정도의 숫자로서는 광서(廣西)지역의 '백제허'와는 비교가 되지 않을 것이다.

4. '장족(壯族)'들은 백제를「대백제(大百濟)」로 호칭

이 마을에 와서 더 큰 감명을 받은 것은 무엇보다도 이들 '장족(壯族)'들은 마을의 이름을 '百濟墟(백제허)'라고 쓰고, 이를 발음할 때는 우리말로「대백제·大百濟·Daejbakcae」라고 한다는 점이다. 글자 그대로 중국식 발음을 하지 않는 것이다. 오늘날 일본에서「百濟(백제)」라 쓰고, 이를「구다라·くだら」라고 발음하는 것과 꼭 같은 현상을 보여주었다. 일본 학계는 이「구다라·くだら」의 어원을 밝히기를 꺼려하는데, 이는 '큰 나라'라는 우리의 고대어(古代語)에서 유래된 것으로 생각한다.[6]

그 옛날 백제는 우리들의 상상을 초월하는 거대한 역사적 실체였던 것이다. 백제향(百濟鄉)의 '장족(壯族)'들은 그들의 조상이 그랬던 것처럼「대백제(大百濟)」의 위엄을 지우지 않은 채 오늘날까지 이어오고 있다. 모든 역사는 세월이 흘러가는 간격에 따라 서서히 사라지게 마련인데, 여기 백제허 사람들은「대백제」의 찬란한 영화를 百濟墟(백제허)라는 고(古)지명으로 이어온 것이다. 그러므로 백제허 주변의 많은 古지명이 아직도 그대로 유효하다. 이 마을에서 그리 멀지 않은 團城(단성)이라는 작은 마을에는 옛 '성터'와 같은 유적이 있다는 이야기를 들었지만, 시간 관계로 들르지 못했다.

또한 거기서 그리 멀지 않은 지역에는 제일 큰 마을인 大王灘(대왕탄)이 있는데, 이 지명을 빌려 생각할 때 지금의 尺江(척강)은 그 옛날에는 大王川이라 불렸을 것이다. 백제인들은 어디를 가나 으례히 大王川(대왕천), 大王浦(대왕포), 大王宮(대왕궁)과 百濟宮(백제궁)과 같은「대백제」의 존재를 상징하는

---

6) 우리말에는 큰 뱀을 가리켜 '구렁이'라고 하는데, 이 '구' 자는 크다는 우리의 古語이다.

이름을 여기저기에다 표시하곤 하였다. 우리는 이러한 경우를 고대의 일본(倭)에서 본 일이 있다. 백제허에서 동(東)쪽으로 얼마를 가면 那樓墟(나루허)라는 마을이 있는데, '장족(壯族)'들은 이 역시 우리말로 「대나루(大那樓・DaejNazlaeuz)」라고 부른다.

지명(地名)의 생명력이 강하다는 사실을 우리는 잘 알고 있다. 이 지역 백제향의 古지명도 그 숨은 뜻을 들추어 보면, 「백제」는 분명 그 옛날 이 지역에서 「대왕국」으로서의 위엄을 떨쳤을 것이다. 무령왕대의 백제를 말한 것으로 보이는 『양직공도(梁職貢圖)』에 따르면, 이 시대의 백제는 22개의 담로(檐櫓)로 나라를 다스렸다고 하였다. 이 지역도 그런 담로지역의 하나라고 생각한다. 그러므로 이지역에서도 백제는 倭에서 본 것처럼 「大王年(대왕년)」이라는 한 시대의 연대(年代)도 통용되었을 것으로 보고 싶다.[7]

5. 백제장군 흑치상지(黑齒常之)의 고향은 어디?

최근 중국에서 발간한 『중국장수전전(中國將帥全傳)』(卷中・鄭福田 主編, 1997년)이라는 장군의 업적을 다룬 사전을 본 일이 있다. 이 책에는 그 동안 우리에게는 '수수께끼'로만 알려진 흑치상지(黑齒常之)의 고향을 밝힌 기록이 보인다. 이를 빌려 우리는 백제사(百濟史)의 지평을 크게 확대할 수 있게 되었다.

『구당서(旧唐書)』를 비롯 『신당서(新唐書)』와 『삼국사기(三國史記)』 등 여러 사서에서는 그를 그저 '백제 서부인(西部人)'이라고 하였다. 이렇듯 구체적인

---

7) 『오사카 가이드』(오사카府 경찰부 편)에 의하면 현재의 나마노(生野)區(옛날의 百濟野)는 천년전에는 「百濟郡 百濟鄕」으로 불렀다고 한다.

기록이 없기 때문에 그저 사비(泗沘)지역의 서쪽사람으로만 여겨 왔던 것이다.[8] 그러나 중국사람(唐나라)이 말하는 '백제 서부인'은 그런 뜻이 아니다. 이는 중국의 요서군(遼西郡)이나 진평군(晉平郡)과 같은 백제군(百濟郡)의 통치 영역에 속하는 백제인들을 통칭하는 말로 풀이할 수 있다.[9]

이「전전(全傳)」은 놀랍게도 흑치상지는 '백제 서부인'이고, 지금의 광서(廣西) 백제향 지역에서 출자한 것으로 기록하고 있다[黑齒常之(?~689년). 唐高宗 李治武則天后時名將 百濟(今廣東欽縣 西北)西部人]. 그러니까 흑치상지는 그의 묘지명(墓誌銘)에서 밝힌 것처럼(묘지명은 약 70년 전 중국 낙양·洛陽에서 발굴) 그의 조상 문대(文大)와 덕현(德顯) 등은 백제인으로서 대대로「흑치국(黑齒國)」의 왕(?)과 같은 위에 봉해진 백제왕의 후왕(侯王)이었고, 자신은 그들의 후손으로서 지금의 광서(廣西) 백제향지역에서 출자한 것으로 보아야 할 것이다(필자는 그의 출생은 629년경으로 추정).

그렇다면 그의 출생은 백제사에서 최대의 '미스터리'의 하나인「흑치국(黑齒國)」의 위치를 비정하는 문제가 중요한 '열쇠'가 될 것이다. 과연「흑치국」은 어디에 위치했는지를 묻는 질문에 대답할 기록을 찾기는 어렵다. 그러나 정황을 종합하면,「흑치국」의 도읍지는 오늘날의 백제향 지역에서 그리 멀지 않았을 것으로 추정된다.[10]

이 지역을 방문한 주된 이유도「흑치국」의 소재를 확인해 보고 싶은 심정에서였다. 그래서 이 지방의 한 유지에게 "옛날 이 고장에도 '흑치인(黑

---

8) 李文基,「백제 흑치상지 부자묘지명의 검토」,『한국학보』(64), 1991 참조. 李道學,「백제흑치상지묘지명의 검토」,『우리문화』34, 1991 참조.
9) 일찍이 신라인 최치원·崔致遠은 백제의 대륙진출을 인정한다.『삼국사기』열전, 제6 崔致遠傳 참조.
10) 그러나 중국의 양가빈 교수와 이도학 교수는「黑齒國」의 소재를 필리핀 일원으로 비정하는 것 같다[이도학,『백제장군 흑치상지 평전』(1996년) 참조].

齒人)'들이 살지 않았느냐?"고 물었다. 그는(60살은 된 듯함) 질문에 성큼 답하기를 "자신의 세대에서는 볼 수가 없었지만 조부(祖父)의 세대에서는 볼 수가 있었다"고 하였다. 자신이 어렸을 때 조부로부터 들은 이야기로는 "조부의 소년 시절에는 거리에서 종종 이빨이 검은 사람들을 볼 수가 있었다"는 것이었다. 그리고 조부의 말로는 "그들은 게을러서 이(齒)를 닦지 않아 그리된 것"이라는 말도 덧붙였다.

그의 말을 경청할 수밖에 없었다. 그러니까 100여 년 전만 해도 마을의 거리에서는 '흑치인'들을 볼 수가 있었다는 이야기였던 것이다. 그렇다면 「흑치국」의 도읍지도 이 지역의 어디였을 것이라는 추정은 그리 빗나간 이야기는 아닌 듯하다.[11] 이런 저런 일들을 생각하는 동안 해는 이미 저물어 이만 백제허(百濟墟)를 떠나야 할 시간이 되었다. 마음 속으로 흑치상지(黑齒常之)의 조상들의 유물도 이 근방 어딘가에는 남아 있을 것이라는 막연한 희망을 간직한 채 후일 다시 방문할 것을 기약하고 백제향을 떠났다.[12]

---

11) 『魏志倭人傳·위지왜인전』(서기 240년경의 이야기)에는 「黑齒國」에 관한 기사가 나오는데, '倭國'에서 남쪽으로 1년의 뱃길이라고 하였다. 이는 어디를 가리키는 지가 확실치 않으나, 전술한 「黑齒國」과는 무관한 것으로는 보이지 않는다. 百濟人이 이 지역을 출입하였다는 사실은 『일본서기』에 기록이 남아 있다. 皇極紀(고쿄쿠) 1년 (642년) - 백제는 崑崙(곤륜·현재의 마레이반도)에서 온 사신을 바다에 던져 죽였다.
12) 옛날 중국의 양자강 이남의 여러 지역(대만 및 일본의 일부 지역까지 포함된다고 함)에서는 이빨이 검은 '흑치인'이 살았는데, 그 중 서부지역 및 서남방과 월남경내에는 많은 '흑치인'이 살았다고 하였다(許穆, 『記言』권26 外篇, 東史外記 五, 「黑齒列傳」참조).

6. 방문 소감

비록 짧은 시간의 방문이기는 하나, 여기서 많은 것을 보고 배웠다. 처음 올 때까지만 해도 내 마음의 한 구석에는 "과연 백제인이 이 먼 곳에 까지 올 수 있었을까?" 그리고 "왜 왔을까?" 또한 "'장족(壯族)'들은 왜 여기 와서 살고 있을까?" 등의 의문이 교차하였다. 그러나 이 지역의 '장족'들이 1500년이라는 긴 세월을 옛날 백제인들의 생활양식을 그대로 간직했다는 사실과 그들의 조상이 이 땅에서 백제인과 더불어 오랜 세월을 같이 생활한 것이 분명한 여러가지 잔영(殘影)을 빌려 미지(未知)의 백제사 실체를 믿게 되었다.

이 지역 집집에는 대개 '방앗간'이 있다. 이 방아는 '쌍다리'가 아니라 '외다리방아'였고, 또한 부엌(옛 날 우리의 부엌과 같이 안지는 것)의 '맷돌'은 주둥이에 홈이 파진 맷돌이었다. 이는 모두 옛날 백제인들이 사용했던 양식 그대로인 것이다. 오늘날은 전라도(全羅道)나 일본의 오지(奧地)의 농촌에서도 볼 수 있는 것들이다. 그리고 마을 입구에는 큰 古木의 느티나무가 서있는데, 주민들은 그 옛날 백제인 들이 나무에 제단(祭壇)을 차려 놓고 마을의 소원을 빌었던 것처럼 지금도 제(祭)를 올리린다고 하였다. 한편 집안에는 조상을 모시는 조그마한 제단이 마련되었는데(일본에서도 집집마다 제단을 차려 놓고 있다) 이런 관례는 옛날 백제인들의 생활양식 그대로인 것이다.

구석구석을 찾았으면 더 많은 것이 보였을 것이다. 그러나 이 몇 가지의 사례에서 역사나 관습은 하루 이틀에 동화되는 것이 아니다. 오랜 습관의 반복으로 이루어지는 것이니, 이 지역에서「대백제」의 존재를 부정하기는 어려울 것이다. 더구나 '장족(壯族)'들은「백제」를 부를 때는 아직도 그 나라를「대백제·大百濟」라고 하였다. 얼마간 변음은 되었으나, 옛적부터 불러오던 한 습관일 것이다(중국말 발음으로는 '빠이지(Baijixu)'라고 하여 전혀 다르다). 이런 점으로 미루어 백제향 지역은 옛 '백제군(百濟郡)'의 한 도읍지로 보인다. 이와 동시에 흑치상지의 조상이 왕과 같은 위(位)에 봉(封)해 졌다는 「흑치국」의 도읍지가 아닌가 하는 생각을 해본다.

XII
『위서(魏書)』의 흑치국(黑齒國)은 어디인가?
- 광서 백제향(百濟鄕)은 흑치국의 도읍지 -

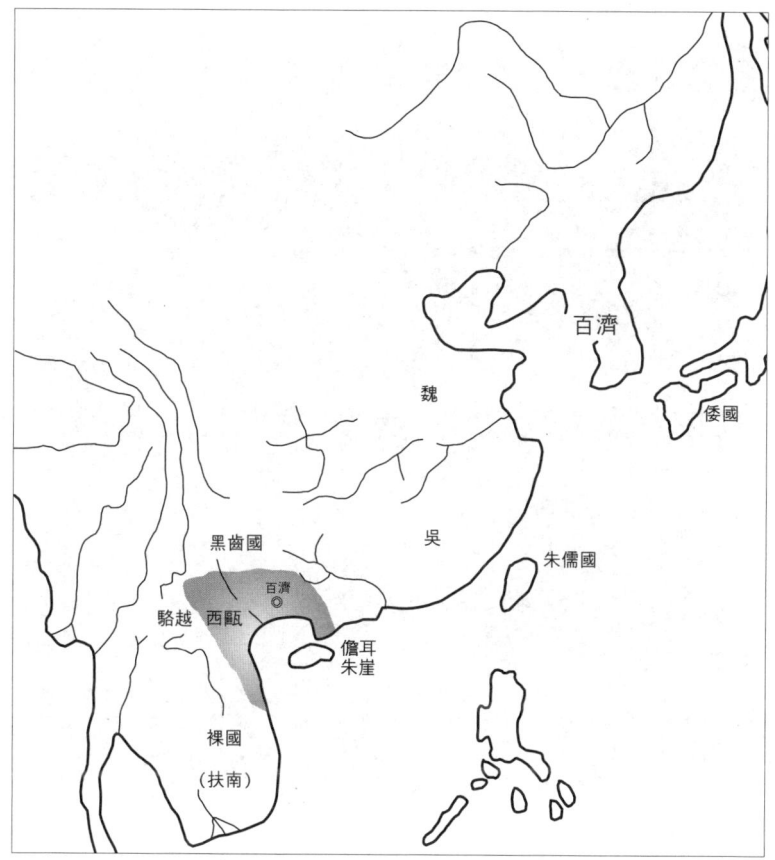

『위서』로 본 흑치국의 방위(필자 추정)

魏志倭人伝

女王國東渡海千餘里
復有國皆倭種又有侏儒
國在其南人長三四尺去
女王四千餘里又有裸國
黑齒國復在其東南船行
一年可至參問倭地絶在
海中州島之上或絶或連

黑齒常之의 묘지명 탁본

(銘文)
「府君諱常之 字恒元 百濟人也 其先自扶餘氏 封於黑齒 子孫因以爲氏焉 其家世相承爲達 率之職 猶今兵部尙書 於本國二品官也 曾祖諱文大 祖諱德顯 考諱沙次 並官至達率」

1. 머리말*

일명 『위지왜인전(魏志倭人傳·서기 240년경의 이야기)』으로 알려진 동이전(東夷傳)에는 흑치국(黑齒國)에 관한 이야기 한 구절이 들어 있다. 오늘 우리가 생각하여도 아득히 먼 이방(異邦)으로만 여겨지는 지역인데, 거기까지 가는데는 倭地에서 선행(船行·항해)으로 1년의 세월이 걸린다고 한다. 그리고 흑치국 이웃에는 나국(裸國·벌거숭이 나라)이라는 나라가 있다고 적었다. 이렇듯 우스꽝스러운 나라 이름들이 유독 「왜인전」에 기재되었는지 그 까닭을 알 수는 없지만, 북방에 속한 위(魏)나라에서는 남만(南蠻·남쪽의 야만인)의 존재를 잘 알고 있었던 것 같다. 그러나 우리와 이웃의 倭에서는 남만의 이 시대(우리의 3韓시대) 존재를 알고 있었는지는 좀 검토할 문제이다.[1)]

그러나 이같은 이야기는 우리와는 무관한 일이었기 때문에 그 존재를 모르는 채 오랜 세월이 지나갔다. 최근에 들어 우리는 몇 가지 새로운 사실과 접하게 되었다. 이에 따라 백제와 '흑치국'의 관계는 전혀 예사로운 관계가 아니라는 사실을 알 수 있게 되었다. 우리로서는 1980년대 후반에 와

---

* 본고는 『白山學報』 제68호(2004. 4)에 所載.
1) 『晉書』 권3 世祖武宰太康7년(286년)조: 「是歲夫南(舊裸國)等 二一國, 馬韓等 十二國遣使來獻」 이로 미루어 3韓시대의 사람들은 黑齒國과 裸國의 존재를 조금은 알고 있었을 것으로 추정된다. 일찍이 高麗忠臣 鄭夢周는 한 詩句에서 黑齒를 언급했다. 「齒에 물을 들이는것은 일찍기 越의 습속이었다(染齒曾將越俗)」.
張斌(南京博物院 歷史研究所長)에 의하면, 「초기의 黑齒는 양자강 유역에 살았으나 漢대에 중국이 팽창하면서 그 일부는 ········ 동쪽(台湾과 日本을 뜻한다)으로 이동하였다」고 한다. 이는 黑齒族이 古代 일본으로 流入되었음을 시사한다. 한편 許穆, 『記言』 권26 外篇, 東史外記, 「黑齒列傳」에 의하면, 「日本人들이 이빨에 검은 칠을 하기 때문에 일본을 "黑齒"라고 부른다」고 하였다. 그리고 淸·何如璋 『使東雜詠』 第十一首 〈女子己嫁·薙眉黑齒〉「…일본의 長崎에서는 女子들이 결혼할 때 머리에 띠를 하고, 이(齒)를 검게 하는데, 이는 전국적으로 이루어진 습성이다.」

서야 알게된 일이지만, 東아시아 격동기에 한 생(生)을 마친 흑치상지(黑齒常之)의 묘지명(墓誌銘 · 묘지에 새겨진 글자)이 이 세상에 알려지고 나서부터다. 그리고 중국의 광서 옹령현 백제향(廣西 邑寧縣 百濟鄕)「百濟墟 · 백제허 · 바이지허」와 같은 고(古)지명이 그대로 남아있지 않았다면, 우리는 영원히 백제와 '흑치국'의 관계를 알지 못하였을 것이다.

그러한 의미에서 좀 어려운 과제 하나를 알아보고자 한다. 필자는 먼저 백제왕과 '흑치국'의 관계는 어떠한 것인지를 검토하고, 역사상 그 존재가 엄연하였던「흑치지국(黑齒之國)」의 방위(方位 · 방향과 위치)를 확인해 보고 싶은 심정에서 붓을 들었다.

2. 흑치상지(黑齒常之)의 묘지銘의 발굴

춘추 60세를 일기로 689년 파란만장한 생애를 마치고, 이국땅 낙양(洛陽)의 망산(忙山)에 묻힌 백제인 흑치상지(黑齒常之 · 좌무위위대장군 상주국연국공 · 左武威衛大將軍上柱國燕國公)는『당서(唐書)』에다「백제 서부인(西部人)」이라는 글귀를 남기고 역사의 뒤안전으로 사라졌다.

그런데 흑치상지의 묘지는 1929년 중국 낙양(洛陽)에서 한 도굴꾼의 손에 출토되었었는데, 그로부터 ½세기가 지난 1986년 중국의 한 독지가 · 리시페(李希泌 · 金石銘文수집가)가 이를 세상에 알렸다. 백제장군 흑치상지의 묘지명은 영원히 '수수께끼'로만 남았을 지도 모를 '흑치국(黑齒國)'의 비밀을 푸는데 결정적인 '열쇠'가 될 것이다.[2] 왜냐하면 묘지명에는 흑치상지의 가

---

2) 그동안 학계는 역사 기록상(『삼국사기』,『新唐書』와『舊唐書』등) 큰 발자취를 남기고 간 百濟人 黑齒常之 大將軍의 출자(出自)에 별다른 관심을 표명한 바가 없다. 그 이유

계를 밝히는 기록이 아래와 같이 자세히 적혔기 때문에 '흑치국'의 정체는
더 이상 '비밀'로만 남을 수 없게 되었다.

「府君 諱 常之 字 恒元 百濟人也, 其先 出自
夫餘氏 封於 黑齒, 其家世承爲達率…
曾祖 諱 文大, 祖 諱 德顯, 考 諱 沙次 並官至達率」

명문에 따르면, 백제는 흑치상지의 증조부(曾祖父) 문대(文大)를 처음 '흑치국'의 왕이나 수장(酋長)과 같은 位에 봉(封)한 것 같다.[3] 그러나 시기가 언제인지는 자세히 알 수가 없다. 다만 흑치상지의 출생은 630년경으로 추정되어 그의 증조 문대(文大)는 550~60년경 어떤 위에 봉한 것으로 추정할 수 있으다. 이때 그는 일단의 국인(國人·고위직 관헌)들을 이끌고 '흑치국'에 부임한 것으로 보인다.[4]

는 그의 姓氏 黑齒는 王이 내려준 하나의 賜名(사명)에 불과한 것으로 보는 견해가 많았기 때문이다. 그러나 이는 잘못된 해석으로 보인다. 백제와 黑齒國의 관계는 古代社會의 특별한 '정치권력관계'이고, 黑齒氏는 그러한 권력관계에서 생긴 성씨였다는 사실이 黑齒常之의 묘지명에 나온다.
3) 이문기(李文基) 교수는 묘지명은 「黑齒常之의 선조가 黑齒지역에 봉해졌다고 하였다. 만약 이를 그대로 믿는다면, 黑齒지역에 봉(封)해진 黑齒常之의 선조는 봉건적 영주의 한 사례가 된다. 그렇지만 이를 그대로 믿을 수는 없을 것 같다.…『新唐書』등의 문헌사료에 黑齒常之를 百濟 西部人이라 함은 그의 거주지역이 王都인 泗沘의 서부였던 것으로 보이기 때문」이라고 하였다(李文基,「百濟 黑齒常之 父子 墓誌銘의 檢討」,『韓國學報』64).
4) 이 시기에 그가 부임했다면, 그는 본국 백제에서 직접 간 것인지 또는 중국 江南지역에 있었다는 百濟郡 (晉平郡)에서 간 것인지 잘 알 수가 없다.
흑치상지의 조상이 그곳에 어떤 직함을 가지고 갔는지 자세히 알기는 힘들다. 그러나 『위서왜인전』에서 보는 왜국에 파견된 '大率'은 중국의 刺使(자사)와 같다고 했는데, 文大의 경우도 백제 達率(달솔)로 봉해진 것으로 보아 그는 중국의 刺使와 같은 역할을 한 것으로 보인다.

530년대에 쓴 것으로 보이는 양(梁)나라 원제(元帝)의 『양직공도(梁職貢圖)』에 따르면, 백제 무령왕(武寧王·제25대왕 502~523)은 당시 22개의 담로(檐魯)국과 9개의 방소국[旁小國·반파(叛波)·탁(卓)·사라(斯羅) 등]을 두어 나라를 다스리고 있다고 하였다. 흑치상지의 조상 문대(文大)에 이은 덕현(德顯)과 사차(沙次) 등은 본국의 관등 '달솔(達率)'의 벼슬이었고,⁵⁾ 이러한 담로(檐魯)지역(흑치국도 그러한 지역의 하나로 보임)⁶⁾에 봉(封)해진 '후왕(侯王)'과 같은 인물의 한 사람으로 보인다. 이 시기의 백제는 왜국을 비롯해서 수많은 담로 지역에 왕의 '자제·종친'들을 '후왕'으로 봉(封)하였는데, 이러한 사실을 필자는 여러 고증을 통해서 밝힌 바 있다.⁷⁾

---

5) 達率은 백제16官等 중 제2官等으로 왕족들이 차지하는 높은 벼슬이다. ①佐平, ②達率, ③恩率, ④德率, ⑤杆率, ⑥奈率(紫服). 墓誌銘에는 '達率의 직책은 지금의 兵部尚書와 같은데, 본국의 二品官이다' 라고 되어 있다.
한편 黑齒 俊(常之의 아들)의 墓地銘에는 曾祖加刻(德顯)의 벼슬이 「本鄕刺史」와 같고 祖沙次는 「本鄕戶部尚書」와 같다고 하였다. 모두 達率인 「侯王」에게는 적합한 것으로 볼 수 있다. 秦始皇帝은 BC 214년 安南지역에 史上 처음 「象郡」을 설치(廣西崇左)했는데, 이때 그는 刺史로서 封했다. 또한 梁元帝(二代)는 그가 太子로 있을 때 荊州刺史로서 봉직했다.

6) 李道學 교수는 「祖先이 黑齒地域에 分封되었는데, 이것이야 말로 담로체재의 証左라고 보겠다」고 하였다. 李道學, 「百濟集權國家 形成過程研究」, 漢陽大學校, 博士學位 論文, 1991.

7) 七支刀 명문은 왜국에서 그러한 사례의 첫 케이스로 보인다. 서기 360~70년경(?)에 百濟王의 侯王인 「倭王 旨」는 이 칼을 들고 封土인 倭地로 향한 것으로 보인다.
필자는 倭王 武가 478년에 작성한 上表文을 빌려, 그를 武寧王의 少年時代의 인물(斯麻君)로 보았다. 또한 『宋書』에 보이는 倭王 興을 昆支君으로 比定한 바 있다(蘇鎭轍, 『金石文으로 본 百濟 武寧王의 世界』, 원광대 출판국, 1998. 참조).

3. 『위지(魏志)』로 본 '흑치국'의 방위

1) '흑치국'은 실재(實在)하였는가?

『위지왜인전』[진수(陳壽)편·3세기 후반에 편찬]에는 주유국(朱儒國·난쟁이의 나라-키는 3, 4척에 불과)[8]을 비롯 나국(裸國·벌거벗은 사람들)과 흑치국(黑齒國·치아가 까만사람들) 등 동화에서나 들을 법한 이름의 나라들이 나온다. 이를 일본의 저명한 사(史)학자인 이노우에 히데오(井上秀雄) 교수는 「'주유국' 등의 기사는 공상적인 기사로서 반드시 倭인과의 관계된 기사로는 볼 수 없다. 다분히 동쪽 끝에 있는 왜국의 동쪽에는 꿈과 같은 나라가 있다는 생각에서 쓴 것 같다」는 논평을 하였다.[9] 그러나 중국의 역대고전(古典·옛날 역사책)에서는 오래 전부터 「남만(南蠻)」과 「남이(南夷)」로서의 흑치(黑齒)와 흑치족(黑齒族), '흑치국' 등의 기사가 있는 것으로 보아 '흑치지국(黑齒之國)'의 역사는 꽤나 오래된 것으로 보인다.

중국에서는 특히 양자강(揚子江) 하류 이남의 지역에서는 사람들(주로 越族들)은 대부분이(어린 소년으로부터 노인에 이르기까지) 빈랑(檳榔)이라는 나무 열매를 항상 씹기 때문에 이(齒)와 입술이 벌겋게 되었다가 후에는 검게 착색되어 '흑치인'이 된다고 한다.[10] 이러한 흑치족의 거주지는 중국 동남부로부

---

8) 隋나라는 610년 夷州(台湾)의 西岸을 침공하고 점령했는데, 그 반대쪽(台湾의 東岸지방)에는 아직도 문명이 뒤진 벌거벗은 사람들이 살고 있다고 한 것으로 보아 朱儒國은 台湾의 東岸지방을 지칭하는 것은 아닌지 추정해 본다.
9) 井上秀雄, 「中國·朝鮮·日本の倭族」, 『倭族と古代日本』, 雄山閣, 1995.
   三品彰英:「從來 이들 나라를 倭地를 저먼 南方海上과 連結되는 섬나라로 보는 中國人의 觀念에서 생긴 것이다. 결국 이야기는 윤색되어 재미있게 하기 위한 것으로 具體的인 比定地는 없다」(三品彰英, 『邪馬臺國研究總覽』).
10) 如宋·周去非〈嶺外代答〉권6 "食檳榔"조. 說:「自福建 下四川 與廣東 西路皆 檳榔… 每逢人測 黑齒朱唇」(上海 遠東出版社, 1996)

터 서남부지역과 동남아시아 지역에까지 이르는데, 그 중 일부(오늘의 장족·
壯族의 조상들)는 비교적 잘 조직된 집권적 권력체를 만들어 이른바「흑치지
국」이라는 이름으로 존재했던 것으로 보인다. 그러한 '흑치국'의 존재는
언제부터인지 잘 알 수 없으나, 고전(古典)은 중원(中原)의 동쪽 또는 남쪽에
는 '흑치국'이 존재하는 것으로 오래전부터 기록하고 있다.

『산해경(山海經)』권 9 (해외동경·海外東經)
   「黑齒國(흑치국)在其北, 爲人黑齒, 食稻(식도), 啖蛇(담사)」

『산해경(山海經)』권 14 (大荒東京) 「有黑齒(흑치)之國」

『여씨춘추(呂氏春秋)』권 22 (구인·求人)
   「禹(우)東至…鳥穀(오곡), 靑丘之鄕, 黑齒(흑치)之國」「南至交趾(교지)…羽人(우인),
   裸(나)民居處, 不死之鄕」

『관자(管子)』권 8 〈小匡〉
   「南至吳(오), 越(월), 巴(파), 牂牁(장가)… 雕題(조제), 黑齒(흑치), 荊夷(형이)之國」唐
   代 房玄齡 注「皆南夷(남이)之國号也」

『박물지(博物志), 异人』
   「遠夷之民: 雕題(조제), 黑齒(흑치), 穿胸(천금), 儋耳(담이), 大足(대족), 岐首(기수)」

『사기(史記)·조세가(趙世家)』
   「夫剪發文身(문신), 錯臂左衽, 甌越(구월)之民也; 黑齒(흑치) 雕題(조제), 邵冠秫絀, 大
   吳(대오)之國也」

2)『삼국지(三國志)와 위서(魏書)』동이전의 왜 조로 본 '흑치국'의 방위
  『위서(魏書)』는 여러 고전 중에서 '흑치국'의 방위를 비교적 구체적으로
기록하여 그 위치를 추정하는데 크게 참고가 된다.

「女王國 東渡海千余里, 皆倭種 又有朱儒國 在其南,

人長三四尺, 去女王 四千余里 又有裸國, 黑齒國 複在其東南, 船行一年可至」

　이 기록에 따르면, '흑치국'은 '나국'과 접한 것으로 보이는데, 주유국(朱儒國)은 倭地에서 4,000여리(里)나 떨어졌고[그곳이 어디인지는 자세히는 알 수 없으나, 오늘의 오끼나와(沖繩), 또는 류큐(琉球)열도가 아닌가 추정한다], '나국'과 '흑치국'은 거기서도 동남으로[11] 6000~7000여리(里)나 더 멀어「선행(船行) 1년」이라는 긴 세월이 걸리는 아득히 먼 이방지대에 자리한 것으로 되어 있다.[12]

　그러므로 대만의 량자빈(梁嘉彬) 교수와 이도학(李道學·한국전통문화학교 교수)은 '흑치국'이 '주유국'에서 동남방이라고 하니까 해류의 흐름으로 보아「흑치국」의 소재를 오늘의 필리핀(일원)에 비정하는 것 같다. 그리고 중국의 쉬후이(許徽·江蘇省사회과학연구소 소장)는「흑치국은 '남양군도' 일대를 지칭하는 것」이라고 하였다. 한편 일본의 후루다 다게히고(古田武彦·일본 昭和藥學대학 교수)는「선행 1년」을 2배년력으로 보고,「선행半년」을「동남, 선행半년」으로, 배는 남미 대륙이나 서북태평양해안에 도달할 것이라고 하여 '에콰도르'를 흑치국일 가능성을 제시했다.[13] 그러나 중국의 장빈(張斌·南京 박물원 역사연구소소장)은「초기의 흑치(黑齒)는 양자강 유역에 있었으나, 한(漢)대에 와서 중국의 팽창에 따라 그 일부는 절강성(浙江省)과 동남아시아 방

---

11)『魏書』에 나오는 方位가 여기의「東南」방을 해석자들에 따라 혼동하는 것 같은데, 이는 魏書編者가 전문(轉聞)한 것을 기록한 것 같다.『南史』夷貊傳 倭國에는「그나라 南쪽에는 朱儒國이 있는데, …그 南쪽에는 黑齒國에 이어 裸國이 있는데」라고 해 그 方位는 南쪽으로 보았다.

12)『全唐文』권 914 義淨〈南海寄歸內法傳〉「舊云扶南先是裸國, 人多事天, 後乃佛法盛行」
『梁書』諸夷傳·扶南國「扶南國俗本裸體, 文身被發, 不制衣裳」

13) 이도학,『백제장군흑치상지편전』, 주류성, 1966. 古田武彦,『古代史 60の證言』, 駿駿堂, 1992.

면으로 이동하였다」는 것이다. 이는 흑치국의 월남(越南)과 광서(廣西)지역으로의 이동을 시사한 것이다.[14]

한편 오래전의 이야기이기는 하나, 1471년 '조선통신사'로 일본을 본 신숙주(申叔舟)는 그의 『해동제국기(海東諸國記)』에서 흑치국(黑齒國)의 방위를 일본 동경만 남방의 미야기지마(三宅島) 근처로 추정 했고, 나국(裸國)도 그 주변의 한 섬으로 추정하였다. 그런데 '흑치국'의 위치 추정은 무엇보다도 중요한 점은 '흑치국'이 '나국'과 접했다는 사실이다. 그러므로 '나국'이 어디인지를 확인하면, 자연 흑치국의 방위도 규명될 것이다. 그러나 이를 기록상으로 확인하기는 어려운 일이다. 이와 관련한 『양서(梁書)』나 『전당문(全唐文)』 등의 사서는 「부남(扶南)」의 전신은 '나국'이라고 하였다(扶南은 옛 '캄보디아' 지방의 나라). 그러므로 당시의 '나국'은 오늘의 월남(越南) 중남부와 '캄보디아' 지역을 그 영역으로 했기 때문에 '흑치국'의 서계(西界·서쪽 경계)는 오늘의 북부 월남지역으로 보아야 할 것이다.

따라서 '흑치국'의 영역은 대체로 오늘의 동킹만(東京灣·舊北部灣) 연안의 월남 중북부지대[홍하(紅河) '델타' 지역]로부터 동쪽으로는 광서(廣西) 서남방지역에 이를 것으로 추정된다[여기에는 오늘의 百濟鄕(백제향) 지역이 포함될 것이다].[15]

---

14) Universal Encyclopedia(世界大百科辭典), 1979판, 「베트남인은 처음 중국의 양쯔강(揚子江) 유역에 거주하고 있다가 BC 3세기경 오늘의 동킹만(東京灣) 지방으로 이동하였다.」

15) (越南古籍)『嶺南摭徑』권 1 〈白雉傳〉(載可來, 揚保筠校點, (中國)中州古籍出版社, 1991年)「周成王時, … 周公問曰: 交趾短髮文身 露頭 跣足黑齒, 何由若是也?」
『嶺外代答』권 2 〈外國問上·安南國〉「其國人鳥衣黑齒」
『大明一統志』권 90 〈安南〉"風俗" 「其人或椎髻, 或剪發文身, 跣足口赤齒黑」

4. 백제향(百濟鄕)의 '장족'은 흑치족의 후예

광서(廣西)장족자치구 옹령현 백제향의 중심지는 「백제허(百濟墟)」[우리의 '읍(邑)'에 해당]라는 조그마한 농촌마을인데, 그 지명은 문자 그대로 '백제성터(城跡)' 또는 '백제유적지'를 뜻하는 것이다. 그래서 옛 백제(대백제)는 아직도 그 지역에서 숨쉬는 듯하다. 이 지역 '백제향'[우리의 면(面)에 해당]은 오늘의 중·월(中·越) 국경 지대에서 그리 멀지 않고, 향(鄕)의 인구는 약 3만 3천여 명이다. 지역 주민들은 대부분이 이땅에서 오랜 세월 살아온 장족(壯族)인데, 이들은 월족(越族)의 일족이기도 하다.[16]

『사기(史記)』에 따르면, 장강(長江·양자강)하류 이남에는 「百越(백월)」이 있다고 하는데, 그 뜻은 '월(越)'나라에는 작은 월(越)나라들이 많이 있다는 뜻일 것이다.[17]

〈고대 월족(越族)들의 생활분포〉

	진시(秦時)	한대(漢代)
어월(於越) — 절강(浙江)지방	⎫ 동구	동구(東甌)
민월(閩越) — 복건(福建)지방	⎭	민월(東越)
양월(揚越) — 강서(江西)지방	⎫ 양월	남월(南越)
남월(南越) — 광동(廣東)지방, 광서(廣西)지방	⎭	
낙월(駱越) — 안남(安南)지방(북부越南과 廣西서남)		서구(西甌)

---

16) 수년전 (2002년) 필자가 '백제향'을 방문하였을 때 한 有志는 자기들의 조상(壯族)은 오래전에 오늘의 山東半島(白馬江지역)에서 왔다고 하는데 '장사를 하러 왔다'는 말도 있으며, 또는 '전쟁 때문에 왔다'는 말도 있다고 한다(蘇鎭轍, 「나의 廣西, "百濟鄕" 방문기」 『白山學報』제64호, 2002. 12 참조).

17) 簡明中國歷史地圖集(中國社會科學院 主編): (戰國時) 「楚之西南爲九夷百濮. 越之南爲東越(甌越, 揚越), 揚越, 駱越」

이 중 안남(安南)지방을 근거로 하는 낙월(駱越·Lac Viet)은[18] 오늘의 장족(壯族)의 조상이다. 중국의 서남부지역과 북부 월남(越南)지역에 오랫동안 자리잡은 토착민들이기도 하다. 중국측 古사서에서 종종 언급되는 '흑치족' 또는「흑치지국」은 다름아닌 이들 장족들의 조상을 가리키는 말이다. 그러니까 오늘의 장족은 그들의 후예인 것이다.

필자가 수년전(2002년) 현지를 방문했을 때 한 주민에게 "여기에는 이(齒)가 검은 사람이 있는가?"라는 질문을 던졌더니, 그는 "자신이 어렸을 때(본인은 약 60세로 보임) 조부(祖父)로부터 들은 말에 따르면 조부의 소년시절에는 당지에서도 이빨이 검은 사람(흑치인)을 노상에서 볼 수가 있었다"고 하는 이야기를 들었다고 하였다. 그러니까 약 100여 년 전까지만 해도 노상에서는 종종 흑치인을 볼 수 있었다는 것이다.

기록에 따르면, 이들 낙월(駱越·장족의 조상)은 정교한 사회조직을 이루어 일찍이 정치권력이 집중하는 '성읍국가' 형태를 갖춘 것으로 보인다. 그리고 채광기술과 동(銅)광석의 제련술등을 보유한 종족이었다고 한다. 또한 이들은 상술에도 능하다고, 홍하(紅河) '델타' 지역(오늘의 '하노이' 지역)을 중심으로 동남아시아의 산물을 중원(中原)의 내지와 교역하는데 매개적 역할을 하여 부(富)를 축적하였다고도 한다. 따라서 이들은 항해에도 능하였고, 또한 조선술(造船術)도 발달시켰다는 것이다. 풍속으로는 남자들은 머리를 짧

---

18) 고래(古來)로 壯族을 부르는 이름은 시대에 따라 다양하게 변했는데, 『壯族百科辭典』은 이를 다음과 같이 정리하고 있다.
古代的 : 駱越(낙월), 西甌(서구)
周, 秦時代: 駱越(낙월), 西甌(서구), 南越(남월) 或 濮(복)
漢代以後: 烏滸(오허), 俚(리), 僚(료), 俍(량) 或 依人(의인)
南宋後: 僮(壯); 布壯(포장), 布越(포월), 布土(포토), 布人(포인), 布依(포의), 布沙(포사)
新中國(1950년 이후): 壯族(장족)

게 깎았다. 그리고 용(龍)을 숭배하는 가운데 몸에는 문신(文身·몸에 '대투'를 하는 것)을 하고, 쌀밥과 생선을 잘 먹는 해양성 민족이었던 이들은 이(齒)를 검게 하는 흑치족이라고 하였다.19)

5. 「백제향」은 「진평현(晉平縣)」의 치소?

1) 『송서』「진평현」의 치소(治所)는 「백제향」에 있었다

오랜 옛적부터 오늘에 이르기까지 「百濟墟(백제허)」20)라는 지명이 일관되어 온 것을 보면, 분명 이 땅에는 그 옛날 「백제군(百濟郡)」과 같은 「대백제(大百濟)」를 상징하는 '기관'이 존재했을 가능성이 크다고 보아야 할 것이다.21)

---

19) 오늘날 이들은 주로 越南, 廣西지방 그리고 雲南省과 海南島 등지에 넓게 분포되어 살고 있다(廣西壯族의 인구는 약 1,600여 만 명, 그들은 중국 최대의 '소수민족'으로 기록되어 있다).
20) 「百濟墟」의 유래에 대한 『廣西壯族自治區 行政區劃資料匯編』(1988)과 『廣西壯語地名選集』(廣西民族出版社)의 풀이는 아래와 같다.
　　표준어 발음 - Baijxu(빠이지허)
　　壯族의 발음 - Daejbakcae(대백제)
　　자료의 설명 : 1. Daej(大)-壯語로 haw(墟)의 方言
　　　　　　　　 2. Bak(百)-壯語의 해음(諧音)이며 口의 뜻
　　　　　　　　 3. Cae(濟)-壯語의 해음이며 '犁頭'을 지칭
　　故로 「百濟」는 그곳의 지형이 '쟁기의 머리끝'과 같다해서 생긴 지명이다.
　　(中國 歷史地名大辭典:「터가 있는데, 오문(澳門)과 계림(桂林) 2省의 경계가 교차하는 곳이다」)
　　그러나 이같은 어원의 풀이는 「大百濟」의 존재를 송두리째 부정하고, 이를 왜곡 내지 나아가 윤색하려는 저의라고 볼 수 있다. 왜냐하면 壯族은 그 옛날부터 漢字를 사용해 왔는데, 그들이 '墟' 자나 '大' 자의 뜻을 모를리 없고, 「百濟墟」는 지형이 '쟁기주둥이'와 같다고 해서 생긴 지명이라는 것은 언어도단의 풀이라고 본다.
21) 「大阪ガイド」(大阪府 警察部編)에 의하면, 현재의 「生野區」(옛날의 百濟野)는 천년전에는 「百濟郡 百濟鄕」으로 불렸다고 한다. 이와 관련 일본의 저명한 歷史作家 시바

특히 이 지역의 주민들(주로 장족)은 아직도 마을의 이름을 「百濟(백제)」라고 쓰고 이를 발음할 때는 「대백제·Daejbakcae」라고 부르고 있다.[22] 일본 사람들이 지금도 「百濟(백제)」라고 쓰고 이를 '구다라'(クダラ)라고 발음하는 것과 꼭 같은 현상이다.[23]

그런데 문제는 저 먼 동방(東方)의 끝자락에 자리한 백제가 어떤 연류로 남방(南方)의 이방(異邦)지대에까지 진출할 수 있었느냐는 것이다. 오늘의 백제를 인식하는 우리들의 '잣대'로는 도저히 납득하기 어려운 일일 것이다. 그러나 중국 남조(南朝)의 정사인 『양서(梁書)』나 『송서(宋書)』등의 사서는 백제가 진말(晉末·400년 전후경) 강남(江南)지역에 위치한 「진평군(晉平郡)」에 진출

 료타로(司馬遼太郞)는 「大阪에는 이 지방에 인간이 거의 살지 않을 때 百濟로부터 移住者들이 와서 개척했는데, 이때 '百濟郡'이라는 郡이 설치되었다. 그리고 郡內에는 百濟野라는 큰 경작지대가 있었는데, 이는 지금의 生野區인가 鶴橋근처」라고 한다[司馬遼太郞, 『韓のくに 紀行』(朝日文庫(1-3) 2002].

22) 百濟鄕 주변에는 「那樓墟」라는 작은 마을이 있는데 (百濟墟보다는 조금 더 큰 마을), 壯族들은 이것도 「大那樓·DaejNazlaeuz」라고 발음한다. 이것은 扶餘지방에 아직도 「大王浦」라는 옛나루터의 이름이 남아 있는것과 같은 것이다. 百濟鄕에서 서북쪽으로 그리 멀지 않은 지역에는 「大王灘鄕」이 있는데, 그 지명을 통해서 볼 때 지금의 尺江은 그 옛날에는 大王川이라 불렀을 것이다. 그리고 百濟鄕내에는(서쪽으로 5~6km) 옛 성터가 있다고 해서 마을의 이름을 団城이라고 부른다. 이같은 정황으로 볼 때 옛날 이 지역에서의 「大百濟」의 존재를 실감케 한다.

23) 일본에서는 百濟라고 쓴 다음 이를 발음할 때는 '구다라'라고 하는데, 나는 이를 '큰나라'라는 우리의 고대어라고 생각한다. 우리말에는 '큰' 뱀을 가리켜 '구렁이'라고 하는데, 이 '구' 자는 크다는 뜻이다. 이 점을 『國史大辭典』(東京:吉川弘文館, 1990년)은 일본의 古典에는 많이 百濟라고 쓰고 「구다라·クダラ」라고 읽는데, 그 이유는 아직도 알려지지 않고 있다. 그러나 여기에는 일본과 百濟의 「歷史的관계의 수수께끼가 숨어 있을지도 모른다」고 서술하고 있다.
한편 일본의 저명한 역사작가 司馬遼太郞은 그의 저서 『中國·江南のみ5』(2000, p.72)에서 「百濟를 일본에서 '구다라' 라고 하는 것은 '큰나라(大國)'라는 한국어에서 유래된 것이라고 하였다. 백제인이 倭人에게 이같이 이야기했는지, 또는 倭人이 백제의 높은 文化를 영모해서 그랬는지는 잘 알 수가 없다. 어떻든 이 말이 日本語로 정착한 것은 흥미로운 일이다」라고 하였다.

하고, 거기다 「백제군(百濟郡)」을 세웠다고 한다.[24](이때 백제는 「요서군(遼西郡)」
에서도 「백제군」을 설치했다고 한다)[25]

『송서』·백제전:「高句麗畧有遼東 百濟畧有遼西, 百濟治所謂之晉平郡晉平縣」

『남제서』권 79, 열전 69, 백제조:「晉時句麗旣畧有遼東, 百濟亦拒有 遼西, 晉平二郡矣, 自置 百濟郡」

『양서』권 54 열전 48, 백제조:「晉時句麗 旣畧有遼東, 百濟亦有遼西·晉平郡矣, 自置 百濟郡」

『양직공도』백제국사조:「晉末駒麗略有遼東, 樂浪亦有 遼西·晉平縣」

사실 백제가 아주 멀기만 한 '흑치국'에 진출할 수 있었던 것은 그 경위를 자세히는 알 수 없으나, 당시의 '흑치국'은 백제가 관할하는 진평현(晉平縣)의 세력하에 있었기 때문에 가능했던 것으로 보인다.[26] 『송서』에 기록

---

24) 新羅人 崔致遠은 이 사실을 是認한다. 『삼국사기』列傳 제6 崔致遠傳:「高麗 百濟 全盛之時, 强兵百萬, 南侵吳·越·北橈, 幽·燕·齊·魯, 爲中國巨蠹」. 또한 『中國歷史地名辭典』(復但大學編):晉平郡은 468년 福州에 설치되었으나, 471년 晉安郡으로 改名한 다음 陳代에 建安郡으로 改名되었다. 唐代에 와서 이를 廢止했다. 「中國古今地名大辭典」晉平縣條:「南朝宋置 南齊因之 今廣西境」

25) 遼西·晉平郡에 百濟郡을 설치하였다는 기사는 불행히도 北朝系 史書에서는 보기 힘들다. 그러므로 대다수 史家들은 百濟의 遼西略有說을 부정하는데, 『通典』卷 185 百濟傳은 663년 백제 멸망시 遼西지역의 「百濟郡」은 突厥과 躍駕에 의해 소멸되었다고 기록하고 있다(「城傍余衆 後漸寡弱 散投突厥及躍駕…扶余氏君長墜絶」). 그러나 晉平郡(百濟郡)에 대해서는 그런 기록을 볼 수가 없기 때문에 언제 어떻게 해서 소멸되었는지 알 수가 없다(소진철, 「『梁職貢圖』로 본 百濟武寧王의 강토」, 『韓國學報』 90輯, 1998, 봄호 참조).

26) 『中國歷史地名大辭典』(劉鈞仁編)은 「晉平은 縣의 이름인데 晉나라가 설치하여 廣州 鬱林郡에 소속됐다. 지금은 없어졌는데, 의당 廣西 경계에 있었다」고 한다. 또한 「宋書」卷 38, 志 28, 州郡 4條는 「廣州 郁林郡소속 晉平縣이 있는데, 吳나라 때의 長平縣을 晉武帝 太康元年에 晉平縣으로 그 이름을 바꾸었다」고 한다.

한 '백제치소(治所 · 한 지역을 다스리는 관서)'의 소재지「진평군 진평현」은 사서나 사전에 의하면,「광주(廣州) 욱림군(郁林郡)」에 속한다. 그런데 서한(西漢) 이후에 설치된 욱림군(郁林郡)의 소재지는 오늘의 광서 경내[광서 계평시(桂平市) 서남]이며, 광서 남령시(南寧市)에서는 약 100여km 동쪽에 있으며, 광서 백제향(百濟鄕)에서도 그리 먼 거리는 아니다. 이같은 사정으로 보아「백제치소」가 자리했다는「진평현」은 오늘의 광서(廣西) 백제향 지역이었던 것으로 보아도 무방할 것 같다.

2)「백제향」은 흑치상지의 고향

그동안 흑치상지(黑齒常之)의 고향을『신당서(新唐書)』나『구당서(舊唐書)』는 모두 그저「백제 서부인(百濟 西部人)」이라고만 기록했기 때문에 자세한 내용은 알길이 없었다.[27] 이에 따라 우리학계 일부에서는 그를 사비(泗沘)지역의 서부인으로만 이해했던 것이다. 그런데 1998년에 출간한 한 책자[『중국장수전전(中國將帥全傳)』권중 · 卷中]에 따르면, 백제인 흑치상지의 출자는 지금의 광서「백제향(百濟鄕)」지역이라고 하니[黑齒常之 · 唐高宗 李治武則天后時名將, 百濟(今廣東欽縣 西北)西部人],[28]「백제향」은 바로 흑치상지의 조상 문대(文大)가 처음 '흑

(鬱林郡이나 郁林郡은 같은 지명으로, 晋平縣은 오늘의 廣西「百濟鄕」지역에 있었던 것으로 보이고, 당시의 '黑齒國'은「晋平縣」에 예속되어 온 땅으로 보인다.)

27) 중국의 마치(馬馳) 교수는 논문,「『舊唐書』「黑齒常之傳」의 補蕨과 考辨,『百濟文化硏究』」에서「周留城을 점거한 이후 王子인 夫餘豊을 王으로 옹립하였는데 百濟의 서부와 북부에서 이를 호응하였다. 百濟西部人이었던 黑齒常之가 기병하여 호응하였다」다는 것은 그를 泗沘지역의 서쪽사람으로 보았기 때문이다.
한편 리보(李勃 · 海南師範大學 교수)도 黑齒氏와 黑齒國의 연계를 부정한다. 黑齒姓氏의 유래는 百濟西部지역(한반도 내로 봄)에는 옛적부터 黑齒의 습속이 있었거나, 黑齒部族이 살았기 때문에 생긴 姓氏라고 주장하였다.
28)『唐書』나『三國史記』는 黑齒常之를「百濟 西部人」이라고만 적어 학계에서는 그를 泗沘지역의 서쪽사람으로 해석해 왔는데, 이는 잘못된 해석이다. 여기서 말하는「百

치국(黑齒國)'의 왕과 같은 위(位)에 봉(封)해진 땅이 아니겠는가. 문대(文大) 이
래 그의 자손들은 여기서 '달솔(達率)'의 벼슬로서 왕이나 수장(酋長)과 같은
위(位)에 오른 것으로 보아 광서(廣西)「백제향」은 '흑치국'의 한 '도읍지'였
을 가능성을 배제할 수가 없다.

 명문(銘文) 해석상 백제왕의 후국(侯國)이나 부용국(附庸國·큰나라에 의지하는
작은나라)과 같은 지위로 보이는 '흑치국'에서 왕(후왕)은 『예기(禮記)』의 교시
에 따라 그 나라(후국)의 이름을 자신의 성씨(姓氏)로 쓰게 되는 것이다. 그러
므로 문대(文大)의 경우 그의 공식직함은 「흑치후대(黑齒侯大)」로 호칭되었을
것이고, 또한 덕현(德顯)의 경우도 「흑치후현(黑齒侯顯)」으로 호칭되었을 것이
다. 그리고 이같은 후왕의 호칭은 왕의 사후에도 이어지게 되는 것이 당시
의 관례이다. 그러한 연유로 말미암아 흑치상지(黑齒常之)의 성씨 '흑치(黑齒)'
도 관례에 따라 정한 것은 아닌지 생각해 본다.[29]

 濟西部人」은 대륙의 「百濟郡」 사람들을 말하는 것이다. 唐代에는 百濟西郡의 존재를
  알고 있었던 것으로 보인다. 『元和姓纂』권 10 은 「黑齒 : 百濟西郡人也」라고 바로 기
  록했다.
29) 20년전(1992년) 中國 湖北省 隨州市에서는 「曾侯乙」銘 (BC 433) 墓誌가 발굴되었는데,
  당시 曾나라는 楚나라의 侯國이었으므로 「曾侯乙」은 楚나라 皇帝의 宗親의 한사람으
  로 보아야 할 것이다. 그러나 그는 律法에 따라 사후에도 候國王의 이름을 그대로 쓰
  고 있는 것이다.
  百濟는 이미 5세기 중엽 이전에 王·侯제도가 확립되었다고 보아야 할 것이다. 472
  年 蓋鹵王이 北魏에 보낸 使臣은 「弗斯侯 長史」로 그는 余禮이다(弗斯國은 지금의 全
  北 全州). 또한 『南齊書』권 58, 列傳 제 39에는 5人의 百濟侯의 이름이 나온다. 面中侯
  (王), 都漢侯(王), 八中侯(余古), 邁盧侯(王), 阿錯侯(王)

6. 맺는말 - 흑치국은 어디인가?

그러면 당시(晉代) '흑치국'의 영역은 어디인가라는 물음에는 구체적인 기록이 별로 없기 때문에 자세히 말하기는 어려울 것이다. 그러나 『위지(魏志)』에 따르면, '흑치국'은 나국(裸國)과 접한 것으로 보아, 그 서계(西界)는 지금의 월남(越南) 중북부 지역(어쩌면 라오스 경내까지 포함될지 모른다)이 분명하나, 그 동계(東界·동쪽경계)가 어디인지는 자세히 알 수가 없다. 아마 지금의 광서(廣西) 백제향 지역을 넘어 더 먼 동쪽으로 가야 한다는 생각이 든다.

이 점은 진대(晉代)의 사서 『문선(文選)』(晉代左思·吳都斌편)에 따르면, 당시 吳나라가 관할하는 지역이다. 그러니까 「烏滸(오허), 狼荒(낭황), 夫南(부남·옛나국·裸國) 西屠(서도), 儋耳(담이), 黑齒之酋(흑치지추), 金鄰(김린·태국남부)」등 7개 나라는 「象郡之渠(상군지거)」로 「大吳(대오)」에 예속되었다고 하였다. 여기 나오는 象郡(상군)은 BC 214년 진시황(秦始皇)이 안남(安南)지역·광서 숭좌(崇左)에 설치한 최초의 관서이다. 이로 미루어 『위서』의 흑치국(黑齒之酋는 흑치국의 중추세력으로 보임)의 서계는 부남(扶南)의 경계지역인 월남 남부와 캄보디아지역이고, 그 동계는 담이(儋耳·지금의 海南島)의 북부지역(광서·광동의 경계지역)으로 보아야 할 것이다.[30]

그렇다면 우리가 알고자 하는 흑치국의 영역은 꽤나 넓었고, 백제향 지역은 흑치국의 요충지에 자리잡은 것으로 보인다. 그러므로 오늘의 백제향지역을 『송서』가 기록한 「百濟郡(백제군)」의 치소와 관련을 두어도 무방할 것 같다.

---

30) '烏滸'는 漢代의 '壯族'을 부르는 이름이고, '狼荒'은 一說에 의하면 裸國 사람의 호칭이라고 한다.

1980년대 후반에 와서 드러난 흑치상지의 묘지명(銘)에 따르면, 백제는 6세기 중엽에 이땅에 온 것으로 보이는데, 이같은 사실을 입증이나 하듯 오늘날 광서 백제향에는 '百濟'라는 두 글자가 선명하게 남아 있다. 백제가 무슨 까닭으로 먼 여기에까지 왔는지 그 이유를 잘 알 수는 없지만, 주민들(대부분은 고대 낙월 · 駱越의 자손인 장족 · 壯族)은 아직도 이 고장의 이름 '백제'를 부를 때「대백제(大百濟 · Daejbakcae)」라는 우리말 발음을 여전히 쓰고 있다.
　이는 참으로 놀라운 일이 아닐 수 없다. 왜 그들은 글자에도 없는 발음을 하는지를 잘 알 수는 없지만, 이는 장시간에 걸쳐「대백제(大百濟)」의 치소(治所)인「백제군(百濟郡)」과 같은 '기관'이 이 지역에 존재하였다는 산 증거가 아니고 무엇이겠는가.[31] 이같은 언어는 오랜 세월을 두고, 사람들이 옛백제(대백제)의 '참모습'을 상기하는 가운데 이를 반복하는데서 생기는 일종의 '습관어'라고 보아야 할 것이다. 그래서 백제가 이 지역에서「대백제」의 기치를 높이 들고, 그 '위용'을 떨친 위대한 '해양국가'라는 사실을 함부로 부정하기는 어려울 것이다.

---

31) 百濟가 이지역을 領有하였다는 기록을 보기는 어려우나, 이 시대에 百濟가 이지역에서 활동하였다는 사실은 『日本書紀』의 기사를 통해서도 볼 수가 있다.
　『日本書紀』推古紀
　641년 百濟擲崑崙使於海裏(百濟는 崑崙에서 온 사절을 바다에 던져 죽였다. 崑崙은 오늘의 '말레이' 지방을 지칭)
　『日本書紀』欽明紀
　545년 百濟가 … 또한 吳나라에서 얻은 보물을 日本府의 臣 및 여러旱岐에 주었는데…
　554년 扶南財物與奴二口(扶南은 오늘의 캄보디아, 월남 남부지방)
　565년 好錦二匹毾㲪一領(毾㲪은 인도 등지에서 생산된 카펫트를 말한다.)
　『隋書』百濟傳에는 백제에서「其南行三月」하면, 躭牟羅國이 있다. 이는 백제 附庸國이라는 대목이 보인다. 이 躭牟羅國은 다름 아닌 오늘의 대만을 지칭하는 말인데, 백제는 이 지역(東지나海)에 戰船團을 파견한 바 있다고 한다(소진철, 「隋書의 百濟 附庸國 · 躭牟羅國은 어디」, 『博物館紀要』14, 檀國大 石宙善 紀念博物館, 1999, 참조).

XIII
『위지(魏志)왜인전』으로 본 「왜국·대왜(大倭)」
- 한 「대솔(大率)」이 諸國을 검찰 -

『위지왜인전』(宋版)의 원문

276 백제 무령왕의 세계

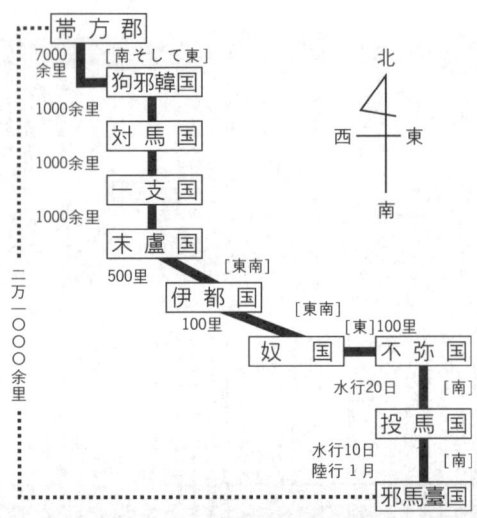

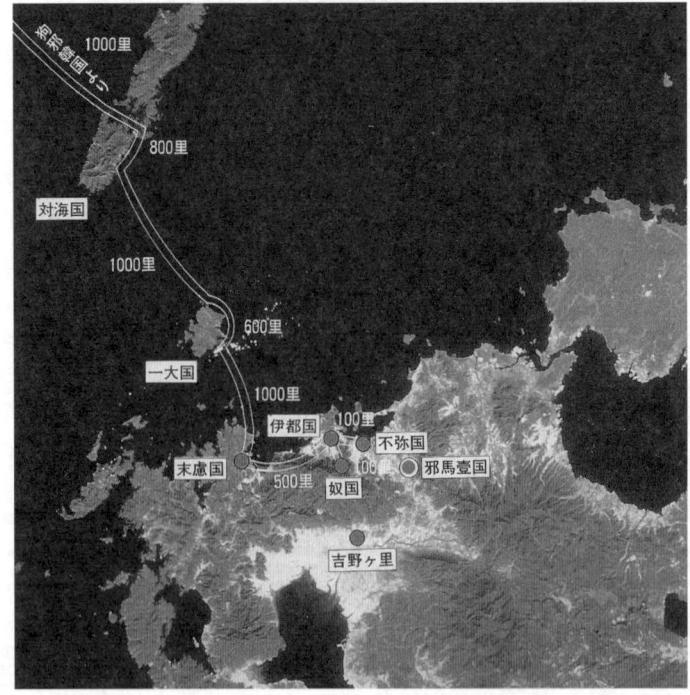

자료(古田武彦, 『古代史60の證言』에서)

1. 머리말*

『위지왜인전(魏志倭人傳)』은 당대에 쓴 倭地의 기록으로서는 종합적인 것이다. 거기에는 참으로 많은 내용이 수록되어 사료(史料)로서의 가치가 크다고 하겠다. 이 사서를 통해 우리는 상대(上代) 倭의 실체를 어느 정도는 자세하게 파악할 수가 있게 되었다. 거기에는 당시 倭인의 생활상과 그 사회 및 倭라는 나라의 정치제도 등 다양한 내용이 수록되어 있어 극히 유익한 사료라고 생각한다.

그런데 이 사료를 대하는 일본 학계인사들의 관심은 그다지 큰편은 아니다. 그들은 주로「왜국·대왜(大倭)」의 구성국 중의 중심세력으로 보이는 사마일국(邪馬壹國)의 위치의 비정에만 노력을 경주하고 있는 것 같다. 일본 학계가 사마일국의 위치 비정에 열을 올리는 까닭은 다름아닌 원문의「壹(일)」자를「臺(대)」자로 고쳐「야마다이고구(邪馬臺(台)國·사마대국)」으로 읽고,[1] 이를 발음상 야마도(大和國·대화국)와 비슷하다는데 촛점을 맞추기 때문이다. 그리고 이를 야먀도(大和)정권의 뿌리로 보려는 왜곡된 해석에서 유래한 것이다.

---

* 본고는 『白山學報』 제72호(2005.8)에 소재
[1] 陳壽(233-297년)의 『三國志』의 諸 刊本에는 「邪馬壹國」으로 기록되어 있는데, 宋代史家 范曄(398-445년)의 『後漢書』 倭傳과 『梁書』 東夷傳, 『北史』 倭國傳, 宋本 『太平御覽』에서는 「壹」자 대신 「臺」자로 고쳐졌다. 왜 그러한 變字가 가능한지 그 이유는 잘 모르겠으나, 『三國志』 諸원본대로 쓰는 것이 맞는 것으로 보인다(金在鵬, 『日本古代國家と 朝鮮』, 東京: 大和書房, 1975년, 21~22쪽 참조. 古田武彦, 「邪馬壹國」, 『史學雜誌』 78~9, 1969 참조).
그동안 邪馬壹國은 邪馬臺國의 誤寫로 생각해 왔는데 최근 일본학계의 일부에서는 邪馬壹國이 원형이라는 說이 더욱 有力하다고 한다(佐賀縣敎育委員會 편, 『吉野ケ里遺跡』, 吉川弘文館, 1996, 29쪽 참조). 한편, 일본 宮內廳書陵部藏의 魏志倭人傳(宋版) 寫本은 「邪馬壹國」으로 표기되어 있다.

필자는 본고에서 『왜인전』의 내용을 좀더 자세히 검토하고, 상대(上代)의 「왜국」은 3韓의 諸國과 어떠한 관계를 유지했는지를 제한된 자료를 빌려 검토하고자 한다.

2. 「왜국」의 위치와 구성국

왜국·대왜(大倭)는 3韓 지역 이남의 도서와 북규슈(九州)지역의 30여 개의 대·소국을 합친 속칭이다. 『위서(魏書)』는 대방군(帶方郡)에서 倭로 가는 등정과 위치를 비교적 자세하게 기록하였다. 이로 미루어 한반도 諸國과 왜지(倭地)와의 왕래는 아주 오래전부터 이루어졌던 것으로 보이거니와, 그 나라 사정도 비교적 자세하게 알고 있었던 것 같다.

『위서』는 왜국·대왜(大倭)의 도읍지인 사마일국(邪馬壹國)은 군(郡)에서 12,000여里 떨어졌다고 적었는데, 일본 학계는 이를 「야마다이고구[邪馬臺(台)國·사마대국]」으로 읽는다. 그리고 이름이 발음상 「야마도·大和」 정권과 비슷하다는 이유로 사마대국(邪馬(台)國)은 규슈(九州)지역에 자리했던 것이 아니라, 긴기(近畿)지방에 있었다고 주장한다. 이른바 「기내 왕조설(畿內王朝說·일본 통설)」을 성립시키고, 이를 바탕으로 일본 고대사의 뿌리로 삼았던 것이다.

1) 위치

① 왜인(倭人)은 대방군 동남쪽 큰 바다 가운데에 있다(「倭人在帶方東南大海之中」)는 내용으로 미루어 오늘의 규슈(九州)지역을 지칭하는 것으로 보인다. 거기에는 산과 섬이 많은데, 옛날에는 100여 개나 되는 나라가 있었다고 하

였다. 옛날 한(漢)나라 때는 조공하러 오는 자가 있었고, 지금도 사역(使譯·譯官)들과 소통하는 나라는 30여개에 이른다고 하였다.[2]

② 대방군[오늘의 황해도(黃海道) 남부지역]에서 倭로 가는 길은 해안가를 따라 물길로 한국(韓國·馬韓)을 경유한 다음 남쪽으로 가다 조금 동쪽으로 가면 북쪽의 구야한국(拘邪韓國·加耶國)의 해안에 이르는데, 여기까지의 거리는 7,000여里나 된다.[3] 이로부터 바다를 건너 1,000여里를 더 가면 왜국의 첫 번째 나라인 대해국(對海國·對馬國)에 이른다. 다음 일대국(一大國·壹岐)를 거쳐 말로국[末盧國·사가(佐賀)현 가라쓰(唐津)시]에 도착하기까지는 족히 2,000여里의 길이다.

③ 동남으로 육로 500里를 가면, 이도국[伊都國·후쿠오카(福岡) 근처]에 도착한다. 거기서 동남으로 100里를 가면 노국(奴國·福岡市)이고, 남쪽으로 물길로 20일이면 투마국[投馬國·미야자키(宮崎)현 휘가(日向)시?]에 도달한다. 여왕(女王)의 도읍지인 사마일국(邪馬壹國)까지는 다시 남쪽 물길로 10일이 걸리고, 그리고 또 걸어서는 한달이면 도착한다.[편자는 郡(군)에서 여기까지의 거리는 12,000여里의 여정이라고 했다.[4]]

---

2) 『漢書』地理志 왜조에는 「대체로 樂浪 바다 가운데는 倭人들이 100여개 나라에 나누어 산다.」고 하였다. 그런데 이후 여러 나라가 통합되어 서로 흡수한 것으로 보인다. 그런데 『後漢書』 동이전 倭에서는 「倭在韓東南大海中」으로 표기되어 있어 주목된다. 이는 倭가 韓에 '소속' 되었다는 기록이다. 이때에도 倭地에는 후술하는 (馬韓의) 「大率」이 나와 있었던 것 같다.
3) 『三國志』 동이전 弁辰조「 … 그 중에 瀆盧國(弁辰 瀆盧國)이 있는데, 倭와 연접했다.」 그러므로 井上秀雄은 한때 倭는 한반도의 최남단에서 韓人과 같이 살다 온 것으로 보고 있다(井上秀雄,『倭·倭人·倭國』東京 : 人文書院, 1991).
4) 일본 학계의 최대 논쟁은「邪馬壹(台)國」의 위치의 比定문제이다. 명문의 「投馬國 水行 20日 ------- 南至邪馬壹國 女王之所都 水行 10日 陸行 1月」을 통설인 「畿內說」을

④ 倭地를 참문(參問)하건대, 바다 가운데의 여러 섬에 연결되었고, 때로는 끊겼다가 때로는 다시 연결되어 그 주위는 5,000여里에 이를 것이다.

2) 구성국

① 238년(경초·景初 2년) 대방군의 군사(郡使)들이 본 왜국(大倭)은 30여개의 대·소 왕국으로 이루어진 연합체 같은 것이었다. 이 가운데 사마일국[邪馬壹國]은 인구가 「7만여戶」나 되는 큰 나라여서, 이들 연합체의 중심세력이었고, 여기서 「왜왕(倭王)」을 배출하는 것으로 보인다.[5]

② 「여왕국(女王國)」에 속한 나라들

㉮ 사마일국(邪馬壹國)에 이르기까지

대해국(對海國)·1천여戶)   이도국(伊都國)·1천여戶)   투마국(投馬國)·5만여戶)[6]

합리화하기 위해 여기의 「南」자를 「東」자의 오기라고 단정하고, 不彌國으로부터 瀨戶內海 또는 東海(日本海)에서 東쪽으로 船行 30일, 陸行 1개월 여정의 大和國(奈良縣)이 邪馬台國이라고 주장한다. 반면 「九州說(九州王朝說)」은 이 「南至」를 받아들였다. 그리고 그 일정을 다양하게 해석하지만, 궁극적으로 邪馬壹國은 九州 안에 있다는 것이다. 銘文으로 보거나, 또한 실현가능성으로 보아도 「畿內王朝說(通說)」은 전혀 설득력이 없는 무리한 주장이다. 최근 '지성'을 갖춘 많은 학계 인사들의 비판이 높아져 「九州王朝說」은 급속도로 확산되고 있다. 또한 邪馬壹國의 표기도 통설인 「臺·台」자로 읽어서는 안된다는 소리도 점차 높아가고 있는 형세이다.

5) 일본학계는 邪馬壹國을 邪馬臺國으로만 읽고 있으나, 이는 잘못된 것이라는 점은 이미 지적하였다. 필자의 소견으로는 여기의 壹자는 크다는 大자와 같은 개념이어서, 「邪馬」계 나라 중에서 제일 크다는 뜻일 것이다. 여기의 인구는 7만 여 戶나 된다고 하니, 3韓에서도 이렇게 큰 나라는 보기 힘들다. 邪馬壹國의 북쪽에는 다른 「邪馬國」이 있었고, 또한 弁辰 24개국 중에도 「弁辰彌烏邪馬國」(大伽倻·高靈)이 있다. 大林太良(東京大學 교수)은 이들 사이에는 관계가 있는 것으로 보았고, 그런 가능성을 생각해 볼 필요가 있다고 하였다[大林太良, 邪馬台國(中公 新書 466) 1980, 참조].

일대국(一大國, 一支國・3천여戶)　　노국(奴國・2만여戶)　　사마일국(邪馬壹國・7만여戶)

말로국(末盧國・4천여戶)⁷⁾　　불미국(不彌國・1천여戶)⁸⁾

㉯ 사마일국(邪馬壹國) 북쪽에 위치한 나라

사마국(斯馬國)　　미노국(彌奴國)　　사마국(邪馬國)　　저노국(姐奴國)　　화노소노국(華奴蘇奴國)　　귀노국(鬼奴國)

기백지국(己百支國)　　호고도국(好古都國)　　궁선국(躬臣國)　　대소국(對蘇國)　　귀국(鬼國)　　　　　　지익국(支惟國)

이사국(伊邪國)　　불호국(不呼國)　　파리국(巴利國)　　호읍국(呼邑國)　　위오국(爲吾國)　　　오노국(烏奴國)

　　　노국(奴國)⁹⁾

③ 「여왕국」밖의 나라들(방국・旁國)

㉮ 구노국(狗奴國・남자왕국・남구주지역 같음)

---

6) 倭國 구성국의 이름 가운데 字에 馬字가 보이는데(對馬國, 投馬國, 邪馬壹國, 邪馬國, 斯馬國 등) 이것은 3韓의 馬韓의 馬字와 관련해서 생각해 볼 필요가 있다고 본다.
7) 또한 倭國의 「末盧國」은 그 이름이 가운데에 盧字가 보이는데, 이는 弁辰의 여러 나라인 瀆盧國, 斯盧國(新羅), 狗盧國, 牟盧卑離國, 挺盧國 등과 馬韓의 莫盧國, 狗盧國, 速盧不斯國처럼 가운데에 盧字가 들어가 있다. 이 盧字가 무엇을 뜻하는 것인지 자세히 알 수는 없지만, 어떤 共通性을 나타낸 것으로 보인다.
8) 倭國 구성국 중 「不彌國」(지금의 福岡市 근처)은 馬韓의 「不彌國」(오늘의 全南 靈岩지방)과 같은 이름으로서, 두 나라 사이에는 분명한 연결 고리가 보여 주목된다. 이를 일본의 나가다(中田 薰)는 「이 不彌國은 魏志 馬韓 50여개국 중의 하나인 「不彌國」族이 이주한것으로 생각된다」고 하였다(中田 薰, 『古代日韓交涉史斷片考』, 東京: 創文社, 1956, 107쪽).
9) 奴國의 이름이 중복되는 그 이유를 잘 알 수는 없다. 이는 앞에 보이는 奴國의 분국인지, 또는 誤記인지 잘 모르겠다. 奴國은 「倭」 구성국 중에서는 강국으로 보이는데, 1784년(天明4년) 北九州 志賀島에서 金印이 발견되었다. 『後漢書』에 의하면, 倭가 서기 57년에 조공 왔을 때 光武帝는 金印을 하사했다는 기록이 보인다(漢倭奴國王印).
邪馬壹國의 북쪽에는 彌奴國, 姐奴國, 華奴蘇奴國, 鬼奴國, 烏奴國 등의 이름이 나오는데, 이들은 奴國의 계열국으로 보인다(일본 학계에서는 이 「奴」자는 「那」(나루)의 발음상의 표기라는 주장도 있다).

여왕국(女王國)에 소속되지 않았고, 때로는 여왕국과 전쟁도 불사할 정도의 강국이다. 그 나라의 왕은 비미궁호(卑弥弓呼 · 히미구고)이고, 그 관은 구고지비구(狗古智卑狗 · 기구지히고)라 하였다.

㈐ 주유국(侏儒國 · 난쟁이나라)

여왕국에서 남쪽으로 4,000여里 밖에 있다. 사람들의 키는 3~4尺에 불과하다[10][주유국은 오늘날의 류규(琉球) 열도나 대만(台灣)지역이 아닌가 추정한다].

㈑ 나국(裸國 · 벌거버슨나라 · 옛扶南國), 흑치국(黑齒國 · 검은이빨사람의 나라)

이들 나라에 가려면 여왕국에서 뱃길로 1년이 걸린다.[11] 그런데 이들이 여왕국과 어떤 관계인지는 잘 알 수 없다[필자는 흑치국은 중국의 해남도(海南島 · 하이난도)를 지나 동긴만(東京灣) 연안에 위치한 것으로 추정한다].

---

10) 일본의 井上秀雄 교수는 「이 기사는 공상적인 것으로 반드시 倭人과 관계지은 것으로는 보지 않는다. 다분히 東쪽 끝에 사는 倭國人의 더 東쪽에는 꿈과같은 나라가 있다고 생각한 것 같다」고 하였다(井上秀雄, 전게서 참조).그러나 주유국(侏儒國)은 女王國에서 4천여리 떨어졌다는 것으로 보아 옛날의 이주(夷州 · 대만)를 말하는 것 같다. 『後漢書』 동이전은 이주(夷州)사람을 다음과 같이 기술하고 있다. 「따뜻해서 서리나 눈이 내리지 않고, 풀과 나무가 죽지 않는다. 4면이 모두 산골짜기로서 사람들은 머리를 깎고 귀를 뚫었다.」

11) 古田武彦은 「왜인전에서 가장매력적인 한 節은 裸國, 黑齒國의 기사이다」, 「이는 역시 倭人으로부터 듣고 쓴 것이기 때문에 船行 半年이라고 생각된다」고 하였다(古田武彦, 『古代史 60の證言』, 東京 : 駿々堂, 1992). 그러나 여기의 裸國과 黑齒國은 당시 실제한 나라이다. 지금의 海南島 근처에 위치한 것으로 추정된다. 따라서 船行 1년은 극히 신빙성 있는 이야기로 보인다. 필자는 2004년에 발표한 한 논문에서 裸國은 오늘의 크메르(캄보디아) 지역이고, 黑齒國은 월남 중북부지역에서 중국 광서자치구의 서남부지역을 비정한 바가 있다(소진철, 「魏書의 黑齒國은 어디」, 『白山學報』 68호 참조).

㉣ 여왕국[邪馬壹(台)國]에서 동쪽으로 1,000여리를 가면, 또 다른 왜종(倭種)들이 살고 있다[12][혹 지금의 사국(四國·시고구)지방을 가리키는 것은 아닌지?].

3.「왜국」의 정치

여러 구성국은 나름대로의 정치적 질서를 유지하고, 비교적 독자적인 경영을 했던 것 같다. 『한서(漢書)』나 『후한서(後漢書)』에는 諸國은 각자의 王을 두었는데, 『위서(魏書)』에서는 이도국(伊都國), 구노국(拘奴國), 사마일국(邪馬壹國) 등 3·4개 나라의 왕만 언급하고 있다. 각 국은 관직을 다양하게 호칭했는데, 이 가운데 3韓 지역에 가까운 나라는 공통적으로 "모리(母離)"와 "나리(那利)" 따위의 벼슬이 있었다. 이는 한반도에서 유래한 흔적으로 보인다. 특히 『위서』에서 언급된 한 「대솔(大率)」은 이도국에 상주하면서 諸國을 감찰 한다는 대목은 아주 중요한 내용으로 그의 정체를 밝혀야 할 것이다.

1) 관제(官制)

① 사마일국(邪馬壹國)
여왕(女王)은 크게는 「왜국·대왜(大倭)」왕이어서, 모든 나라를 대표한다(238년·친위왜왕·親魏倭王의 인장을 받았다). 나라에는 여왕(종무)과 남제(男弟·정무와 경제)를 두었다. 서로 주관하는 역할이 다르다. 그리고 벼슬로 관(官)에는 이

---

12) 이 점에 대해 일본학계의 의견은 다양하다.
    本居宣長- 四國,   白鳥庫吉- 大和朝庭의 나라,
    那河通世- 本州, 四國, 淡路島   古田武彦- 本土(中國), 四國

지마(伊支馬 · 이시마 · 관 · 官), 미마승(彌馬升 · 미마쇼 · 부 · 副), 미마획지(彌馬獲支 · 미마가시 · 차부 · 次副), 노가지[奴佳鞮 · 네가데이 · 차차부(次次副)] 등이 있다.

② 이도국(伊都國 · 대대로 왕이 있다)

「왜국」의 현관 역할을 담당하고 있다. 한「대솔」이 여기에 있는데(津), 그는 군사(郡使)의 왕래를 돕고 諸國을 감찰한다[「大率」은 이도국(伊都國)의 관리는 아니다].[13] 그 나라의 官에는 이지(爾支 · 니기시 · 官), 세모고(泄謨觚 · 세마고), 병거고(柄渠觚 · 해고구 · 副) 등이 있다.

③ 대해국(大海國 · 對馬國), 일대국(一大國 · 一支國) - 비구(卑拘 · 히고 · 대관 · 大官),[14] 비노모리(卑奴母離 · 副)[15]

· 노국(奴國) - 지마고(兕馬觚 · 관 · 官), 비노모리(卑奴母離 · 부 · 副)

· 불미국(不弥國) - 다모(多模 · 官), 비노모리(卑奴母離 · 副)

---

13) 倭王의 도읍지는 邪馬壹國이지만, 伊都國에는 郡使 및 大率이 상주했기 때문에 도읍지 이상의 중요성을 가졌을 것이다.
14) 학계에서는 卑拘를 彥(히고)로 표기하는 경우가 있다(예를 들면, 菊池彥와 같이).
15) ① 官職으로서의 卑奴母離의「母離」는 발음에서 유래한 것으로 보이나, 정확한 뜻은 잘 알수가 없다. 그러나 이는 우리말「머리(頭)」의 표현으로 보인다. 우리말의「우두머리」는 제1인자를 말하는 것이어서, 여기의「母離」는 그와 같은「머리」의 표현으로 보인다. 일본의 씨름을 大相模는「前頭」1, 2, 3…등으로「머리」를 기준으로 한 계급제도를 가지고 있다.
②『三國志』동이전 濊조「이 지방 百姓은… 뒤에 와서는 王위를 없애고 거기서「우두머리」를 뽑아 侯를 삼아 다스리게 했다」,『後漢書』동이전 韓조「저마다 모두 우두머리 (渠師)가 있다」,「이우두머리를 제일 큰 고을에서는 臣智라 하고」,『日本書紀』天神 스사노 오미코토는 그의 子 五十猛을 이끌고 新羅의 曾層茂梨(牛頭山)를 공격 했다.
③ 中田氏에 의하면「卑奴母離는 일본측 사료에서는「夷守」로 漢譯 되었다」고 한다. 이는「外敵을 막기 위한 守人」이라는 점을 의심할 여지가 없을 것이다.

・ 투마국(投馬國) - 미미(彌彌・官), 미미나리(彌彌那利・副)[16]

2) 왜왕(여왕・女王) 비미호(卑彌呼)[17]

① 비미호(卑彌呼・히미고)의 여왕위

원래는 남자가 왕이었는데, 왜국에서는 70~80년간 싸움이 계속되어,[18] 한 사람의 여인을 공립해 왜왕(倭王)으로 삼았다. 그가 바로 비미호(卑彌呼)라는 무녀(巫女)이다(그의 즉위는 170년경에 있었던 것 같다).[『삼국사기』권2 신라본기 아달라(阿達羅)20년(173년)조 「倭女王卑彌乎 遣使來聘」]

② 여왕 비미호(卑彌呼)는 무녀(巫女)

---

16) 副官의로서의 「卑奴母離」는 모두 對馬國, 一支國, 奴國과 不彌國 등 한반도 남단에서 북九州 연안에 이르는 나라에서만 볼 수 있는 공통된 官制이다. 이들은 다른 지역보다 일찍이 한반도를 거처 내려와 정착한 것으로 보인다. 彌彌那利의 「那利」도 우리 말의 어원인 「나리」의 표기로 보이는데, 지금도 사람들은 자연스럽게 윗사람을 부를 때 「나리영감」 또는 「영감나리」 등과 같이 공경하는 말로 쓰이고 있다. 그런데 『日本書紀』繼体紀에는 熊津(지금의 공주)을 「久麻那利」로 표기하고 있는데, 이때 那利는 나루터의 표기로 쓴것 같다.
17) 『魏志』소재 馬韓의 나라 중에는 「狗盧國」다음에 「卑彌國」의 이름이 나오는데, 「卑彌呼」는 이 「卑彌國」出自의 女人이 아닌가 생각해 본다. 「呼」가 무엇을 뜻하는 것인지는 잘 알 수가 없으나, 이는 兒(子・고)로 생각해 볼 수가 있다. 「卑彌呼」와 같이 「卑彌」를 칭하는 狗奴國王 「卑彌弓呼」도 馬韓의 卑彌族 出身이라고 추정해 본다(中田 薫, 『古代日韓交涉史斷考』, 東京: 創文社, 1956, 119쪽 참조).
18) 『後漢書』에 의하면, 「桓・靈 치하의 왜국은 크게 혼란해 서로 攻伐해 새월을 보냈는데, 이긴 자가 없다」고 하였다. 後漢의 桓帝(147~167)와 靈帝(168~188)의 치세 42년간에 왜국의 대란은 이러났다고 보아야 할 것이다. 吉野ケ里 유적지(옛 彌奴國으로 추정)에서 발굴된 甕棺墓의 人骨의 손상은 中期 彌生시대의 것이 많고, 人骨 중에는 목(首)이 절단된 것으로 보이는 頭蓋骨(머리)이 없는 것이나, 刀傷이 보이는 것, 여러 개의 화살촉이 몸 안에 박힌 것이 있다. 그래서 옛날 이 지역에서는 큰 싸움이 벌어졌던 것을 입증해 준다.

- 그녀는 귀도(鬼道)에 종사하고,[19] 사람들의 마음을 사로잡을 수가 있다고 한다[『삼국지』위지 동이전, 마한(馬韓)조에는 「그들은 귀신을 믿고, 국읍(國邑)에는 한 사람을 뽑아 천신제(天神祭)를 지내고 그를 天君이라고 부른다」, 『후한서』 동이전 한(韓·마한)조 「늘 5월이 되면 밭에서 귀신제를 지내고, 밤에는 술을 마시며, 모여서 노래와 춤을 춘다」].
- 그녀는 성년이 되었는데도 결혼을 하지 않았고, 「남제(男弟)」(보좌역과 같은 벼슬)가 그를 보좌하고 나라를 다스린다.[20]
- 그녀가 왕위에 오른 후 그를 본 사람은 거의 없다. 그는 종(奴婢) 1,000여 명을 거느렸고, 남자는 한 사람뿐인데 음식물을 나르고 그와 말 상대를 해준다고 한다.
- 주거인 궁실이나 누관(樓觀)에는 성곽을 쌓았고, 늘 병기(兵器)를 가진 수위가 있다[21](『삼국지』 동이전 辰韓조 「그들은 성책이 있고…」).

---

19) 卑弥呼는 鬼道에 능하다고 했는데, 그를 「共立」했다고 하는 것으로 보아 邪馬壹國은 물론 주변 다른 나라에서도 그의 迎入을 동의한 것으로 보인다. 어디서 迎入해왔는지는 확실치 않으나, 당시 한반도에서는 道敎 이전부터 오랫동안 巫人의 활동이 컸다. 巫人은 대개 女子가 종사했다. 그러므로 그녀는 한반도에서 온 巫女로 보아도 무방할 것이다.
20) 그러므로 女王을 보필하는 「男弟」는 정무나 부역과 같은 전역을 전담하고, 女王은 모름지기 宗事에 전념했기 때문에 「邪馬壹國」의 국가관리는 女王과 「男弟」가 공동으로 관리하는 복수통치의 형태를 유지한 것으로 보인다(상세는 소진철, 『金石銘文으로 본 百濟 武寧王의 세상』, 원광대 출판국, 2004, 48~50쪽 참조). 그런데 이같은 개념의 「男弟」도 시대가 흐름에 따라 男弟王이라고 하는 하나의 실체로 부상한 것으로 추정된다. 『日本書紀』 제26대 천황 繼体는 그의 諱가 男大迹王인데, 이는 「男弟王」의 다른 표기로 볼 수 있다.
21) 兵器로는 창(矛)을 비롯 방폐(楯)와 목궁(木弓)이 있다. 木弓의 하부는 짧고, 상부는 길다(『後漢書』 地理志, 儋耳, 朱崖郡조 「兵則矛, 楯, 木弓」). 대나무(竹) 화살에 촉(鏃)은 쇠(鐵)나 뼈(骨)로 만들어 꽂는다(『漢書』地理志, 儋耳, 朱崖郡條 「竹矢或骨爲鏃」). 矛은 옛날부터 韓半島의 조선족이 사용한 무기다. 『後漢書』에 의하면, 濊族은 「能步戰 作矛長三길 或數人共持之」라 하였다. 長矛을 사용했던 것으로 보인다. 「夫餘國」에서는 「以弓矢刀矛爲兵」라고 했고, 또 「東沃沮」에서는 「持矛步戰」이라고 하였다.

③ 비미호(卑弥呼)의 죽음(247년경)

여왕이 죽은 후 크게 무덤을 만들었는데 직경이 백여 步에 이른다.[22] 여기에 노비(奴婢) 백여名을 순장(殉葬·산사람을 매장 하는 것)했다(『후한서』 동이전 부여조「사람을 죽여 순장하는데 숫자가 많은 자는 백명이나 되었다」).

그리고 남자를 왕으로 추대했으나, 나라는 다시 어지러워졌다. 서로의 살육(殺戮)이 자행되어 천여명이 죽었다고 한다. 그래서 비미호(卑弥呼)의 일족인 일여(壹與·13才 소녀·宗女)를 王으로 세워 나라는 다시 안정되었다.

3) 한「대솔(大率)」이 나라를 감찰하고, 대왜(大倭)는 조부(租賦) 및 시장(市場)을 감시

① 여왕국으로부터 北쪽에는(邪馬壹國을 포함한) 한「대솔(大率)」[23]을 두었는

일본의 中田 薫씨는「倭國의 병기도 韓族이 步戰에서 사용한 矛(비파형), 楯와 같이 弓矢동양의 무기들이다. 아마 그들은 馬韓族을 비롯한 3韓의 후예로서 馬韓族들의 고유한 제작기술과 숙련된 용법을 배워서 익힌 것으로 보인다」고 하였다(中田 薫, 전게서 참조).

22) 弥生시대 최대의 유적지인 吉野ケ里에서는 2,000基 이상의 甕棺墓가 발굴되었는데, 그 중 최대의 분구묘(墳丘墓)는 남북 40m, 동서 30m에 이른다. 이는 女王의 무덤에 버금가는 것으로 보인다.

23) 한「大率」은 북쪽에만 두었고, 여러 나라를 檢察한다는 것으로 보아, 그는 邪馬壹國에서 파견한 官憲으로는 보이지 않는다. 그러나 그동안 일본학계는「一大率」을「邪馬臺國」에서 派遣한 官憲으로 보았는데(通說), 최근에는 帶方郡 파견관설도 대두하고 있다(佐賀縣 敎育委員會 편,『吉野ケ里 遺蹟』, 吉川弘文館, 1990).

「大率」의 파견국에 대한 학계의 견해는 다양하다.

直木孝次郎「邪馬台國이 파견」「魏에는 이런 官制가 없다」(通說)
江上波夫「魏가 파견한 一大率」 松本淸張「帶方郡이 任命한 官吏」
岡田弘英「女王의 代官」   大林太良「女王國이 파견한 자」
齊藤 忠「女王의 役人」   水野 祐「女王의 一大率이 북방 諸國을 감찰」
栗原朋信「大率은 邪馬台 國이 아닌 大倭가 파견」

데, 여러 나라를 검찰 하는 그를 모든 나라는 이 기관을 몹시 두려워한다
(「一大率檢察諸國畏憚之」).[24] 이「대솔(大率)」은 언제나 이도국(伊都國)에 상주했는
데(현재의 福岡縣絲島郡前原町 근처), 그는 마치 나라 안에 자사(刺史 · 옛 중국의 한 지
방장관과 같은 벼슬)[25]를 두어 다스리게 하는 것과 같다(「於國中有如刺史」). 그러므
로 이 대솔(大率)은 일본 통설처럼 사마일(대)국[邪馬壹(台)國]에서 파견한 관리
(女王의 파견관)가 아니고, 또한 위(魏)나라의 파견관도 아니었다. 그는 한(韓 ·
마한)에서 파견한 관리(官吏)로 보아야 할 것이다.[26] 왜냐하면 당시 마한(馬韓)
에는 관제로서의「대솔(大率)」이 있기 때문이다.『후한서』동이(東夷) 열전 韓
(마한)조에는「대솔(大率)은 모두 머리를 동여 상투를 맨다. 그리고 베(布)로 만
든 도포를 입고 짚신을 신는다」고 하였다(大率 皆魁頭露紒, 布袍草履).[27] 또한 그

---

24) 諸國의 왕들은 왜 그를 두려워 했을까? 이는 大率이 지닌 권위와 그를 파견한 나라
(韓 · 馬韓)의 위력 때문이었을 것이다. 大率의 직책은 나라일(諸 국)을 檢察하는 것
이다. 그러므로 그는 나라의 監督官과 같은 인물이다.『魏書』는 그를 중국의 刺史와
같다고 했으니, 그는 식민시대의 한나라의 "총독"과 같은 인물로 보아도 무방할 것
이다[漢代에 설치된 幽州刺使(오늘의 北平 근처)의 경우 그가 전권으로 관할하는 구
역은 중국 동북부(遼西지역)를 비롯 만주땅(遼東지역)에서 조선(漢4郡)에 이르는 방
대한 영역을 통치하는 막강한 인물이었다.
25) 중국의 沈仁安(북경대) 교수는「중국의 官制에는 '大率'이라는 官名이 없었다」고 하
고, '나라 안에 刺使가 있는 것과 같다'는 것으로 보아「大率은 중국의 官制가 아니
다라는 것이 분명하다」고 한다(沈仁安,『倭國と東ヤジヤ』, 東京; 六興出版, 1989 참조).
26) 大率의 파견은 다분 '辰王'의 이름으로 했을 것으로 추정한다. 이 官制는 후일 百濟
가 계승한 것으로 보인다. 百濟는 古爾王 27년 (260년)에 새로 제정한 관등으로 왕족
에게는 佐平(1品), 達率(2品), 恩率(3品), 德率(4品), 杆率(5品), 奈率(6品) 등「率」자 관
직을 정한 바가 있다.「大率」과도 직접 관계가 있는 것으로 보인다. 그런데『隋書』
百濟傳에 기록된 百濟의 官等에는 "자주빛 띠"를 매는 왕족으로 佐平(1品), 大率(2品),
恩率, 德率, 杆率, 內率(奈率 · 6品)을 들고 있다. 여기의 大率은 達率과 같은 것으로
보인다. 또한 宋代에 편찬된『册府元龜』권 962 外臣部조에는 百濟의 官制 一品佐平
(5인) 다음에 二品으로 大率(30인)을 들었다. 특히『册府元龜』는 大率과 達率은 같은
官位라고 한다(「.... 次大率三十人二品(一称達率) 次恩率 ...」).
27) 그러나 일본의 야마오(山尾幸福) 교수는 여기의 '大率'을 명사(관직)로 보지 않고, '대
개(大槪)'나 '대체(대저)'와 같은 형용사로 본다.

倭조에서는 大倭의 방위를 「倭는 한(韓)나라의 동남해 가운데 있다」고 하였다(倭在韓東南大海中…).

② 대솔(大率)의 역할 중 중요한 것은 諸국의 왕이 경도[京都·현 하남성(河南省) 낙양·洛陽]나 대방군(帶方郡) 치소와 그 밖의 모든 韓나라에 사신을 보내는 일을 모두 그가 챙겼다. 또한 대방군이 倭에 사자(使者)를 보낼 때는 언제나 진(津·이도국)에서 보내는 문서나 물건들을 점검하고, 특히 외교문서나 선물 중 여왕에게 들어갈 것은 하나도 빠짐없이 보내야 하였다.[28]

③ 나라에는 조부(租賦·세금, 부역 같은 것)로 받은 공납물을 보관하는 제각을 두었고, 諸국은 시장(市場)에서 서로 있는 것과 없는 것을 교역할 때(당시 倭의 사회는 물물교환시대다) 대왜(大倭·卑彌呼의 왜국을 칭하는 다른 말)[29]가 이를 감

한국의 국사편찬위원회원회가 역주한 『中國正史朝鮮傳』(1990)도 '그들은 대체'로 라고 해 결국 大率을 명사로 보지 않았다.
그런데 이 문장에서 大率을 명사로 보지 않을 경우, 이 문장에는 주어가 없고, 형용사의 중복으로 말미암아 하나의 완성된 문장으로 볼 수 없을 것이다.

28) 沈仁安 교수는 「중국의 역대왕조는 타국에 '大率'이라는 감독관을 파견한 적이 없다」고 한다. 더욱이 '大率'의 임무 중에는 문서를 女王에게 전달하는 일을 한다고 하니 이는 「太上王의 성질의 倭國 파견관의 신분에 적절하지 못하다」고 한다.

29) 大倭는 당시 北九州지역의 30余개 小國 연합체인 「倭國」을 칭하는 말이기도 하다(『後漢書』 동이전 倭傳에는 「倭在韓東南大海中… 其大倭王居邪馬臺國」). 그러나 大倭에 대한 일본 학계의 견해는 다양하다.
橋本增吉：大倭를 任命한 主體는「諸국의 王」　　山田孝雄：大倭를 魏로 생각
藤田友治：大倭를 任命한 것은 邪馬臺國　　古田武彦：倭國의 美稱
管　政友：유력한 倭人　　古田　隆：倭 조정이 자칭 大倭라고
『魏書』의 「大倭」는 그 후 세력을 확대해 九州 전역을 통합하고, 그 「畿」를 지금의 關西지방까지 확장한 것 같다. 『百濟新撰』 辛丑年(461) 조는 「蓋鹵王遣弟昆支君向大倭侍天王」이라고 하여, 백제는 이때의 倭國을 大倭로 표기하고 있다. 또한 『日本書紀』 齊明紀 7년 5월(663) 조도 伊吉連博得의 上表에서도 당시의 倭朝廷을 大倭로 표기하고 있다(「大倭天報之近」).

시한다(『후한서』 동이전 倭: 「其大倭王居邪馬臺國」). 그러므로 대왜(大倭)의 역할은 주로 주민의 생활을 안정하고, 나아가 시장의 기능을 활성화 하는 등 나라의 경제활동에 전념하게 하였다.[30]

4) 倭의 대외관계(대방군·帶方郡과의 교류 10년 기록)

「왜국(倭國)·대왜(大倭)」은 3韓 및 낙랑(樂浪) 및 대방(帶方)과의 교류를 옛적부터 해왔다. 그 첫 번째 기록은 『후한서』 동이전 倭, 중원(中元)2년(서기57년) 「광무제(光武帝)는 그들에게 인수를 주었다(漢倭奴國王印·한왜노국왕인)」는 것이고,[31] 또 같은 동이전 倭의 영초(永初)1년(서기 107년) 「왜국왕 스승(師升) 등이 포로(生口) 160人을 헌상했다」는 대목이다.[32] 그러나 『위서』의 기록은 10년간의 일이기는 하나, 이와는 비교가 되지 않을 정도로 다양하기 때문에 빈번한 교류가 위(魏)본국·대방군과 倭 사이에 이루어졌음을 알 수가 있다. 물론 시대의 변화로 왕래가 보다 용의해진 점도 있겠지만, 이는 당시 위(魏)

---

30) 沁仁安 교수는 「大倭는 재정, 경제 부문을 주관하는 장관과 같은 위치에 있다」고 한다.
① 伊都國에 설치된 한 「大率」을 邪馬壹(台)國 이북의 諸國은 무척 두려워 할 수밖에 없다고 하였다. 여기의 諸國은 북九州에 자리한 30여개의 나라를 말하는 것인데, 「邪馬台國·畿內說」로는 설명이 불가능하다.
② 한 「大率」은 諸國을 감찰하지만, 특히 市場의 수급조절 등 사람들의 경제활동은 大倭(卑弥呼의 女王國)가 감시한다고 하니, 이는 또한 「邪馬台國·畿內說」로는 설명할 수 없을 것이다.
31) 馬韓은 『後漢書』 東夷傳에 따르면, 「建武 20年(서기 44년) 韓人廉斯人 蘇馬諟等詣樂浪貢獻 光武封蘇馬諟爲 漢廉斯邑君 使屬樂浪郡」으로 하였다는 대목이 나온다. 이로 미루어 볼 때 「倭奴國王」의 서기 57년의 入朝는 馬韓의 介入으로 이루어진 것으로 보인다(일본 학계에서는 이 「漢廉斯邑君」을 史書에 나오는 「辰王」으로 보는 견해도 있다).
32) 『通典』 邊防 倭 조에는 「倭面土國王師升」으로 기록되었다. 여기의 師升은 우리말인 스승과 같다. 오늘날 우리는 학교 선생님을 '스승님' 이라고 부르는데, 당시 倭에서도 왕과 같은 사회지도자를 그렇게 불렀던 것으로 보인다. 일본의 '스모' 계에서는 지금도 사범을 '스승' 이라고 부른다.

나라를 둘러싼 吳(오)・蜀(촉)과의 지역패권 다툼과 무관하지는 않은 것 같다.

① 238년(경초・景初 2년) 6월 사절을 파견

여왕은 대부(大夫) 난승미(難升米・난쇼마이)[33]를 대방군(帶方郡)에 파견한 자리에서 천자(天子)를 알현하고, 헌상품을 올리겠다고 다짐하였다. 이때 태수(太守) 유하(劉夏)는 역인(官吏)을 파견해 이들을 인솔하고 경도(京都・洛陽)까지 보냈다. 그해 12월 천자는 조(詔・왕의 말씀)를 내려 여왕을 「親魏倭王(친위왜왕)」으로 하고, 금도장 자수(金印紫綬・外臣의 왕에게 주는 최고의 金印)를 주었다.

「그대는 대부 난승미(大夫 難升米)와 차사 도시오리(次使 都市牛利)를 보내 남생구(男生口) 4人, 여생구(女生口) 6人, 반포(斑布) 2匹 2丈을 바쳤다. 여기 먼데까지 와서 바치는 그대의 충효가 갸륵하기 그지없다.」

② 240년(정시・正始 1년) 帶方관리의 래왜(來倭)

대방군 태수 궁춘(弓遵)은 건중교위(建中校尉) 제휴(梯儁) 등을 파견해 조서와 인수(도장)를 봉해 왜왕에 주었다. 이때 금(金)・백(帛・白絹)・금계(錦罽・모직물)・도(刀)・경(鏡・거울) 등 체물(采物・물품들)도 주었다. 왜왕(비미호)은 사자(使者)편에 은해 끌은 조(詔)에 감사했다.

---

33) 1960년 중국 河南省 魯山縣에서 출토한 難元慶(663~723) 墓誌銘(「大唐故宣威將軍左衛汾州 淸勝府折衝都尉上柱國 難君墓誌」)에 따르면, 그의 家系는 백제 達率인 동시에 祖父는 백제의 遼西지역 경영에 참가한 인물로 보이는 등 서기 240년대에 왜국을 대표한 女王의 大夫 難升米는 이 難元慶家의 先代인물이 아닌가 하는 생각이 든다. 특히 그가 「大夫」를 칭한 것으로 보아 그는 韓(馬韓)에서 온 인물 같이 보인다(李文基, 「百濟遺民 難元慶 墓誌의 소개」, 『慶北史學』제93집, 2,000년 참조).

③ 243년(正始 4년) 사절을 파견

- 왜왕은 또 대부34) 이성기(伊聲耆·이시기)와 액사구(掖邪狗·야야구) 등 8人의 사자(使者)를 파견했다. 생구(生口·포로) 수명과 왜금(倭錦)·강청겸(絳青縑)·금의(錦依)·백포(帛布)·단(丹)·목부 단궁시(木拊短弓矢)를 헌상했다.
- 이때 액사구(掖邪狗)는 솔선중난장(率善中郎將)35)의 인수를 받았다. 그리고 245년(正始 6년) 조(詔)를 내려 倭의 난승미(難升米)에 황동(黃幢·황색의 깃발)36)을 주고, 대방군에 부탁해서 인수를 주었다.

④ 247년(正始 8년) 사절을 파견

- 대방군(帶方郡) 태수 왕기(王頎)가 부임하다.37) 여왕 비미호(卑弥呼)는 구노국(狗奴國)의 남왕(男王) 비미궁호(卑弥弓呼)와 불화를 일으켜 倭의 재사 오월(載斯烏越·사이시우에쓰) 등을 파견하고, 교전상황을 보고하였다.
- 군(郡·대방군)에서는 새조연사(塞曹掾史) 장정(張政)38) 등을 파견하다. 이때 조서(詔書)와 황동을 주어 이를 난승미(難升米)에게 보내고, 격(檄·포고문)을 만들어 교유(教喻)하였다(결국 郡의 개입으로 양측은 휴전을 하였다).39)

---

34) 이 시대에 倭地에서는「大夫」라는 관직을 알고 있었던 것 같다. 倭의 使者들은 京都나 帶方郡에 오면 스스로 大夫라고 칭하기를 주저하지 않았다는 것이다. 당시 3韓에서도 높은 벼슬의 소유자는 스스로 大夫로 通用된 것 같다(2002년 百濟의 옛 도읍지로 알려진 風納土城에서는「大夫」銘의 큰 토기가 발굴되었다). 古田武彦은「周代의 箕子朝鮮은...... 周制를 계승해「大夫制」를 가졌다」고 주장한다.
35) 정확히 어떤 벼슬인지 알기 어려우나「中郎將」은 宮城을 지키는 武官을 말한다.
36) 이것은 軍旗로서「魏조정은 狗奴國과 싸우는 卑弥呼에 錦의 御旗를 주었다」고 한다 (井上光貞, 『日本の歷史』Ⅰ).
37) 전임자 궁춘(弓遵)은 수년전에 馬韓의 공격을 받고 죽었다고 한다.
38) 帶方郡의 郡官으로「掾史」는 屬官이나 書記의 일을 담당하는 자를 말한다.
39) 上田교수는 拘奴國이 九州지역의「倭」를 통합했다고 주장한다.「拘奴國은 원래 奴國

⑤ 비미호(卑彌呼)의 사후(247년경)
- 왜국에서는 종여(宗女)일여(壹與·13才 소녀)를 여왕으로 세워 그 나라는 안정되었다고 한다. 이때 장정(張政) 등이 와서 '격문'으로 그를 축하하였다.
- 여왕은 倭의 대부(大夫) 솔선중랑장(率善中郎將) 액사구(掖邪拘) 등 20人으로 장정(張政) 등을 환송했다. 그리고 곧바로 낙양(洛陽)의 정청으로가 남녀 노비 30人을 헌상하고, 백주(白珠) 5,000孔을 비롯 청대구주(靑大句珠) 2枚와 이문잡금(異文雜錦) 20匹을 바쳤다고 한다.[40]

4. 「왜국」의 사회

여왕이 통치하는 왜국의 사회질서는 퍽 엄한 편이었다. 따라서 사회적 안정도 유지되었던 것 같다. 한반도 諸국의 영향을 크게 받고 있는 것으로 보인다. 그러나 사람들이 몸에 문신(文身)을 많이 했다는 점에서, 倭족의 기원에 '남방유입설'에 무게를 두게 되어 주목되기도 한다(이 시기에 韓에서도 문신을 한 사람을 볼 수 있다고 한다).

어느 사회를 막론하고, 가장 중요한 사회 의식의 하나는 사람이 죽고 난

의 一族이 세운 分國이다. 本國의 奴國이 2세기 후반 倭國의 亂으로 쇠퇴할 무렵 日向지방에 본거를 둔 拘奴國은 九州를 통합하였다. 女王國은 이 내전을 계기로 지금까지 倭國의 대표국이었던 奴國을 눌러 卑彌呼를 옹립하고, 그 지배권을 되찾았다. 그러나 魏가 멸망하자, 그 보호하에 들어갔던 邪馬壹國을 공격하고, 마침내 이를 무너트리고 九州를 통일했다(上田正昭,「邪馬台國の謎に迫る」プレジデント, 1989. 7).

40) 壹女의 266년도 西晉武宰에 朝貢한 이후 邪馬壹(台)國 連合의 活動은 더 이상 기록으로는 나오지 않는다.

후 그 시신(死身)을 모시는 장례절차일 것이다. 한(韓)족과 이 북규슈(九州)지역의 倭족은 큰 바다를 사이에 두었으나, 놀랍게도 같은 시대의 특징인 지석묘(支石墓)와 옹관묘(甕棺墓)를 쓰고 있다는 사실이다. 이는 두 민족의 조상이 전시대에 같은 생활권에서 살았다는 증거여서, 그 기원의 문제까지도 생각해 볼 수 있는 일이다.[41]

1) 사회생활

① 장례(葬禮)는 韓의 예법(禮法)과 흡사
 · 사람이 죽으면 관(棺)은 쓰지만, 곽(槨)은 없다.[42] 그리고 흙을 긁어 모

---

41) 근년에 와서 도구나가가쓰시(德永勝士 · 東京大 의학부 교수)는 "최근의 '게놈' 연구의 결과를 토대로 인간의 6번 염색체에 존재하는 HLA(인간의 白血球抗原) 유전자群을 조사한 결과 일본의 北九州로부터 本州의 중앙까지의 일본인 다수에 존재하는 HLA-A-B52-HLA-Dr2는...한국인과 만주의 조선족이 가장 가까운 집단"이라는 연구결과를 발표하였다. 그리고 이노우에 다카오(井上貴央 · 鳥取大 의학부 교수)도 "현대 일본인의 선조로 여기는 일본의 야요이시대 거주인의 DNA는 현대 한국인의 DNA와 일치한다"고 한다[동아일보 - 2003. 6. 24자 기사와 한국일보 - 2003. 6. 24자 기사 참조, 共同通信(동경), 2003. 6. 23 참조].
또한 마쓰우에 다카유키(松上孝幸 · 長崎大學 의학부 교수)는 1991년 佐賀縣「志波屋 六本松乙유적」에서 발굴한 사람의 해골을 분석한 결과 男性은 모두(19人) 얼굴이 좁고 길쭉한 渡來人의 두골이라고 판단했다(동아일보, 1991. 5 .27).
한편 1998년 다카히로 나카하시(일본 九州大學 人類學科서 교수)는 「九州에서 출토된 2000년된 주민의 두개골과 치아를 분석한 결과, 동시대의 한국남부와 중국 山東반도에서 살던 대륙인들과 일치하는 것으로 나타났다」고 한다(조선일보, 1998. 12. 24 참조).
42) 이는 甕棺墓를 썼다는 말로 한반도의 諸국과 같은 풍습이다.
근년 吉野ケ里 유적지에서는 무수히 많은 甕棺墓가 발굴되었는데, 어떤 甕棺은 棺內에 水銀朱를 칠했는데, 이는 큰 세력가의 棺內에 바르는 관례로 보인다. 이는 한반도 諸국에서도 같은 현상이다. 한편 小田富士雄(福岡大學교수)에 따르면, 「吉野ケ里나 佐賀平野出土人骨은 渡來系人의 특징을 지닌「北部九州型」弥生人骨이 많다」고 하였다.

아 封분을 만든다(『삼국지』 동이전 韓:「사람이 죽어 장사를 지내는 데에는 棺은 쓰지만 槨은 쓰지 않는다」. 『후한서』 동이전 부여:「사람이 죽으면 棺은 써도 槨은 없다」. 『진서(晉書)』4이전 부여(夫餘):「장사를 지내는 데에는 棺은 있어도 槨은 없다」).
- 사람이 죽으면 10여 일 동안 사체(死体)는 집에 두는데, 이때는 고기를 먹지 않는다. 그동안 상주(喪主)는 곡(哭)을 하고 울지만, 딴 사람들은 노래를 부르고 춤추고 술을 마신다(『삼국지』 동이전 부여:「이지방 풍속은 사람이 죽으면 신체를 다섯달 동안 집에 두는데, 오래 둘수록 좋은 것으로 여긴다」. 『삼국지』 동이전 弁辰:「그 나라 풍속은 노래와 춤과 술마시기를 좋아 한다」).
- 장사(葬事)를 지내고 나면, 온 가족이 물속에 들어가 '목욕'을 한다.

② 윗사람(上者)에 대한 예의(禮儀)
- 어른을 보면 공경(恭敬·윗분을 섬기는 것)한다는 예절은 겨우 손을 마주잡고 꿇어 앉아 절하는 것뿐이다. 그러나 윗사람에게는 무조건 복종한다.
- 아랫것이 어른을 길가에서 만나면, 머뭇거리다 걸터 앉거나 혹은 무릎을 꿇어 두 손으로 땅을 짚은 채 공경하는 표정을 짓는다(『후한서』 동이전 韓:「길을 다닐때는 서로 양보한다」. 『삼국지』 동이전 弁辰:「그 나라 풍속은 길을 가다가 사람을 만나면, 모두 그 자리에 서서 길을 양보 한다」). 그리고 묻는 말에 대답할 때는 「아, 아」 하고 소리를 내는데, 이는 그렇다는 뜻이다.

③ 부부(夫婦)생활은 정숙(貞淑)
- 그 나라 사람들은 어른이 되면, 여자를 많이 얻어 대개 4·5명을 데리고 산다. 그리고 아랫것도 2·3명의 여자를 데리고 산다(一夫多妻制[43]). 여자들은 '음란' 한 짓을 하지 않거니와 '질투' 도 모른다(『한서(漢書)』 지리지 동이전:「여자들은 정조를 지키고 신용이 있다. 음란하거니와, 편벽된 짓을 하지

않았다」또「남녀 간에 음란한 짓을 하면 모두 죽인다」).
· 사람들은 장수(長壽)하는 편이고, 때로는 100살이나 80~90세까지 산다.[44]

④ 준법(遵法) 생활

그 지역 사람들은 도둑질이나 소송을 하는 법이 없다. 만일 法을 범하는 자가 생기면, 그 중 죄(罪)가 가벼운 자는 그 처자를 몰수해 가는 동시에 죄가 중한 자는 그 사람의 문호나 종족까지 모두 멸해 버린다(嚴罰主義)(『후한서』 동이전 韓(변진), 『후한서』 동이전 예(濊):「사람을 죽인자는 반드시 죽인다」, 「도둑질 하는 자가 적다」. 『후한서』 동이전 부여:「그들의 풍속은 형벌을 배푸는 것이 몹시 엄하고도 급해서, 죽음을 당하는 자는 그 집 식구들을 모조리 종(奴婢)으로 삼았다. 또한 사람이 도독질하면 열두갑절을 물린다」).

2) 풍속과 습관

① 몸에 문신(文身)을 하는 전통
· 남자는 연령을 가리지 않고, 전부 얼굴과 신체에 문신(文身 · 몸에 먹물로 그림이나 문양을 놓는 것)을 한다(『삼국지』 동이전 弁辰:「또 남자와 여자는 모두 倭와 같이 바늘로 몸뚱이에 먹물을 넣어 글씨나 그림을 그린다」. 『후한서』 동이전 韓:「나라가 倭와 가깝기 때문에 몸뚱이를 바늘로 찔러서 먹물을 넣어 글씨나 그림을 넣는 자

---

43) 三品彰英은 一夫多妻制의 장점을 경제적 이유로 보았다.「기독교 세계 이외에서 널리 나타나는 혼인형태인데, 경제적 이유가 그 기본적 요인이다. 부인의 노동력이 경제에 큰 영향을 끼쳤던 이 혼인 형태는 부期사회 특히 농경사회에 일반화 했다.」
44) 森浩一는 이 文章은「中國人이 오랫동안 선망해온 東海(지금의 黃海)의 저쪽에는 不老長壽의 이상향이 있다는 倭地에 대한 강한 집념」의 표현이라고 하였다[『語っておきたい 古代史』(新潮文庫), 新潮社, 2001].

가 있었다」, 『삼국지』 동이전 韓: 「남자들은 때때로 몸뚱이에 바늘로 먹물을 넣어 글씨나 그림을 그린다. 이것을 문신이라고 한다」).

- 수인(水人·해녀 같은 사람)은 즐겨 수중에 무자맥질로 들어가 어(魚)류와 패(蛤·조갑지)류를 잡는데, 문신은 대어(大魚)나 수조(水鳥)를 진정시키기 위한 것이었다고 한다. 그러나 후에는 차차 장식물로 변했다. 옛날의 회계군(會稽郡·중국 浙江省내) 사람들은 몸에 먹물을 넣어 뱀의 해(害)를 피한다고 믿었다.[45]
- 나라 사이의 문신은 다르다. 좌우측에 하거나, 또 크거나 적게 하여 신분의 존비(尊卑)를 구별했다.

② 의상(衣裳)은 관두의(貫頭依), 머리는 결발(結髮)
- 남자는 모두 결발(머리 꼬리를 묶으는 것)하고, 목면(木綿)으로 머리를 감았다. 여인들은 머리를 늘어뜨리거나 결발하였다.
- 의복은 횡폭(橫幅·옆으로 폭)이 있는 기리를 그저 이어서 부친 것에 불과하다. 전혀 꼬매지 않았다. 그리고 의복을 만들 때는 창호지처럼 얇은 천으로 중앙에 구멍을 만들어 거기에 머리를 넣어 입는다(貫頭衣)[46](『전한서』 儋耳 朱崖郡조: 「民階服布如單被, 穿中央爲貫」).

③ 생활풍속
- 사람들은 모두 맨발로 다니고, 집에 방을 만들어 거기서 거처한다.

---

45) 일본의 金關大夫(민속학자)는 「東支那海 연안사람들의 文身은 … 水中에 들어가 漁介를 잡을 때 海神에게 나는 이같은 당신의 子孫이니, 害를 주지 맙소서를 表示하기 위한 것」이라고 하였다. 海神은 龍蛇神이고, 揚子江 이남에서는 현실적으로 악어가 살았다(中島一憲, 「江南渡來說 はどこまで史實か」, 『東アジアの古代文化』, 1998 秋 97號).
46) 貫頭衣는 중국의 西南地方인 海南島와 캄보디아 등지에서 입는 衣服이다.

- 부모와 형제는 따로 거처하고, 몸에는 붉은 모래(朱砂)를 발라 마치 중국에서 얼굴에 분을 칠하듯이 치장한다.
- 음식은 죽제와 목제의 고배(高坏)에 담고, 손을 써서 먹는다(『수서』왜국전 「속(俗), 밥을 먹을 때는 손을 써서 먹는다」).

3) 주요 농산물

- 남자는 농사일에 종사(耕農)하면서, 화도(禾稻)나 삼(紵麻)을 심는다. 여자는 양잠(養蠶)에서 얻는 실을 가지고, 섬세 한 겸(縑·고급 견직물)이나 면(綿)을 만든다. 倭족의 양잠과 의상 등을 보고, 이는 담이(儋耳)와 주애(朱崖·중국의 해남도)에서 온 것 같다고 하였다(『한서(漢書)』 지리지 담이 주애 군 조: 「男子耕農·種禾麻 女子蠶織」).[47]
- 3韓 지역에서 나오는 농산물과 흡사한 게 많다(『후한서』동이전 韓(마한): 「사람들은 농사를 짓고, 누에(蠶)치는 법을 알아서 면포를 짠다」.『삼국지』동이전 弁辰: 「벼(稻) 농사와 누에치는 법을 알고, 비단을 짜다」.『후한서』동이전 濊: 「삼(麻)과 누에(蠶)를 칠줄 알면서 능이 면포를 짜서 옷으로 입는다」).
- 倭에는 우마(牛馬), 호표(虎豹), 양작(羊鵲) 등의 동물은 없다(『후한서』동이전 왜: 「…닭이 없고」).[48] 그러나 땅이 몹시 따뜻해서 겨울과 여름할 것 없

---

47) 『魏志倭人傳』의 기록 가운데 倭人의 비단실 만드는 것을 보고, 儋耳·朱崖지역(오늘의 海南島)의 것과 비슷하다고 비유하는 대목은 해석이 구구하다. 이를 森浩一 교수는 「왜 이러한 돌출한 문장이 나왔는지 잘 설명이 되지 않는다. 중국 사람들은 지리적으로 확실히 浙江省이나 福建省 동쪽에 倭國의 일부가 있다고 알고 있다.… 그런데 海南島와 비슷하다고 적어 이상하게 생각되었다. 그런데 海南島 주변이 班의 생산지가 되 이 倭人의 使者가 가지고 온 斑布를 보고, 그것은 海南島 근처에서 생산되는 것과 비슷하다는 뜻에서 말한 것으로 보인다」고 하였다.

이 싱싱한 나물을 먹을 수 있다.

5. 맺는말

晉나라의 사가(史家) 진수(陳壽・233~297)는 일명 『위지 왜인전』으로 알려진 「동이전」에서 무려 2천자에 가까운 방대한 내용의 기록을 담아냈다. 물론 거기에는 약간의 오류가 없는 것은 아니다. 그러나 이는 당시 왜국뿐만 아니라, 동북 아시아 전체의 고대 관계를 이해하는데 따른 귀중한 사료라고 하지 않을 수 없다. 倭地 현지에 체류한 대방군의 관리(使者・使者)나 그들을 안내한 것으로 보이는 마한(馬韓)측 역관들은 참으로 귀중한 자료들을 수록하였다.

오늘날 일본학계의 일부 인사들은 왜국・대왜(大倭)의 구성국 중 '맹주'로 보이는 「사마일국(邪馬壹國)」의 표기에만 신경을 쓰고 있다. 그래서 오기(誤記)로 보이는 「사마대국(邪馬臺國)」 표기를 진실된 것으로 믿는 대다수의 해석자들은 이를 선뜻 「사마대국(邪馬台國)・야마다이국)」으로 고쳐서 표기하였다. 이와 더불어 긴기(近畿) 지방에서 '자생' 했다는 일본의 고대국가 야마도(大和) 정권의 기원으로 삼았다. 그리고 더 나아가 여왕 비미호(卑弥呼)를 『일본서기』에 등장하는 신공황후(神功皇后・진구고고)로 변신시켜 이른바 '황국사관'의 존립 기초로 삼았던 것이다.

---

48) 倭國의 후기 古墳에서 나온 찬란한 馬具를 볼 때 馬는 백제인이 가지고 온 것으로 보인다. 일본에는 3세기 중엽까지 馬가 없었다고 한다(『晉書』, 『魏書』:「土無牛馬」). 그러나 『日本書紀』 應神紀 15년(404)조는 「百濟王 遣阿直伎, 貢良馬二匹」이라고 적어 기록상으로는 처음 倭地에 말이 들어왔음을 보여준다.

그러나 이는 너무나 무리한 해석으로, 명문의 해석이라기보다는 한편의 "추리 드라마의 각본"을 보는 것 같다. 다행이 근자에 와서는 일본학계 내부에서도 비판적인 의견이 나오고, 『魏書』의 원문대로 「邪馬壹國(사마일국)」으로 읽어야 한다는 주장이 증가하는 추세이다. 이를 일본의 나오기(直木孝次郎) 교수는 「아주 중요한 문제의 제기이다. 이 설(사마일국)이 인정되면 비미호(卑弥呼)의 도읍지를 「기내 야마도(畿內大和·대화)」에 구하는 설(통설)은 근거를 잃게 될 것이다」라고 말한 바 있다. 사실 「야마다이고구(邪馬台國)=야마도노구니(大和國)」설(일본통설)을 근거로 한 일본 고대사는 '사상누각(砂上樓閣)'에 불과한 터라 언젠가는 붕괴할 운명에 처했다고 보아야 할 것이다.

당시 30여개의 구성국으로 이루어진 왜국은 여왕 비미호(卑弥呼. 巫女로 보임)를 그 공동체를 이끌었던 구심체이기는 했으나, 공동체 전체는 이도국(伊都國)에 설치되었다는 한 대솔(大率)에 의해 통제 내지 감찰되었던 것이다. 『위서』는 여기의 '大率'은 중국의 자사(刺史·한 지방-州, 郡-을 통치하는 황제의 대역)와 같은 인물이라고 하였다. 그런데 이같은 대솔의 직함은 당시 오직 한(韓·마한)에만 존재한 것으로 보아 당시의 「왜국」은 한(韓·마한)이 직접 통제하는 구조를 이루었을 것이다. 더욱이 이도국은 북규슈(九州)에 위치했기 때문에 한반도를 연결하는 창구 역할을 담당했을 것이다. 이로 보아 거기에 나와 있는 대솔(大率)은 「왜국·대왜」의 실질적인 통제도 가능했을 것으로 보인다.

이러한 역사적 배경에서 마한(馬韓)을 이은 것으로 보이는 백제는 특히 4세기 초 대방국(帶方郡)을 물리친 이후에는 활발한 영토 확장에 나선다. 이때 對「왜국」의 관계도 괄목할 일들이 눈에 뜨인다. 4세기 후반경에 만든 것으로 보이는 칠지도(七支刀) 명문에는 백제왕이 이 칼을 자신의 후왕인 '왜왕 旨'에게 주면서, 오래도록 보존하라고 한 내용이 보인다. 이후에도 백제의 왕자(태자) 또는 왕제(王弟)들은 「왜왕」이라는 직함을 가지고 어린 나이에 왜(倭)국땅에 봉(封)해졌다고 하는 백제史의 한 단면도 이해할 수 있을 것 같다.

〈참고자료〉

「야요이(弥生)」시대의 북규슈지역과 한반도의 생활문화 비교
(장례문화)

요시노가리 출토 옹관

나가사키현 里田原유적 지석묘

영암 내동리 출토 옹관

고창 상갑리 지석묘

〈무기류〉

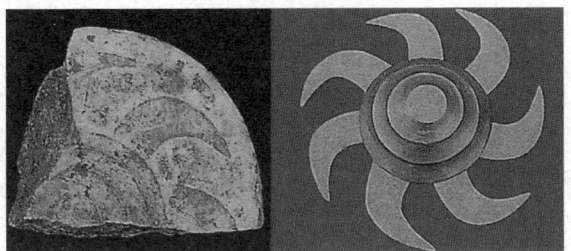
요시노가리 출토 石材 鑄型과 巴形銅器

요시노가리 출토 석촉

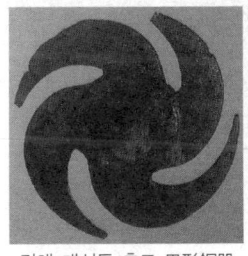
김해 대성동 출토 巴形銅器

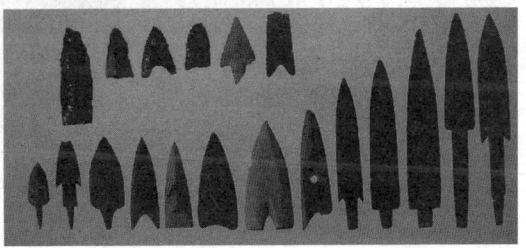
경주지역 출토 석촉(국립경주박물관 소장, 경박200812-153)

(농업용품)

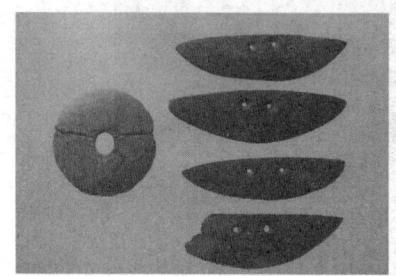

한반도 출토 石包丁

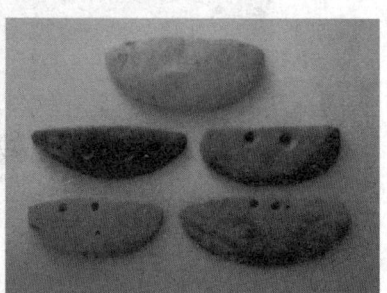

요시노가리 출토 石包丁

안동지역 출토 절구공
(동양대학교박물관 소장)

요시노가리 지역 출토 절구(위)와 절구공
(『弥生時代の吉野ケ里』, 2006)

결 어

　1971년 7월 백제의 고도(古都)인 공주의 한 고분에서는 1500년의 긴 역사를 간직한 한 장의 지석이 나와 세상 사람들을 놀라게 하였다. 그런데 이 지석(誌石)에는 「寧東大將軍 百濟 斯麻王(영동대장군 백제 사마왕)」이라는 글귀가 적혀 이는 바로 백제왕국 제25대 무령왕(武寧王)의 생애를 기록한 역사라는 사실을 알게 되었다. 특히 왕의 사관(史官)들은 왕의 서거를 가리켜 「천자(天子)」의 죽음에 비유되는 「붕(崩)」자로 표기하여 이 또한 놀라지 않을 수 없었다.
　이 한 장의 지석의 출현으로 오랜 세월 그늘에 가려 그 정체를 알 수 없었던 한 역사의 주인공(斯麻王)이 이제 역사의 전면에 나섰다. 그리고 한·일 고대사에 얽힌 수많은 '수수께끼'를 풀기 시작했다. 이는 오직 그만이 이 어려운 '숙제'를 풀어줄 '열쇠'를 쥐었던 유일한 증인 무령왕이었던 것이다.
　사실 이 한 장의 지석이 세상에 나오지 않았던들 동아시아 역사는더 오랜 세월 동안 미궁을 헤맸는 지도 모른다. 우리는 스다하지만鏡이 말하는 「대왕년(大王年)·계미년(癸未年)」이 무엇이고, 또한 칠지도(七支刀)에 있는 「倭王 旨(왜왕 지)·侯王(후왕)」의 관계가 어떠한 것인지를 알 수 없었을 것이다. 더욱이 『일본서기』에 크게 왜곡한 「천황·붕(天皇·崩)」·「백제왕·훙(百濟王·薨)」이라는 한 역사체계의 변개(變改)시비도 감히 못했을 것이다.
　그러나 무령왕릉 출토 지석으로 말미암아 우리는 『일본서기』에 걸려있는 무서운 '족쇄'를 벗었고, 명문의 정당한 해석을 가로막은 「역사의 장벽」을 허물었던 것이다. 이제 우리는 명문해석에 따른 운신의 폭을 크게 넓히게 되었다. 우리 스스로의 명문 해석 또한 명확한 역사의「실체」를 찾아낼 필요가 있다.

그동안 학계에서 뜨거운 논쟁을 벌였던 칠지도 명문은 백제왕이 자신의「자제·종친」에게 일찍이 왕의「후왕」으로「왜왕」이라는 직함을 내려 倭(封土)에 군림한 사실을 증거하는 기록이다. 이러한 관계는『송서(宋書)』에 나오는 왜왕 武의 상표문(上表文)에서도 엿볼 수가 있다.『송서』에 따르면, 478년 왜왕 武는 백제의 위급한 사정을 고(告)하기 위해 한 통의 상표문을 송(宋) 순제(順帝)에게 보냈다고 한다. 여기서 그는 백제 개로왕(蓋鹵王)으로 보이는 인물을 자신의「아버지(父)」라고 부르면서, 그는 475년경에「갑자기 부·형이 서거(奄喪父兄)」했다고 주장하고 있다.

이러한 정황은 왜왕 武를 웅약(雄略)천황으로 비정하는 일본 '통설'로는 상상조차 할 수 없는 일이다. 이는 오직 개로왕의 태자로, 461년 일본 북규슈의「각라도(各羅嶋)」에서 태어났다는 어린「사마군(斯麻君)」이 아니고서는 플롯이 성립되지 않는 것이다. 게다가「武」는 그 상표문 에서 자신의「부왕과 형의 유지(申父兄之志)」라면서, 적·고구려를 무찔러 빼앗긴 강토(疆土)를 다시 찾는 일이라고 하였다. 이는 백제 무령왕의 소년 시의 인물이 아니고서는 그 누구도 생각해 볼 수 없는 일인 것이다.

이때 그의 나이는 불과 16·17세에 지나지 않는 소년의 몸이니, 사마군은 그로부터 20여년을「왜왕 武」로 재위한 것으로 보인다. 이후 40대에 들어서는 백제 사마왕(斯麻王)으로 환국한 다음 부왕(父王)의 유지를 받들어 고구려를 여러 차례 격파하는 등 20여년간 '백제중흥'을 위해 진력하시었다. 그리고 마침내 계유년(癸卯年·523년) 5월 62세를 일기로 붕어(崩御)하시었다는 내용을 한 장의 지석은 증거하고 있다.

한편 백제 멸망후 당(唐)나라에 끌려간 백제인 흑치상지(黑齒常之)는 거기서 당(唐)나라 최고의 명장이 되어 마침내 생애를 마쳤는데, 그때 그는 엄청난 '역사의 비밀'을 간직한 한 장의 묘지석에 명문을 남기고 세상을 떠났다. 그 내용은 최근에 와서 널리 알려진 일이지만, 만약 이 한 장의 묘지명(銘)이 이 세상에 빛을 못 보았다면 우리는『송서』나『양서』등 중국 정사가 인정하는 백제의 요서(遼西)·진평(晉平)의 영유설도 주장하지 못했을 것이다. 그리고 반파(叛波)·사라(斯羅)·하침라(下枕羅) 등 9개「방소국(旁小國)」의 백제 편입사실도 주장하지 못하기는 마찬가지였을 것이다.

더욱이『수서』의 담모라국(躭牟羅國·오늘의 대만을 지칭)이「백제 부용국(附庸國)」이라는 사실과 더불어 중국 최남단에 위치한 광서(廣西) 백제향(百濟鄕) 지역은 다름아닌 백제왕국의 고토(故土)라는 사실 역시 여전히 그늘에 가렸을지도 모른다. 현존하는 수많은 금석文을 종합할 때 백제는 참으로 크고 넓은 강토를 지배한 나라였다는 사실을 명약관화(明若觀火)할 수밖에 없다. 이렇듯 백제는 실로 위대한 해양국가로 존재했던 것이다.

그런데 어찌된 일인지 우리의 정사(『삼국사기』)나『일본서기』에 비친 백제 기록은 그저 '왜소' 하고 '연약' 한 나라로만 묘사(描寫)되었는데, 이는 진실한 역사라고는 말할 수 없을 것이다. 사실 6세기 초 무령왕의 세상은 참으로 큰 나라로서 그것은 바다건너 저 먼 왜국땅으로부터 대륙의 땅 요서(遼西)·진평(晉平)을 거쳐 남방의 나라「탐모라국」과「흑치국」에 이르는 방대한 영역을 거느렸다. 그리고 본국에는 9개의「방소국(旁小國)」을 둘 만큼 하나의 작은「제국(帝國)」을 방불케 했다는 것이다.

이러한 엄연한 역사적 사실은 지금도 그 지역의 주민들의 입을 통해서 전해오고 있다. 한때 '백제치소(治所)' 가 있었다고 하는 중국의 서남부지역의「廣西百濟鄕」의 주민(壯族)들은 아직도 그 나라를 부를 때 '大百濟·대백제' 라고 우리말로 부르고 있다. 참으로 놀라운 일이 아닌가. 엄연히 존재한 한 역사적 실체는 그리 쉽게 지워지지 않는다는 진리를 깨닫게 된다.

또한 우리의 이웃 일본의 관서지방에는「大阪 生野區(이구노구)」가 있는데 옛날에「百濟郡 百濟鄕」이 위치했던 곳이라고 한다. 이 사실은 백제는 한때 이 곳에서도 '백제치소'를 설치했다는 말이다. 이 또한 놀라지 않을 수 가 없다. 일본 사람들은 오랜시간 우리의 고대국가 백제를 부를 때 이것을 '구다라'라고 부르고 있는데, 이 말은 그후 일본인의 생활철학으로서 그 사회의 가치판단의 기준이 되는 중요한 말로 변했다.

참고문헌

〔기본사료〕

『百濟記』,『百濟新撰』,『百濟本紀』,『三國史記』,『三國遺事』,
『日本書紀』,『古事記』,『續日本紀』,『新撰姓氏錄』,『禮記』,『史記』,
『漢書』,『後漢書』,『三國志』,『晋書』,『宋書』,『魏書』,『南齊書』,
『梁書』,『周書』,『隋書』,『北史』,『南史』,『陳書』,『武寧王陵出土誌石銘文』,
『隅田八幡鏡銘文』,『石上神宮七支刀銘文』,
『江田船山大刀銘文』,『稻荷山大刀銘文』,『太安萬侶 墓誌銘文』,
『廣開土王陵碑文』,『梁職貢圖』 百濟國使,『黑齒常之 墓誌銘』,『禰寔進 墓誌銘』,
『難元慶 墓誌銘』

〔백제 무령왕의 출자(出自)에 관한 소고(小考)〕

〈논문〉

鬼頭淸明,「7世紀 後半の 東アジアと 日本」,『日本古代國家の 形成と 東アジア』, 教倉書房, 1976.

延敏洙,「5世紀後半 百濟와 倭國」,『日本學』 제13輯, 東國大日本學 硏究所, 1994.

古川正司,「百濟王統譜の一考察」,『日本史論叢』7, 1977.
蘇鎭轍,「百濟武寧王의 出自에 관한 小考」,『白山學報』제60호, 2001. 9.
文暻鉉,「百濟 武寧王의 出自에 대하여」,『史學研究』제60호, 2000. 5.

〈저서〉

岡田英弘,『倭國(中公新書)』, 中央公論社.
澤田洋太郎,『日韓關係 2000年』, 東京: 彩流社, 2002.
柳田敏司編,『鐵劍 を出した 國』, 東京: 學生社, 1980.
山尾幸久,『古代の日朝關係』, 東京: 塙書房, 1989.
盧重國,『百濟政治史研究』, 서울: 一潮閣, 1988.
李康來,『삼국사기典據論』, 서울: 民族社, 1996.
坂田 隆,『古代の韓と日本』, 東京: 新泉社, 1996.
石渡信一郎,『百濟から渡來した應神天皇』, 東京: 三一書房, 2001.

〔스다하지만鏡의 명문을 보고〕

〈논문〉

高橋健自,「在銘最古日本鏡」,『考古學雜誌』第5卷 2號, 1914.
山田孝雄,「隅田八幡宮の古鏡につきて」,『考古學雜誌』第5卷 5號, 1915.
福山敏男,「江田發掘大刀及び隅田八幡神社鏡の制作年代について」,『考古學雜誌』第24卷 1號, 1934.
井本 進,「隅田八幡鏡銘の解釋」,『日本歷史』第26號, 1950.
水野 祐,「隅田八幡鏡銘文の一解釋」,『古代』第13號, 1954.
藪田嘉一郎,「隅田八幡神社所藏畫像鏡銘考」,『史跡と美術』第25卷 2號, 1955.

宮田俊彦,「癸未年・男第王・意紫沙加宮」,『日本上古史研究』第2卷 6號, 1958.

森 幸一,「隅田八幡宮所藏畵像鏡制作年代考」,『專修大學論集』17, 1958.

乙益重隆,「隅田八幡神社畵像鏡銘文の一解釋」,『考古學研究』第11卷 4號, 1965.

山尾幸久,「隅田八幡鏡銘による繼體天皇の卽位事情の一考察」,『日本史學』 1, 1968.

今井啓一,「開中費直考- 隅田八幡鏡銘に見える」,『日本歷史』第175號, 1962.

驅井和愛,「隅田八幡畵像鏡の年代と其の銘文」,『古代』第53號, 1970.

笠井倭人,「加不至費直の系譜に對して」,『日本書紀研究』5, 1971.

保坂三郞,「隅田八幡神社の人物畵像鏡の銘文」,『歷史敎育』10~5, 1971.

秦野昌明,「隅田八幡神社所藏の人物畵像鏡について」,『歷史學從』2, 1976.

川西宏幸,「中期畿內政權論」,『考古學雜誌』第69卷 2號, 1979.

山尾幸久,「古代日本の國家像」,『歷史讀本』第25卷 6號, 1980.

前川明久,「繼體天皇の出自はどこか」,『別冊・歷史讀本』第23號, 1986.

金井塚良一,「前方後円墳の出現と傳播」,『歷史讀本』, 1986. 3.

溝上 暎,「歸化人から渡來人へ」,『歷史と人物』, 1984.

馬淵和夫,「隅田八幡宮藏古鏡の銘文について」,『吸古』第12號, 1987.

上田正昭,「邪馬臺國の謎に迫る」,『プレジデント』, 1989. 7.

_____,「歸化人」,『古代國家の成立をぬぐって』(中公新書), 1990.

奧野正男,『邪馬臺國はここだ』(德間文庫), 1990.

森 浩一,「倭人と銅鏡」,『邪馬臺國の謎』(NHK編集), 1989.

蘇鎭轍,「隅田八幡神社所藏 人物畵像鏡의 銘文을 보고」,『韓日文化講座』 #21(韓日文化交流基金), 1992.5.

〈저서〉

小林行雄, 『古鏡』, 東京: 學生社, 1965.

新野直吉, 『硏究史國造』, 東京: 吉川弘文館, 1981.

和田 萃, 『大系日本の歷史』, 東京: 小學館, 1988.

森 浩一, 『交錯の日本史』, 大阪: 朝日新聞社, 1990.

歷史學硏究會, 『講座日本歷史 1』, 東京: 東京大學出版會, 1989.

金元龍, 『韓國美術史』, 서울: 汎文社, 1969.

文定昌, 『百濟史』, 서울: 人間社, 1988.

崔在錫, 『日本古代史硏究批判』, 서울: 一志社, 1990.

〔『일본서기』의 「천황・붕(崩)」・「백제왕・훙(薨)」은 날조〕

〈논문〉

三品彰英, 「日本書記の日韓關係記事考誌」, 『朝鮮學報』 141輯, 1959.

_____ , 「百濟記・百濟新撰・百濟本紀について」, 『朝鮮學報』 241輯, 1962.

木下禮二, 「日本書記に見える 百濟史料の史料的價値について」, 『古代の日本と朝鮮』, 1982.

水野 祐, 「大和朝庭成立の謎」, 『歷史讀本』 1982.

山尾幸久, 「日本書記と百濟系史料」, 『百濟硏究』 17輯, 1986.

_____ , 「記・紀の性質について」, 『立命館文學』 386~390合倂號, 1977.

前川明久, 「繼體天皇の出自はどこか」, 『別冊・歷史讀本』 第23號, 1986. 6.

井上秀雄, 「日本書記の外國觀」, 『靑丘學術論集』 1集, 1991.

李基東, 「武寧王陵出土誌石과 百濟史硏究의 新展開」, 『百濟硏究』 21輯, 1991.

笠井倭人, 「日本文獻에 見える初期百濟史料」, 『日本古代史講座』 3, 1981.

蘇鎭轍, 「日本書記의 「天皇・崩」・「百濟王・薨」은 날조」, 『韓日文化講座』 #21(韓日文化交流基金), 1992.5.

〈저서〉

坂本太郎(共), 『日本古典文學大系 日本書記 上・下』, 東京: 岩波書店, 1967, 1965.

_____, 『日本歷史の特性』, 東京: 講談社, 1990.

津田左右吉, 『日本古典の硏究 上』, 東京: 岩波書店, 1948.

_____, 『津田左右吉全集 別卷 1: 神代史の記載』, 東京: 岩波書店, 1966.

_____, 『津田左右吉全集 第二卷: 百濟に關する日本書紀の記載』, 東京: 岩波書店, 1963.

池內 宏, 『日本上代史の一硏究』, 東京: 近藤書店, 1947.

黑板勝美, 『訓讀 日本書記 上・中・下』, 東京: 岩波書店, 1928.

_____, 『日本書記 前後篇 新訂增補國史大系』, 東京: 吉川弘文館, 1951.

_____, 『日本書記 成立論序說』, 東京: 塙書房, 1984.

末松保和, 『任那興亡史』, 東京: 吉川弘文館, 1958.

_____, 『日韓關係』, 東京: 吉川弘文館, 1963.

_____, 『日本書記 上』, 東京: 吉川弘文館, 1967.

川副武胤, 『古事記及び日本書記の硏究』, 東京: 風間書房, 1975.

井上光貞, 『監譯, 日本書記 上・下』, 東京: 中央公論社, 1987.

李丙燾, 『韓國古代史硏究』, 서울: 博英社, 1976.

崔在錫, 『日本古代史硏究批判』, 서울: 一志社, 1990.

李春植, 『中國古代史의展開』, 서울: 新書苑, 1992.

〔칠지도(七支刀)명문의 새로운 해석〕

〈논문〉

管 政友,「大和國石上神宮 寶庫所藏 七支刀」,『管 政友全集』雜稿二, 1907.

＿＿＿＿,「任那考」,『管 政友全集』雜稿三, 1907.

喜田貞吉,「石上神宮の神寶・七支刀」,『民族と歷史』1-1, 1919.

津田左右吉,「百濟に關する日本書紀の記載」,『滿鮮地理歷史硏究報告』8輯, 1921.

福山敏男,「石上神宮の七支刀」,『美術硏究』第158號, 1958.

三品彰英,「石上神宮の七支刀」,『日本書記 朝鮮關係記事考證』上, 1963.

坂元義種,「古代東アジアの大王について 百濟大王考補論」,『京都府立大學 學術報告: 人文』#20, 1968.

上田正昭,「石上神宮と七支刀」,『日本のなかの朝鮮文化』#9, 1971.

＿＿＿＿,「解說七支刀銘文の解讀 論集」,『日本文化の起源』2, 1971.

栗原朋信,「七支刀の銘文よりみた日本と百濟, 東晉の關係」,『歷史敎育』第18卷 4號, 1970.

＿＿＿＿,「七支刀の銘文についての一解釋」,『日本歷史』216, 1976.

岡崎 敬,「三世紀より七世紀の大陸における國際關係と日本」,『日本の考古學』, 1976.

村上正雄,「七支刀銘字一考」,『朝鮮歷史論集』上, 1979.

井上秀雄,「日本における百濟硏究」,『馬韓・百濟文化』71輯, 1984.

鈴木靖民,「石上神宮の七支刀銘についての一試論」,『日本史學論集』上, 1983.

金貞培,「七支刀硏究의새로운 方向」,『東洋學』10輯, 1980.

金廷鶴,「石上神宮所藏七支刀의 眞僞에 대하여」,『百濟硏究』17輯, 1986.

李基東,「한국 古代史의 수수께끼」,『역사산책』, 1990. 9.

李道學, 「百濟七支刀 銘文의 再해석」, 『韓國學報』 60호, 1990.

金昌鎬, 「百濟七支刀 銘文의 再검토」, 『歷史敎育論集』 13·14 輯, 1989.

李永植, 「5世紀 倭王の稱號の解析をぬぐる視覺」, 『朝鮮史研究會論文集第』 27號, 1990.

蘇鎭轍, 「七支刀 銘文의 새로운 解釋」, 『韓日文化講座』 #30, 韓日文化交流基金, 1994. 4.

〈저서〉

金錫亨, 『初期朝日關係史』, 東京: 勁草書房, 1969.

_____, 『古代朝日關係史-大和政權と任那』, 東京: 勁草書房, 1969.

坂元義種, 『古代東アジアの日本と朝鮮』, 東京: 吉川弘文館, 1978.

保坂三郞, 『古代鏡文化の研究』, 東京: 雄山閣, 1986.

山尾幸久, 『古代の日朝關係』, 東京: 塙書房, 1989.

宮崎市定, 『謎の七支刀』(中公新書), 東京: 中央公論社, 1990.

榧本杜人, 『朝鮮の考古學』, 東京: 同朋舍出版, 1980.

和田哲男, 『日本の歷史がわかる本』, 東京: 三笠書店, 1991.

李丙燾, 『韓國古代史研究』, 서울: 博英社, 1976.

李進熙(李基東譯), 『廣開土王碑의 探究』, 서울: 一潮閣, 1982.

金聖昊, 『沸流百濟와 日本의 國家起原』, 서울: 智文社, 1982.

盧重國, 『百濟政治史研究』, 서울: 一潮閣, 1988.

尹營植, 『百濟에 의한 倭國統治三百年史』, 서울: 하나출판사, 1987.

연민수, 『고대한일관계사』, 서울: 혜안, 1998.

〔왜왕 武의 상표문(478年)을 보고〕

〈논문〉

志水正司,「倭の五王に關する基礎的考察」,『史學』第39卷 2號, 1966.

大谷光男,「武寧王と日本の交化」,『百濟研究』8輯, 1977.

川西宏幸,「後期畿內政權論」,『考古學雜誌』第71卷 2號, 1981.

石部正志,「仁德天皇と巨大古墳の謎」,『別冊・歷史讀本』第23號, 1986. 6.

笠井倭人,「記・紀系譜の成立過程について」,『史林』40-2, 1957.

井上秀雄,「再檢討「倭」の意味するもの」,『別冊・歷史讀本』第11卷 1號, 1988.

坂元義種,「五, 六世紀における東アジアの樣相」,『北九州における古墳文化と朝鮮』, 福岡縣敎育委員會, 1989.

千寬宇,「廣開土王의 征服活動」,『韓國市民講座』3輯, 1988.

李永植,「5世紀倭王の稱號の解析をめぐる視覺」,『朝鮮史硏究會論文集』第27號, 1990.

盧重國,「5세기 韓日關係史성격계관」,『왜5왕 문제와 한일관계』, 景仁文化社, 2005.

金榮官,「百濟遺民 禰寔進 墓誌소개」,『新羅史學報』10, 2008.

蘇鎭轍,「倭王 武의 上表文(478년)을 보고」,『韓日文化講座』#30, 1994.4(韓日文化交流基金).

〈저서〉

江上波夫,『騎馬民族國家』(中公新書), 東京: 中央公論社, 1967.

文定昌,『日本古代史』, 서울: 柏文堂, 1970.

金在鵬,『日本古代國家と朝鮮』, 東京: 大和書房, 1975.

柳田敏司,『鐵劍を出した國』, 東京: 學生社, 1980.

笠井倭人, 『研究史 倭の五王』, 東京: 吉川弘文館, 1977.

坂元義種, 『古代東アジアの日本と朝鮮』, 東京: 吉川弘文館, 1978.

_____, 『倭の五王』, 東京: 敎育社, 1981.

岡田英弘, 『倭國, 東アジアの中で』(中公新書), 東京: 中央公論社, 1982.

石渡信一郎, 『日本古代王朝の成立と百濟』, 札幌: アジア史硏究會, 1988.

水野 祐, 『日本古代の國家形成』(講談社新書), 東京: 講談社, 1967.

藤間生大, 『倭の五王』(岩波新書), 東京: 岩波書店, 1968.

歷史學硏究會編, 『講座日本歷史 1』, 東京: 東京大學出版會, 1989.

井上光貞, 『日本國家の起源』, 東京: 學生社, 1990.

原島禮二, 『大王と古墳』, 東京: 學生社, 1990.

小林惠子, 『陰謀大化改新』, 東京: 文藝春秋, 1992.

諏訪春雄編, 『倭族と古代日本』, 東京: 雄山閣, 1993.

金貞培, 『韓國古代 國家起源과 形成』, 서울: 高大出版部, 1986.

兪元載, 『中國正史百濟傳硏究』, 서울: 學硏文化社, 1993.

한일관계사연구논집편찬위원회 편, 『왜5왕 문제와 한일관계』, 서울: 景仁文化社, 2005.

연민수, 『고대한일관계사』, 서울: 혜안, 1998.

〔무령왕릉 출토 유물로 비정한 일본 후나야마(船山)고분의 피장자〕

〈논문〉

尹世英, 「古墳出土冠帽에 對する理論」, 『民族史硏究』 20, 1987.

森 浩一, 「藤ノ木古墳は語る」, 『歷史讀本』, 1989. 5.

福山敏男, 「江田船山發掘大刀及び隅田八幡神社鏡の製作年代について」, 『考

古學雜誌』24-1, 1934.
李進熙,「船山大刀銘の硏究史上の諸問題」,『靑丘學術論集』第一集, 1991.
_____,「時代の轉換期を見た北の人, 南の人」,『吉野ケ里・藤の木・邪馬臺國』(Yomiuri Special 31), 讀賣新聞社.
_____,「古代韓日變遷史研究와武寧王陵」,『百濟研究』第13輯, 忠南大學校.
崔夢龍,「반남면고분군발굴보고서」, 文化財 제12호, 1979.
町田 章,「古墳時代の裝身具」,『日本の美術』4, 1997. 4.
文化財研究所・全南大博物館,「羅州伏岩里제3호墳 發掘調査資料」, 1996. 8.
文化財研究所,「益山笠店里古墳 發掘調査報告書」, 1989. 12.
橫山貞裕,「江田船山古墳出土銀象嵌刀銘について」,『考古學ジャーナル』166, 1979.
蘇鎭轍,「武寧王陵 출토유물로 比定한 일본 船山古墳의 被葬者」,『日本學』제19집, 1999(동국대, 일본학연구소).

〈저서〉

金元龍,『韓國美術史』, 서울: 汎文社, 1968.
森 浩一,『古墳から伽藍へ』, 東京: 中央公論社, 1990.
大塚初重編,『古墳辭典』, 東京: 東京堂出版, 1996.
江田船山古墳編集委員會編,『江田船山古墳』, 1989.
福岡縣教育委員會編,『九州における古墳文化と朝鮮半島』, 1989.
角州文庫編,『日本史探訪 1』, 1983.
上田正昭,『日本の歷史2』(大王の世紀), 東京: 小學館, 1989.
_____,『古代の日本と朝鮮(IWANAMI GRAPHICS 36)』, 東京: 岩波書店, 1991.
金聖昊,『沸流百濟와日本의 國家起源』, 서울:知文社, 1989.

上田正昭, 『歸化人』, 中公新書, 1990.
文化廳監修, 『國寶 12 考古』, 每日新聞社, 1984.
保坂三郞, 『古代鏡文化의 硏究 2』(日本原史, 奈良), 東京: 雄山閣出版社, 1986.
齋藤 忠, 『日本考古學辭典』, 東京: 東京堂出版, 1984.

〔『양직공도(梁職貢圖)』로 본 백제 무령왕의 강토〕

〈논문〉

榎 一雄, 「梁職貢圖 について」, 『東方學』 26, 1963.
_____, 「滑國に關する 梁職貢圖の記事について」, 『東方學』 27, 1964.
李成市, 「『梁職貢圖』の高句麗國使節について」, 硏究成果『東アジア史上の國際關係と文化交流』(未發刊), 1986.
金庠基, 「百濟의 遼西經營에 대하여」, 『白山學報』 3호, 1967.
金哲埈, 「百濟社會와 그 文化」, 『韓國古代社會硏究』, 1975.
李玟洙, 「百濟의 遼西經營에 대한 考察」, 『韓社大 論文集』, 1980.
俞元載, 「百濟略有遼西기사의 分析」, 『百濟硏究』 20집, 1989.
黃有福, 「百濟의 中國진출과 晉平郡의 위치에 대하여」, 第5次 朝鮮學國際學術シンポオジウム(大阪, 1997), (未發刊).
高柄翊, 「中國正史의 外國列傳」, 『東亞交涉史의 硏究』, 서울대 출판국, 1983.
韓鎭書, 「地理考」, 『海東繹史』 續編 제8권, 1823.
和田博德, 「百濟の 遼西領有說について」, 『史學』 25卷 1號, 1951.
李明揆, 「百濟의 對外關係에 관한 一試論」, 『史學硏究』 37, 1983.
全榮來, 「百濟南方 境域의 變遷」, 『千寬宇先生 還曆記念韓國史學論叢』, 1985.
蘇鎭轍, 「『梁職貢圖』로 본 百濟 武寧王의 疆土」, 『韓國學報』 90輯, 1998, 봄호.

〈저서〉

李弘稙,『韓國古代史의 硏究』, 서울: 新丘文化社, 1987.

井上秀雄,『古代朝鮮』, 東京: 日本放送 出版協會, 1972.

金廷鶴,『百濟と倭國』, 東京: 文興出版, 1981.

蘇鎭轍,『金石文으로 본 百濟武寧王의 世界』, 원광대출판국, 1994.

李丙燾,『韓國古代史 硏究』, 서울: 博英社, 1976.

이도학,『백제장군 흑치상지 평전』, 서울: 주류성, 1996.

尹乃鉉,『고조선 연구』, 서울: 一志社, 1995.

李炳銑,『任那國と對馬』, 東京: 東洋書院, 1992.

尹明喆,『말타고 고구려를 가다』, 서울: 청노루, 1996.

池內 宏,『日本 上代史の一硏究』, 東京: 近藤書店, 1947.

山中裕, 森田悌(編),『論爭・日本古代史』, 東京: 河出書房新社, 1991.

신형식,『백제의 대외관계』, 서울: 주류성, 2005.

연민수,『고대한일관계사』, 서울: 혜안, 1998.

坂田 隆,『古代の韓と日本』, 東京: 新泉社, 1996.

上田正昭,『日本の歷史 2』(大王の世紀), 東京: 小學館, 1989.

〔수서(隋書)의 백제 부용국・담모라국(䏦牟羅國)은 어디?〕

〈논문〉

俞元載,「中國正史百濟傳硏究」, 忠南大 博士學位論文, 1990.

金善煜,「百濟의 隋唐關係小考」,『百濟硏究』제15輯, 1984.

崔沅鏞,「百濟의 對外關係에 관한 硏究」, 圓光大 碩士學位論文, 1994.

蘇鎭轍,「『隋書』의 百濟附庸國・䏦牟羅國은 어디?」,『博物館紀要』14 考古・

歷史學, 檀國大 博物館, 1999. 11.
李道學, 「百濟集權國家形成過程」, 한양대 박사학위 논문, 1991.

〈저서〉

韓國精神文化硏究院, 『古典資料叢書』 제1집, 耽羅巡歷圖, 1979.
陳舜臣, 『中國の 歷史』 第7卷, 東京: 平凡社, 1981.
崔 棟, 『朝鮮民族上古史』, 서울: 東國文化社, 1966.
文定昌, 『百濟史』, 서울: 人間社, 1988.
鳥越憲三郞, 『古代朝鮮と倭族』(中公新書 1085), 1972.
鄭福田共編, 『中國將帥全傳』 卷中, 北京: 工商出版社, 1997.
岡田弘英, 『倭國』(中公新書), 1992.

[일본「기도라(龜虎)」고분의 피장자 그는 누구인가?]

〈논문〉

上田正昭, 「今來文化の 面影」, 『歷史讀本』, 1972. 8.
直木孝次郞, 「キトラ古墳の 造營と 被葬者」, 『東アジアの 古代文化』, 1998 秋 97號.
宮島一彦, 「キトラ古墳の 天文圖と 東アジアの 天文學」, 『東アジアの 古代文化』, 1998 秋 97號.
蘇鎭轍, 「「기도라」古墳의 被葬者 그는 누구인가?」, 『한국민족학연구』 5(2001), 단국대 한국민족학연구소.

〈저서〉

金元龍,『韓國美術史』, 서울: 凡文社, 1968.

學術院編,『韓國美術事典』, 서울: 藝術院, 1991.

韓永愚,『우리歷史』제1권, 서울: 京世院 1998.

李弘稙,『韓國古代史의 硏究』, 서울: 新丘文化社, 1987.

李丙燾,『韓國古代史硏究』, 서울: 博英社, 1987.

南鄕村編,『小さな村の大きな挑戰』, 宮崎市: 鑛脈社, 1994.

江上波夫,『騎馬民族國家』(中公新書), 1988.

〔『위서(魏書)』의 흑치국(黑齒國)은 어디인가?〕

〈논문〉

李文基,「百濟 黑齒常之 父子 墓誌銘의 檢討」,『韓國學報』64.

李道學,「百濟集權國家 形成過程硏究」, 漢陽大博士學位論文, 1991.

_____,「百濟 黑齒常之 墓誌銘의 檢討」,『우리문화』8, 1991.

井上秀雄,「中國・朝鮮・日本の倭族」,『倭族と古代日本』, 雄山閣, 1995.

소진철,「『隋書』의 百濟附庸國・躭牟羅國은 어디?」,『博物館紀要 14』, 檀國大 石宙善 紀念博物館, 1999.

蘇鎭轍,「나의 廣西 "百濟鄕" 방문기」,『白山學報』제64호, 2002. 12.

_____,「『魏書』의 黑齒國은 어디인가?」,『白山學報』제68호(2004.4)

馬馳,「『舊唐書』「黑齒常之傳」의 補蕨과 考辨」,『百濟文化硏究』

〈저서〉

三品彰英,『邪馬臺國硏究總覽』

古田武彦, 『古代史60の證言』, 駿々堂, 1992.

신형식, 『백제의 대외관계』, 도서출판 주류성, 2005.

『中國歷史地名大辭典』(劉鈞仁編), 1996.

『中國歷史地名辭典』(復但大學編), 1988.

『中國古今地名大辭典』, 上海辞書出版社, 2005.

『壯族百科辭典』(廣西民族出版社)

『簡明中國歷史地圖集』(中國社會科學院 主編), 1991.

『廣西壯族自治區 行政區劃資料匯編』(1988)

『廣西壯語地名 選集』(廣西民族出版社)

『廣西通史』(第一卷), 廣西人民出版社, 1999.

『鄭福田主編, 中國將帥全傳・中』, 北京:工商出版社, 1997.

〔『위지(魏志)왜인전』으로 본「왜국・대왜」〕

〈논문〉

金澤均, 「『三國志』의 倭記事 分析」, 『白山學報』 40호, 1992.

李文基, 「百濟遺民 難元慶 墓誌의 紹介」, 『慶北史學』 23, 2000.

蘇鎭轍, 「『魏志倭人傳』으로 본「倭國・大倭」」, 『白山學報』 제72호, 2005.

_____, 「魏志의 黑齒國은 어디인가?」, 『白山學報』 68호, 2004.

上田正昭, 「邪馬台國 の謎に迫る」, 『プレジデント』, 1989.9

中島一憲, 「江南渡來說 はどこまで 史實 か」, 『東 アジアの古代文化』, 1999 秋 97호.

古田武彦, 「邪馬台國」, 『史學雜誌』 78~9, 1969.

江上波夫, 「東アジアの なかの日本民族の 形成と 文明 の曙」, 『日本とは何

か, 日本の古代別卷』, 中央公論社, 1988.
金錫亨,「三韓三國の 日本列島內 分國について」,『古代日本と朝鮮の 基本問題』, 1974.

〈저서〉
中田 薰,『古代日韓交涉史 斷片考』, 東京:創文社, 1956.
直木孝次郎,『日本の歷史 I』, 東京:小學館, 1989.
井上秀雄,『倭 倭人 倭國』, 京都:人文書院, 1991.
藤田友治,『魏志倭人傳の 解明』, 東京:論創社, 2000.
武光誠,『魏志倭人傳と 邪馬台國』, 東京:讀賣新聞社, 1998.
諏訪春雄編,『倭族と 古代日本』, 東京:雄山閣出版, 1993.
大林太郎,『邪馬台國』(中公新書 466), 中央公論社, 1980.
森 浩一,『語っておきたい 古代史』(新潮文庫), 新潮社, 2001.
奧野正男,『邪馬台國 はここだ』(德間文庫), 德間書店, 1990.
鳥越憲三郎,『古代朝鮮と倭族』(中公新書 1085), 中央公論社, 2001.
齊藤 忠,『日本人 はどこから來たか』(講談社學術文庫 444), 講단社.
樋口隆康,『大陸 からみた古代日本』, 東京:學生社, 1990.
Yomiuri Special,『吉野ケ里, 藤ノ木, 邪馬台國』, 讀賣新聞社, 1989.
古田武彦,『古代史60の證言』, 東京: 駿々堂, 1992.
上田正昭,『古代の日本と朝鮮』, 東京: 岩波書店, 1991.
井上光貞,『古代史硏究の世界』, 東京: 吉川弘文館, 1984.
武田幸男編,『日本と朝鮮古代を考へる』, 東京: 吉川弘文館, 2005.
江上波夫,『騎馬民族國家』(中公新書 147), 中央公論社, 1967.
洪元卓,『百濟의 大和日本의 起源』, 서울: 구다라인터네셔널, 1994.
武安隆編,『中國人の日本硏究士』, 東京: 六興出版, 1989.

沈仁安, 『倭國と東 アジア』, 東京: 六興出版, 1989.
文定昌, 『韓國史の延長 古代日本史』, 東京: 柏文堂, 1972.

찾아보기

〔ㄱ〕

가불지비직(加不至費直) 45
가스리군(加須利君·蓋鹵王) 102
각라도(各羅嶋) 16, 18, 127
관륵(觀勒) 233
개로왕(蓋鹵王) 16, 18, 20, 94, 103, 116, 125, 141, 167, 177, 180, 193
개중비직(開中費直·河內) 27, 29, 31, 42, 43, 44, 55, 76
계유년(癸卯年) 15, 74, 93, 192
계미년(癸未年) 27, 29, 31, 32, 33, 34, 35, 37, 40, 41, 47, 48, 49, 50, 51, 52, 54, 57
계체천황(繼體天皇) 32, 34, 35, 42, 53, 55, 71, 75, 76, 77, 78
계체기(繼體紀) 67, 71, 75, 77, 79, 96, 184, 187
高橋健自 28, 91
고송총고분(高松塚古墳) 221, 222, 223, 224, 226, 227, 230, 231, 233, 234
곤지왕(昆支王·君) 17, 71
管 政友 86, 88, 90, 104
古田武彦 261
구다라(クダラ) 57, 167, 213, 245, 266
구저(久氐) 95, 99
군군(軍君·昆支王) 77, 102
宮田俊彦 50

掘田啓一　228, 230

귀수(貴須)　93

근구수왕(近仇首王)　178

금주리(今州利)　30, 31, 43, 44, 45, 46, 54, 55

기유년(己卯年)　76

기문(己汶)　71, 187

김석형(金錫亨)　141

김원룡(金元龍)　147, 173

김선욱(金善煜)　205

김성호(金聖昊)　206

〔ㄴ〕

남제고제(南齊 高帝)　123, 125

남제왕(男弟王)　27, 29, 30, 31, 32, 33, 34, 35, 36, 37, 39, 40, 41, 42, 43, 44, 45, 46, 47, 48, 49, 52, 53, 54, 55, 56, 76, 79

능산리(陵山里)고분　222

〔ㄷ〕

단양이(段揚爾)　71

다라(多羅)　183, 185

담로(檐魯)　135, 157, 158, 167, 189, 191, 193, 212, 213, 246, 258

大泊瀨幼武　115

大伴金村大連　55

大王年　27, 29, 30, 31, 35, 39, 40, 43, 48, 49, 53, 54, 56, 57, 76, 78, 93, 167, 246

대화(大和)   45, 49, 300

대왜(大倭)   277, 278, 283, 287, 289, 290, 299, 300

동성왕(東城王)   16, 17, 18, 180

동진태화설(東晋太和說)   95

대솔(大率)   283, 284, 287, 288, 289, 300

大塚初重   143, 144, 146

〔 ㄹ 〕

笠井倭人   116, 119, 123

력박사(曆博士)   21, 72, 77, 95, 232

〔 ㅁ 〕

마나군(麻那君)   126

말다왕(末多王)   17, 71

末松保和   73

木村豪章   47

무열천황(武烈天皇)   52

무령왕(武寧王)   15, 16, 18, 19, 20, 21, 22, 71, 72, 74, 75, 76, 77, 79, 93, 94, 96, 100, 127, 155, 173, 188, 192, 193, 195, 235, 258

무열기(武烈紀)   17, 67, 126

문정창(文定昌)   103, 204

문경현(文暻鉉)   205

문주왕(文洲王)   71

민달천황(敏達)天皇   78

말로국(末盧國)   279, 281

〔ㅂ〕

伴 信友 65

反正天皇 115, 140, 154, 158

백자왕(百慈王) 85, 87, 88, 92, 97, 98, 99, 100, 101, 102, 104, 105

백제왕 선광(百濟王 善光) 228, 235

배제왕 창성(百濟王 昌成) 228, 235

백제향(百濟鄕) 182, 242, 243, 244, 245, 246, 247, 248, 250, 256, 262, 263, 265, 268, 269, 270, 271

백제허(百濟墟) 183, 213, 241, 242, 243, 244, 245, 246, 248, 256, 263, 265

법사군(法師君) 22, 126, 127

保坂三郎 136

福山(敏男) 29, 31, 32, 34, 40, 50, 52, 85, 91, 93, 97, 140

부남(扶南) 189, 262, 270

부여풍(扶餘豊) 74

비미호(卑彌呼) 37, 42, 67, 285, 287, 291, 292, 293, 299, 300

榧本杜人 30, 88

〔ㅅ〕

사기(史記) 63, 66, 67, 74, 260, 263

사마(斯麻) 27, 30, 31, 34, 35, 36, 37, 38, 39, 40, 41, 42, 43, 44, 45, 46, 47, 48, 49, 51, 52, 54, 56, 57, 100

사마왕(斯麻王) 15, 17, 18, 41, 49, 54, 55, 56, 57, 58, 74, 75, 76, 77, 79, 93, 125, 126, 127, 129, 167, 168, 192, 194, 234, 235

신형식(申瀅植) 179, 181

사마일국(邪馬壹國) 42, 67, 277, 278, 279, 280, 281, 283, 299, 300
사마 천(司馬遷) 74
사아군(斯我君) 77, 102, 126
山尾辛久 19, 74, 98
상군(象郡) 270
심인안(沈仁安) 289
三品彰英 98, 104, 259, 296
森 浩一 28, 36, 42, 138, 296, 298
上田正昭 88, 89, 227
상표문(上表文) 103, 113, 116, 117, 121, 122, 123, 124, 125, 128, 167, 193, 210
예명천황 舒明(天皇) 78
西田長男 104
石部正志 115
석상신궁(石上神宮) 85, 86, 104
성명왕(聖明王) 77
스다하지만경(鏡) 27, 28, 30, 33, 36, 37, 39, 40, 42, 44, 46, 47, 48, 49, 50, 51, 54, 55, 56, 57, 58, 76, 79, 93, 100
星野 恒 90
小林行雄 38, 48
속일본기(續日本紀) 22, 64
송순제(宋順帝) 103, 116, 121, 128
수백향황녀(手白香皇女) 76
水野 祐 31, 33, 34, 50
藪田(嘉一郎) 47, 53

순타(淳陀)　22

신공황후(神功・皇后)　28, 35, 67, 68, 69, 70, 299

신공기(神功紀)　68, 70, 72, 90, 91, 92, 93, 94, 96, 99, 105, 154, 184, 185

신무천황(神武天皇)　68

〔ㅇ〕

阿部武彦　44

안강천황(安康天皇)　122, 123

岩崎卓也　48

양무제(梁武帝)　123, 125, 127, 173

여경(餘慶・蓋鹵王)　101

여곤(餘昆・昆支王)　101

여영(餘映・典支王)　101

역박사(易博士)　72, 77, 232

연민수(延敏洙)　16, 95, 101, 102, 115, 116, 118, 186

寧東大將軍(百濟王)　15, 40, 41, 96, 127

양직공도(梁職貢圖)　168, 173, 174, 175, 177, 178, 181, 183, 186, 188, 193, 194, 195, 201, 209, 212, 246, 258, 267

예기(禮記)　72, 73, 74, 75, 99, 100, 234, 269

오경박사(五經博士)　21, 71, 72, 77, 95, 232

奧野正男　166

왕인박사(王仁博士)　21

왜왕무(倭王武)　103, 113, 115, 116, 121, 122, 123, 124, 128, 129

왜왕제(倭王濟)　129

왜왕지(倭王旨)　86, 88, 89, 98, 99, 100, 101, 102, 104, 105, 113, 114,
　　128, 300
왜왕찬(倭王讚)　102
왜왕흥(倭王興)　121
雄大迹天皇　32
웅약천황(雄略天皇)　158
웅약기(雄略紀)　16
원명천황(元明天皇)　64
위덕왕(威德王)　205, 212
위례성(慰禮城)　116, 125
위서왜인전(魏書倭人傳)　67
유원재(俞元載)　179, 206, 207
윤공천황(允恭天皇)　33, 34, 35, 122, 123
栗原朋信　287
乙益重隆　49, 52, 142
응신천황(應神天皇)　21, 69
의박사(醫博士)　21, 72, 77, 95, 232
의자사카궁(意紫沙加宮)　30, 31, 33, 41, 42, 46, 52, 54, 56, 76
이기동(李基東)　17
이도학(李道學)　261
이병도(李丙燾)　94, 184
이병선(李炳銑)　187
이홍직(李弘稙)　173, 184, 186, 187, 188
이진희(李進熙)　141, 155
이길련박덕서(伊吉連博德書)　67

이성시(李成市)　174

이희필(李希泌)　190

이발(李勃)　268

인덕천황(仁德天皇)　66, 115

인현천황(仁賢天皇)　32, 34, 52

〔 ㅈ 〕

장엽궁(樟葉宮)　41, 52, 55, 76, 79

장수왕(長壽王)　116, 177

前川明久　75

井上秀雄　179, 259

中田 薰　281, 284, 287

直木孝次郎　30

제기(帝紀)　64, 65, 66, 72

齊藤 忠　287

중애천황(仲哀天皇)　68, 70

전영래(全榮來)　185, 186, 187

池內 宏　69, 70, 71, 115, 179

志水正司　116

지통천황(持統天皇)　68, 224

진순신(陳舜臣)　204

秦野昌明　54

津田左右吉　95, 184

〔ㅊ〕

천관우(千寬宇)　118

川西(宏幸)　48, 49, 123

천웅장언(千熊長彦)　95

천지기(天智紀)　78

肖古王　66, 70, 93

최재석(崔在錫)　45, 73, 127

최동(崔棟)　204

칠자경(七子鏡)　70, 95

칠지도(七支(枝)刀)　70, 85, 86, 87, 88, 89, 90, 91, 92, 93, 94, 95, 97, 99, 100, 101, 104, 105, 113, 114, 128, 300

칠지도 헌상(七支(枝)刀獻上)　90, 91, 92, 105, 128

칠지도 하사(七支刀下賜)　89

침미다례(枕彌多禮)　187

千田 稔　228, 235

猪熊兼勝　229

〔ㅌ〕

태안만로(太(朝臣)安萬侶)　64, 65

太田 亮　44

탁(卓)　183, 184, 258

탁순(卓淳)　185

담모라국(聃牟羅國)　201, 202, 203, 204, 206, 207, 208, 210, 211, 212, 236

〔ㅍ〕

坂田 隆　182

坂元義種　114, 121, 128

평성천황(平成天皇)　38, 55

〔ㅎ〕

平野邦雄　16

하내국(河內國)　41, 47, 52, 55

하내비직(河內(費)直)　44, 45, 46, 57

한고안무(漢高安茂)　71

和田 (萃)　30, 34, 35, 47, 228

환무천황(桓武天皇)　22

흑치상지(黑齒常之)　189, 190, 191, 210, 246, 247, 248, 250, 256, 257, 258, 268, 269, 271

흑치 준(黑齒 俊)　258

흑치국(黑齒國)　191, 193, 195, 210, 213, 236, 247, 248, 250, 255, 256, 257, 258, 259, 260, 261, 262, 267, 268, 270, 282

喜田貞吉　91

河上邦彦　226

흠명천황(欽明天皇)　55, 76, 78